INTRODUCTION À L'ANALYSE ÉCONOMIQUE

5-7, rue de l'École-polytechnique ; 75005 Paris

http://www.librairieharmattan.com
diffusion.harmattan@wanadoo.fr
harmattan1@wanadoo.f

ISBN : 978-2-296-56427-5
EAN : 9782296564275

Gérard Fonouni-Farde

INTRODUCTION À L'ANALYSE ÉCONOMIQUE

L'économie pour tous !

L'Harmattan

Collection « L'esprit économique »

fondée par Sophie Boutillier et Dimitri Uzunidis en 1996
dirigée par Sophie Boutillier, Blandine Laperche, Dimitri Uzunidis

Si l'apparence des choses se confondait avec leur réalité, toute réflexion, toute Science, toute recherche serait superflue. La collection « L'esprit économique » soulève le débat, textes et images à l'appui, sur la face cachée économique des faits sociaux : rapports de pouvoir, de production et d'échange, innovations organisationnelles, technologiques et financières, espaces globaux et microéconomiques de valorisation et de profit, pensées critiques et novatrices sur le monde en mouvement...
Ces ouvrages s'adressent aux étudiants, aux enseignants, aux chercheurs en sciences économiques, politiques, sociales, juridiques et de gestion, ainsi qu'aux experts d'entreprise et d'administration des institutions.

La collection est divisée en six séries :

Dans la série *Economie et Innovation* sont publiés des ouvrages d'économie industrielle, financière et du travail et de sociologie économique qui mettent l'accent sur les transformations économiques et sociales suite à l'introduction de nouvelles techniques et méthodes de production. L'innovation se confond avec la nouveauté marchande et touche le cœur même des rapports sociaux et de leurs représentations institutionnelles.

La série *L'économie formelle* a pour objectif de promouvoir l'analyse des faits économiques contemporains en s'appuyant sur les approches critiques de l'économie telle qu'elle est enseignée et normalisée mondialement. Elle comprend des livres qui s'interrogent sur les choix des acteurs économiques dans une perspective macroéconomique, historique et prospective.

Dans la série *Le Monde en Questions* sont publiés des ouvrages d'économie politique traitant des problèmes internationaux. Les économies nationales, le développement, les espaces élargis, ainsi que l'étude des ressorts fondamentaux de l'économie mondiale sont les sujets de prédilection dans le choix des publications.

La série *Krisis* a été créée pour faciliter la lecture historique des problèmes économiques et sociaux d'aujourd'hui liés aux métamorphoses de l'organisation industrielle et du travail. Elle comprend la réédition d'ouvrages anciens, de compilations de textes autour des mêmes questions et des ouvrages d'histoire de la pensée et des faits économiques.

La série *Clichés* a été créée pour fixer les impressions du monde économique. Les ouvrages contiennent photos et texte pour faire ressortir les caractéristiques d'une situation donnée. Le premier thème directeur est : mémoire et actualité du travail et de l'industrie ; le second : histoire et impacts économiques et sociaux des innovations.

La série *Cours Principaux* comprend des ouvrages simples, fondamentaux et/ou spécialisés qui s'adressent aux étudiants en licence et en master en économie, sociologie, droit, et gestion. Son principe de base est l'application du vieil adage chinois : « le plus long voyage commence par le premier pas ».

A ma femme Brigitte et à mes enfants Guillaume et Camille,
pour leurs encouragements et leurs précieux avis.

Un grand merci à Chantal Lienart et à mes étudiants,
sans qui ce livre ne serait pas tout à fait ce qu'il est.

SOMMAIRE

AVANT-PROPOS

Salariés, travailleurs indépendants, professions libérales, chefs d'entreprises, retraités, rentiers, étudiants ou chômeurs, riches ou pauvres, nous sommes tous des agents ou acteurs économiques et nous jouons tous un rôle en économie. On ne peut y échapper.

Nous bâtissons notre économie par nos décisions, nos échanges, nos actes et nos comportements. L'économie nous la vivons tous les jours, avec ses périodes de bonheur, de croissance, de plein emploi, de richesse et avec ses périodes de malheur, de doute, de crise, de chômage, de pauvreté et de dérèglement climatique.

Nous la vivons, mais nous ne la comprenons pas toujours ! Combien de fois entendons-nous dire : « l'économie, moi je n'y comprends rien, c'est l'affaire des spécialistes, c'est trop compliqué pour moi. » Ou encore combien de fois entendons-nous dire : « on n'y peut rien, c'est la faute à la crise », « que voulez-vous, c'est la mondialisation de l'économie ou la loi du marché ». L'économie est fatale et pourtant elle est le produit des hommes.

Et bien nous allons chercher à comprendre cette science inexacte à travers cet ouvrage d'initiation économique.
Il vise à mettre à la portée de tous la compréhension de l'économie et s'adresse à **tout public**.

Le contenu de ce manuel de découverte de l'économie s'intitule :

- Les relations économiques entre les agents économiques

Il se découpe en plusieurs thèmes économiques illustrés de schémas avec une ***réflexion économique*** sur le thème pour susciter le débat, suivi d'une rubrique ***Pour en savoir plus***.

Il permet ainsi de :

- Comprendre les concepts de base et de saisir les mécanismes économiques afin d'analyser les relations entre les agents économiques.
- De décrire, d'expliciter à partir de schémas simples les phénomènes économiques.
- D'élaborer des réflexions économiques et de déclencher des interrogations.

Les relations économiques entre les agents économiques

L'activité économique repose sur trois rouages mis en œuvre pour satisfaire nos besoins.

Les agents économiques à travers leurs relations font fonctionner ces trois rouages.

Comment ?

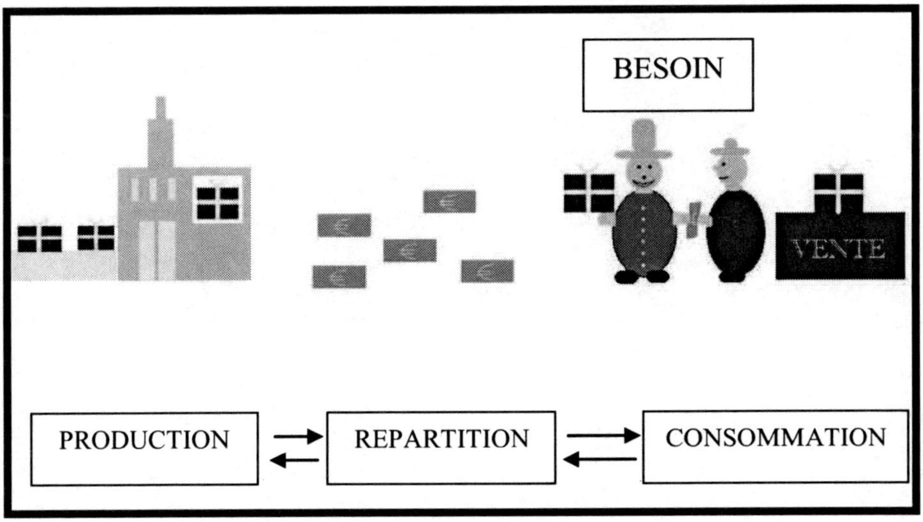

INTRODUCTION

I- Le fonctionnement de l'économie : l'activité économique

Prenons quelques exemples de notre vie quotidienne et décrivons une journée type.
Qu'avons-nous fait ?

Nous avons consommé des produits, produit des biens ou des services grâce à notre travail, et durant cette journée classique, nous avons effectué une multitude d'échanges de natures différentes pour nous les procurer.

Nous avons donc accompli des actes économiques. Mais pourquoi ? **Pour satisfaire nos besoins**.

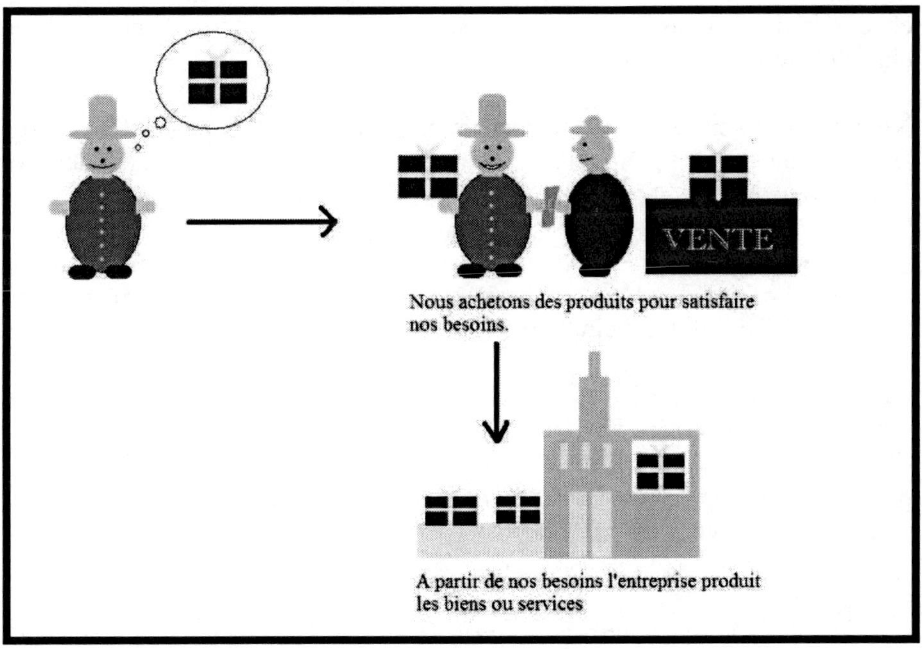

Nos besoins sont le point de départ de l'activité économique. Donc pas de besoin pas d'activité économique, d'où la nécessité de les créer pour générer de l'activité économique. Nous sommes dépendants de nos besoins.

a) Les besoins des individus

« *Chaque nouveau besoin forge de nouveaux fers* » *J.J. Rousseau*

- **<u>Définition du besoin :</u>** Exigence, manque, ou sensation de privation née de la nature ou de la vie sociale, qu'il faut faire disparaître donc qu'il faut satisfaire.

- **<u>Caractéristiques :</u>** Ils sont multiples, individuels ou collectifs, satiables, renouvelables, et **illimités**.

Ils ont des origines biologiques, sociales, culturelles. Ils dépendent ainsi de chaque individu mais aussi de notre environnement. Il existe de nombreuses classifications des besoins.

Nous pouvons en retenir seulement deux principales permettant d'apprécier le degré de développement d'une économie et de la nature de l'activité économique.

- Les besoins primaires : besoins physiologiques, de première nécessité. Il s'agit des besoins de se nourrir, de se vêtir, se soigner. Leur non satisfaction est un critère de sous développement.

- Les besoins secondaires ou sociaux : proviennent de notre vie sociale, de nos échanges, de notre mode de vie et niveau de vie.
Il s'agit des besoins de loisirs, de luxe, de s'équiper, de se divertir, de paraître…Ces besoins sont créés par la société et le marketing. Mais celui-ci va encore plus loin, il les transforme en désirs.

Mais comment passe-t-on des besoins à l'activité économique ?

C'est pour satisfaire nos besoins que l'on va mettre en œuvre une activité économique. Il va falloir produire pour consommer les produits afin de satisfaire nos besoins. Cela implique un effort de transformation des richesses naturelles en biens ou services que l'on pourra consommer. Le problème économique fondamental se pose alors : comment satisfaire nos besoins ?

b) La satisfaction des besoins : la rareté et les choix

Comment nos besoins sont-ils satisfaits ?

- <u>**Par la production de biens**</u>

    - **La notion de bien économique**

Produits qui permettent de satisfaire nos besoins. C'est la réponse économique aux besoins nécessitant une production. On peut les classer en deux catégories.

- ***Les biens économiques :*** biens (produits matériels) ou services (biens immatériels) produits par des agents économiques à partir d'autres biens (par exemple les vêtements, automobiles, ordinateurs, téléphones,...sont des biens fabriqués à partir d'autres biens) pour être vendus sur le marché. Choses utiles, disponibles et rares car limitées.

- ***Les biens libres ou naturels :*** biens disponibles gratuitement et sans production (mer, eau, air, soleil...). Ils appartiennent à tous. Ils sont en quantité illimitée, mais avec le dérèglement climatique ils pourraient devenir rares donc limités. Tant que l'air est gratuit et abondant il n'y a pas d'appropriation et de marché, dès qu'il deviendra rare il se transformera en un bien économique, c'est-à-dire en une marchandise vendue sur le marché.

Un bien économique est donc un bien rare car il faut le produire pour répondre à sa demande et plus celle-ci est forte plus la lutte pour l'acquérir est intense, donc plus il prend de la valeur. C'est pourquoi l'on dit souvent que plus un bien est rare plus il est cher. La rareté fait le prix.

Pour satisfaire nos besoins, il faut donc produire des biens et services à partir de facteurs de production (travail et capital, c'est-à-dire la main d'œuvre et les machines).

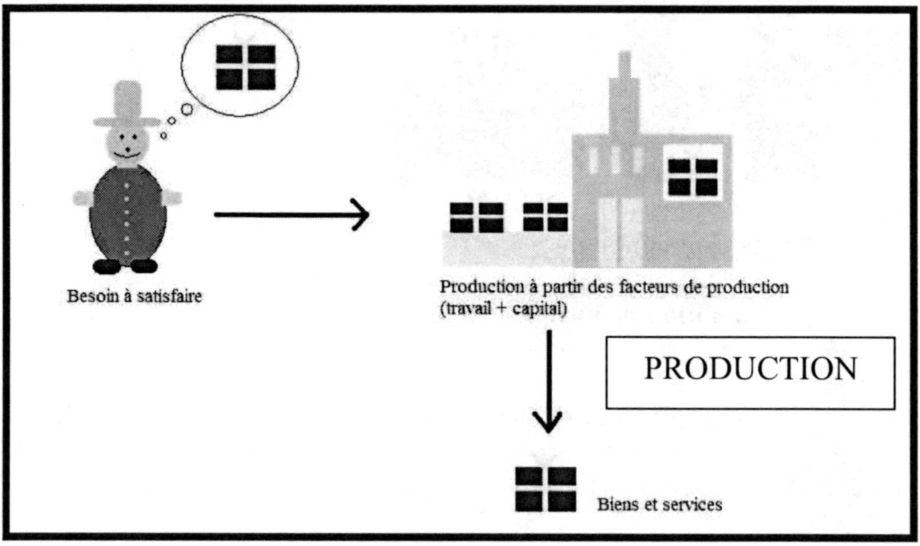

Voici donc la première fonction ou 1ier rouage de l'activité économique : **LA PRODUCTION.**

- **Par la distribution de revenus et par la consommation:**

  - **Par la distribution de revenus**

- La notion de revenu : contrepartie monétaire de l'utilisation des facteurs de production (travail ou capital) répartie entre les agents économiques ayant produit. C'est la rémunération du travail ou du capital qui a été utilisé pour produire les biens ou les services afin de répondre à nos besoins. C'est en contribuant à la production des biens et services que nous percevons des revenus.

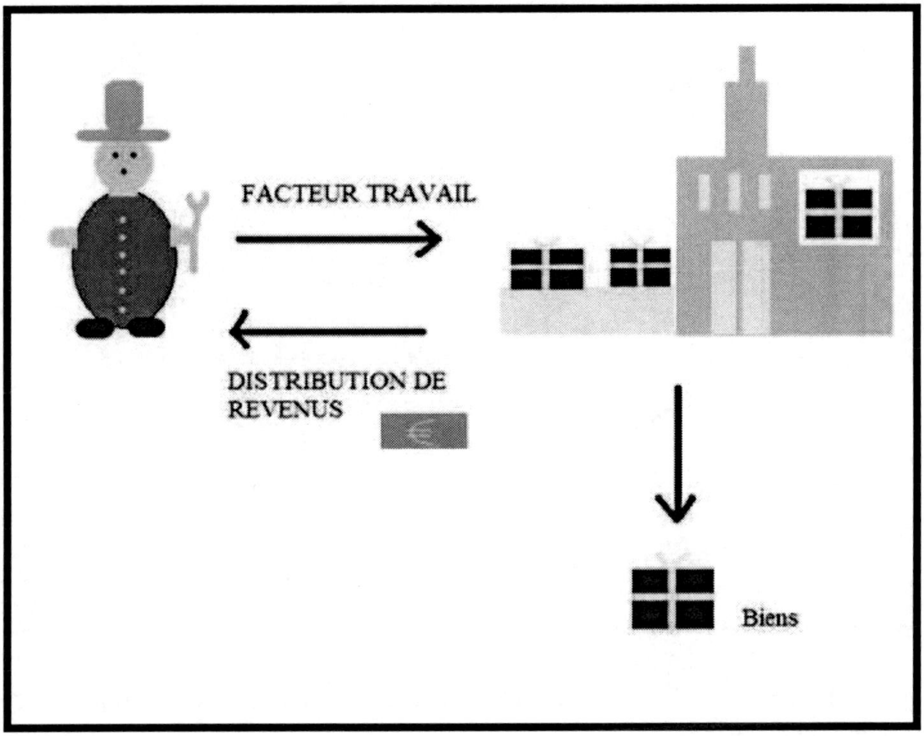

Voici donc la deuxième fonction ou 2ième Rouage de l'activité économique : **LA REPARTITION**

- **Par la consommation**

Grâce aux revenus perçus par leur travail (facteur de production) les agents économiques (ménages) vont pouvoir consommer les biens produits qui sont vendus sur le marché.
La consommation, acte économique qui détruit les richesses produites, va indiquer aux entreprises ce qu'elles doivent produire. Les besoins satisfaits vont disparaître le temps de se renouveler, pour s'exprimer de nouveau sur le marché et déclencher une nouvelle production.

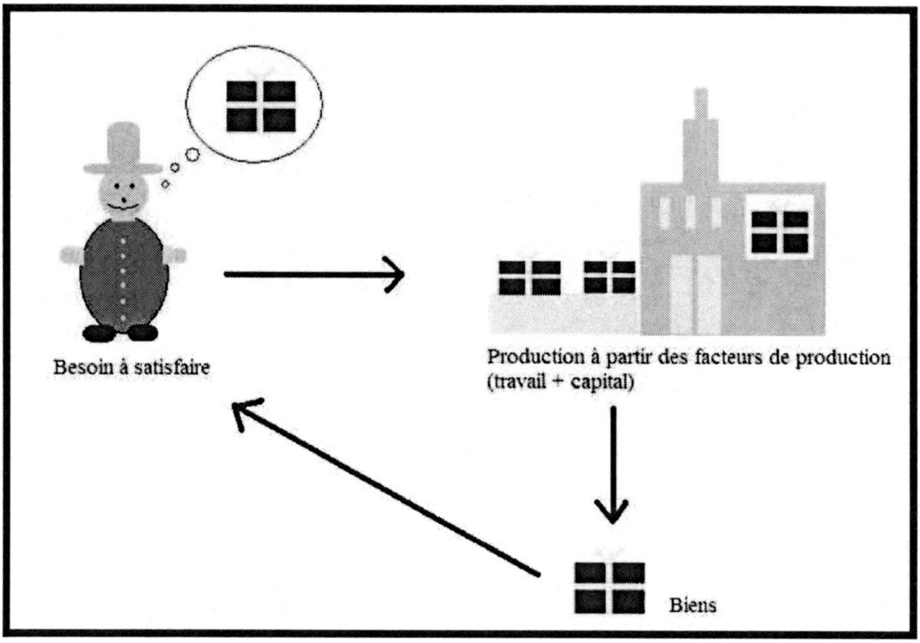

Voici la troisième fonction ou 3ième rouage de l'activité économique : **LA CONSOMMATION**

<u>**Pour conclure nous pouvons dire que**</u> :

- **Notre économie repose sur trois rouages**

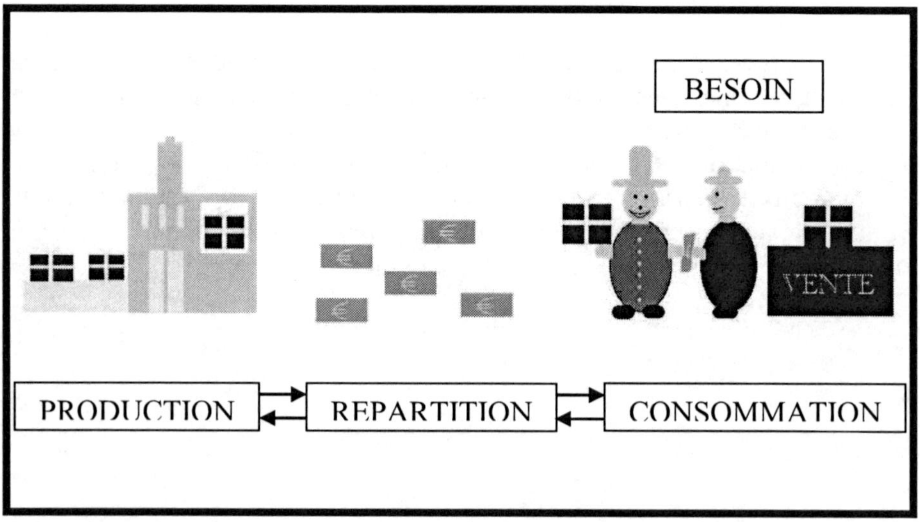

- **Notre économie lutte contre la rareté**

« Mieux vaut avoir peu de besoins que beaucoup de biens » St Augustin

Nous avons des besoins illimités car ils sont sans cesse renouvelables et dépendants de l'évolution de notre société. De nouveaux besoins nous sont créés en permanence.

Pour les satisfaire, nous devons produire des biens qui sont malheureusement limités, car la nature ne peut pas tout produire pour notre profit. Les richesses sont limitées et inégalement réparties dans le monde. Nous voilà confrontés à la rareté.

La rareté devrait conduire aux rendements décroissants car plus on utilise les ressources pour produire, plus elles s'épuisent et deviennent de moins en moins rentables malgré la hausse des prix qui en résulte (le pétrole par exemple dans une vingtaine d'années). Plus on utilise le travail, moins celui-ci est productif malgré l'effet d'expérience car il s'use et devient de moins bonne qualité.
Nous retrouvons cette contrainte de la rareté dans nos choix économiques (*comme l'explique si bien Bernard MARIS dans son ouvrage antimanuel d'économie tome 1 aux Editions Bréal*).

Toute action nous prive de quelque chose. En faisant le choix économique de satisfaire un besoin, on puise dans une ressource rare qui le deviendra de plus en plus et donc sera de plus en plus coûteuse. Ainsi la rareté conduit aux rendements décroissants. Et pourtant il y a toujours autant de croissance. Pourquoi ? Parce qu'il y a une nouvelle activité économique mise en œuvre pour repousser cette rareté.

C'est pour lutter contre cette rareté qu'il va falloir mettre en œuvre une activité économique et faire des choix donc prendre des décisions économiques.

Comment satisfaire nos besoins ?

Question fondamentale car sa réponse détermine le fonctionnement même de notre économie : la façon de produire, de répartir les revenus entre les agents économiques et la manière de consommer, voire même de surconsommer, caractérisent notre modèle économique.

Elle nous impose de faire des choix dans la ***production*** : que produire ? Comment ? Combien ? Pour qui ? Pourquoi ? , dans la ***répartition*** : comment distribuer les richesses ? , dans la ***consommation*** : que faire du revenu ? Comment satisfaire au mieux nos besoins tout en protégeant notre environnement ?

Voilà autant de questions que nous aborderons d'une manière simple tout au long de cet ouvrage de découverte de l'économie.

II- La représentation de l'activité économique à travers le circuit économique

L'activité économique repose sur trois rouages coordonnés par le marché :
La production génère une **distribution de revenus**, ces revenus déterminent la **consommation** (demande), celle-ci s'adresse aux entreprises et définit leur production pour y répondre. Les choix économiques s'organisent par l'intermédiaire de l'échange dans le cadre d'un circuit animé par des agents économiques. Qui sont-ils ? Que font-ils ?

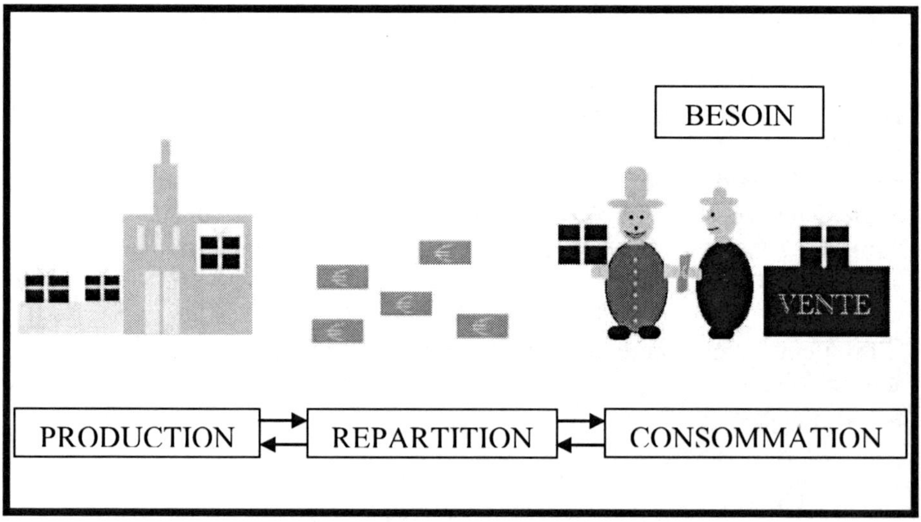

a) Les agents économiques : qui sont-ils ? Que font-ils ?

Ils sont désignés sous le terme de secteurs institutionnels par la comptabilité nationale.
Elle en distingue 6.

Par simplification nous en retenons 5 car nous avons associé « les institutions sans but lucratif au service des ménages » avec « l'administration » :

- **Les ménages**
- **Les entreprises**
- **L'administration**
- **Les institutions financières**
- **Le reste du monde**

LES MENAGES

Définition : ensemble de personnes vivant sous le même toit. Ils peuvent être collectifs (les internes d'un lycée) ou individuels.

Fonction principale : consommation de biens et services afin de satisfaire leurs besoins (consommation finale).

Ressource principale : rémunération des facteurs de production (travail + capital) donc ici plutôt les salaires.

LES ENTREPRISES

Définition : organisation dirigée, structurée, qui met en œuvre différents moyens humains et matériels pour transformer et produire des biens et services en vue d'être vendus sur un marché afin de réaliser des profits.

Fonction principale : production de biens et services marchands à partir des facteurs de production.

Ressource principale : résultat des ventes ou encore le profit.

LE RESTE DU MONDE

Définition : agent économique fictif qui retrace toutes les opérations des agents économiques avec l'étranger.

Fonction principale : importations (achats à l'étranger) et exportations (ventes à l'étranger) de biens et services.

Ressource principale : devises pour un pays.

Les transactions ou les échanges effectués entre ces trois agents économiques sont des opérations qui portent sur les biens et services. Elles indiquent l'origine (ressource) et la destination (utilisation ou emploi) des biens et services. Elles décrivent la provenance de ces biens et services. Ils proviennent de la production réalisée en France par les agents économiques, « **entreprises** » résidentes sur le territoire, et des importations (échanges avec l'extérieur ici achats de la France à l'étranger représentés par l'agent économique fictif : **le reste du monde**).
Ensuite, ces biens et services représentant les ressources économiques (richesses réelles ou matérielles) sont employés par ces mêmes agents économiques et par d'autres. Une partie de ces richesses va être consommée par les **ménages** (consommation finale), une autre partie va servir pour les **entreprises** à investir, c'est à dire fabriquer des machines, de l'outillage, des usines… (investissement ou formation brute de capital fixe FBCF), ou encore à constituer leur stock, et enfin la dernière partie va être vendue à l'étranger, c'est-à-dire exportée (**reste du monde**).

RESSOURCES = PRODUCTION + IMPORTATIONS

EMPLOIS = CONSOMMATION + FBCF
+ VARIATION DE STOCK + EXPORTATION

L'entreprise ne fait pas que produire, elle distribue aussi des revenus à ceux qui ont participé à la production. Cette première répartition des revenus est appelée : **Répartition primaire**. L'administration vient corriger cette répartition primaire des revenus entre les agents économiques grâce aux prélèvements obligatoires (impôts + cotisations sociales), qu'elle redistribue sous forme de prestations sociales aux différents ménages. Ces deux agents économiques effectuent des opérations de répartition des richesses qui portent sur la distribution et la redistribution des revenus. L'un, à partir de la richesse économique créée par les agents économiques qui l'ont produite, distribue une part à chacun : revenus du travail (salaire versé aux salariés), revenu du capital (revenu des actionnaires sous forme de dividendes) et revenu de l'entrepreneur (profit). L'autre, par son mécanisme redistributif modifie cette répartition des richesses afin de corriger les inégalités entre les ménages.

LES ADMINISTRATIONS

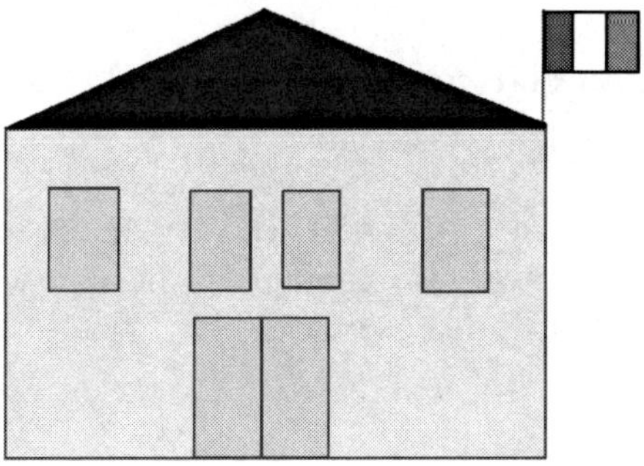

<u>Définition :</u> personnes morales publiques dont l'activité est orientée vers la fourniture de services publics non marchands ou de biens collectifs (Etat, organismes sociaux comme la sécurité sociale par exemple, éducation nationale, police, hôpitaux…).
Aussi personnes morales privées à but non lucratif (associations, syndicats par exemple).

<u>Fonction principale :</u> production de services non marchands.

<u>Ressource principale :</u> prélèvements obligatoires, cotisations, dons…

LES INSTITUTIONS FINANCIERES

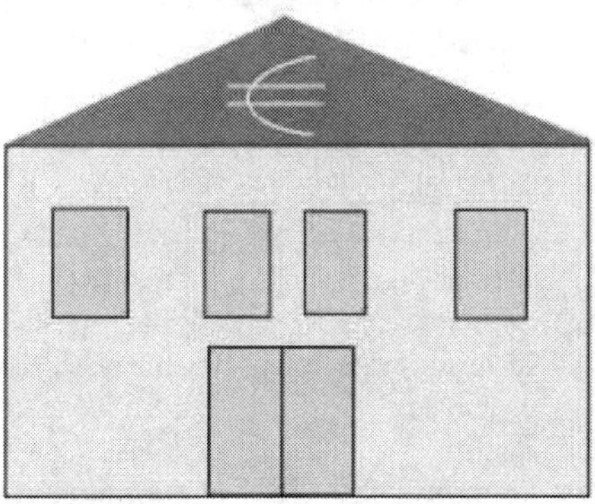

<u>Définition :</u> elles sont représentées par les banques et les institutions de crédit.

<u>Fonction principale :</u> collectent l'épargne des agents économiques et prêtent sous forme de crédit, production de services financiers.

<u>Ressource principale :</u> fonds provenant des engagements financiers contractés.

Ces agents économiques (institutions financières) effectuent des opérations financières. Ils financent l'activité économique grâce aux crédits. Ils alimentent en monnaie les trois moteurs de notre économie. Ce financement permet de faire tourner le moteur économique. C'est le carburant de l'économie. Sans lui ce serait la panne sèche (**la récession** : diminution de la croissance économique sur deux trimestres consécutifs ce qui était le cas de la France en 2008-2009…). Et inversement, trop de monnaie pourrait noyer le moteur et provoquer son emballement (**inflation** par exemple).

b) Les lieux de leurs relations et leur représentation globale :

- **<u>Les lieux de leurs relations : les différents marchés :</u>**

- **Définition du marché**

Lieu où se rencontrent des offres et des demandes (de biens ou services, de travail, de capitaux et de devises) et, sur lequel se fixe le niveau des prix.

- **Les principaux marchés (sur chaque marché interviennent plusieurs agents économiques)**

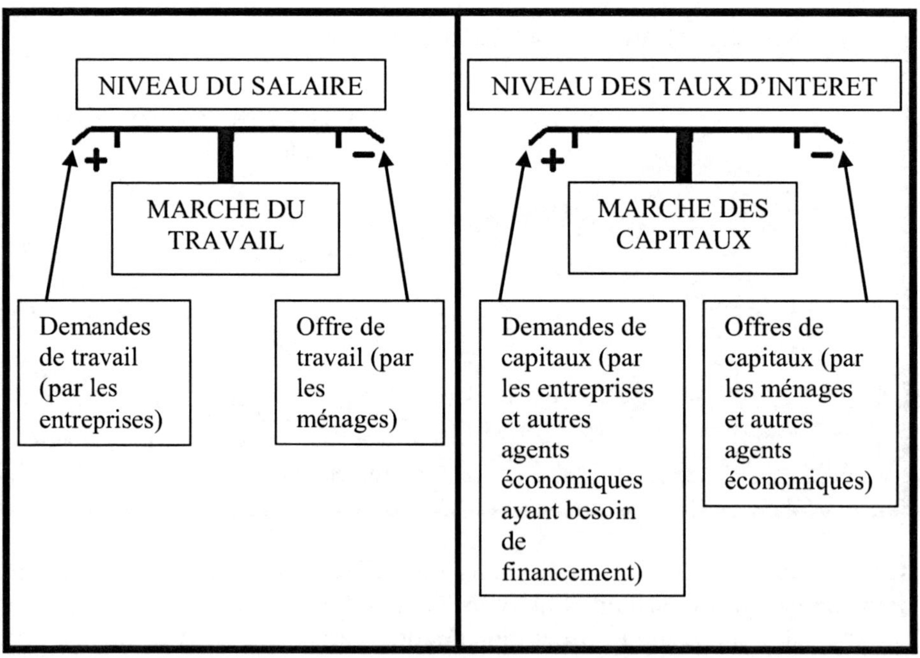

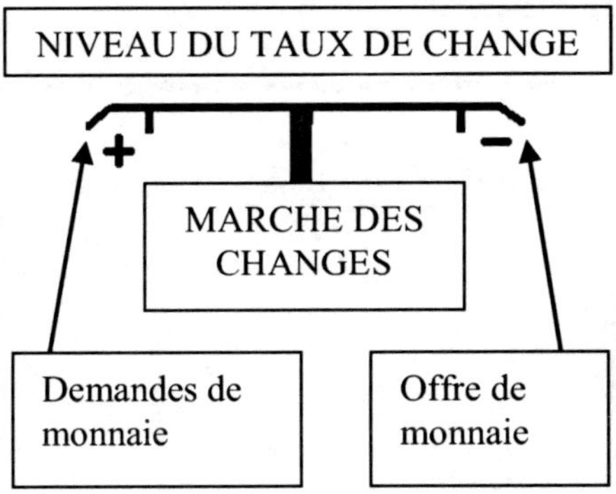

C'est un lieu où s'échangent toutes les devises et où se déterminent librement, en fonction de l'offre et la demande, le cours du change des devises entre elles (ici par exemple celui de l'euro/$). Le cours de l'euro va dépendre en partie de la situation de nos relations avec le reste du monde. Ainsi, nos importations à l'égard du reste du monde « USA » se traduit par une offre d'euros sur le marché pour obtenir des $ afin de régler les importations et inversement pour nos exportations. Donc le cours de l'euro est sensible aux échanges extérieurs.

C'est un lieu où s'échangent les capitaux et où se rencontrent les offreurs et demandeurs de capitaux pour déterminer librement le niveau des taux d'intérêts.

Donc c'est un lieu où se rencontrent les offreurs et les demandeurs de biens et services et où se fixe, en fonction de cette confrontation, le niveau des prix.

- **<u>Représentation globale sous la forme de circuit économique : les relations entre les agents économiques :</u>**

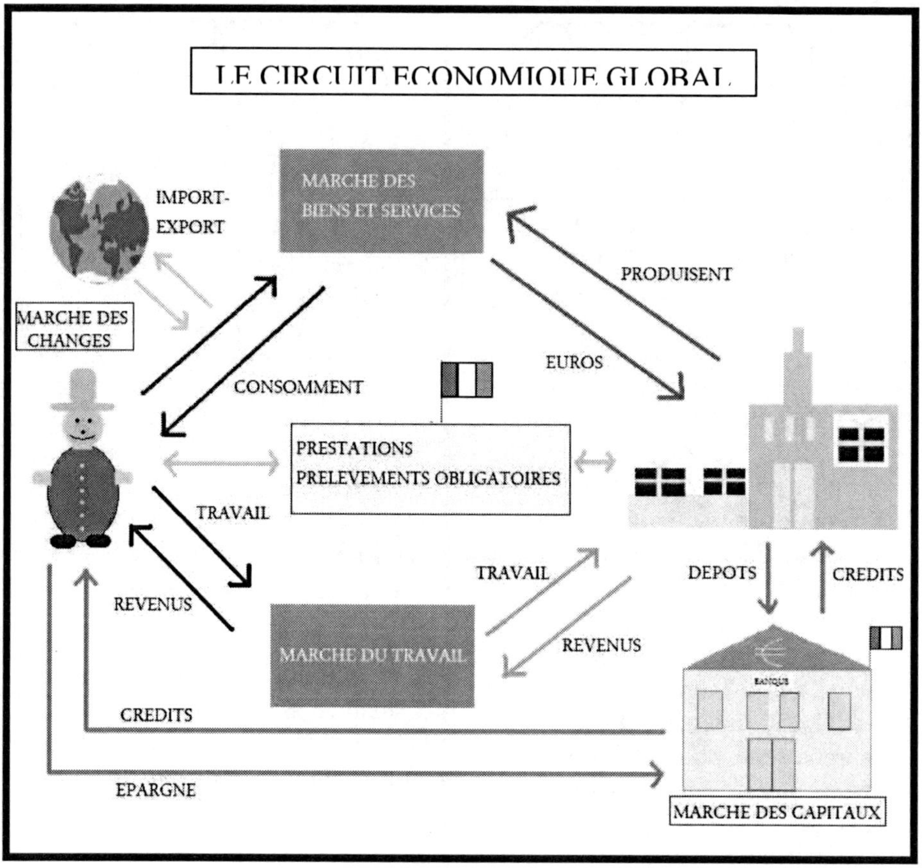

Donc par leurs décisions, leurs échanges nationaux et internationaux, leurs actes économiques, ces agents économiques font tourner les trois rouages interdépendants de l'activité économique. Ils produisent des richesses, les distribuent et les redistribuent sous forme de revenus. Ils consomment les richesses qui ont été produites et financent ces trois moteurs pour qu'ils puissent fonctionner.

Il suffit qu'un de ces rouages tourne au ralenti ou s'arrête, pour que toute l'activité économique se bloque. Par exemple si le rouage de la production ralentit son régime (récession de la France en 2009/2010), le niveau des revenus baisse, donc le rouage de la répartition réduit à son tour son régime, les ménages ont ainsi moins de pouvoir d'achat, réduisent leur consommation, et le troisième rouage se trouve lui aussi affecté par cette diminution. Le carnet de commande des entreprises diminue, elles utilisent donc moins de facteur de production, notamment de travail, ce qui aggrave le chômage.

Cette interdépendance des agents économiques, qui peut être représentée sous forme d'un circuit économique, caractérise la complexité de l'économie qui s'est mondialisée et rend impossible sa modélisation d'une manière rationnelle, c'est pourquoi elle est une science inexacte.

Nous analyserons cette interdépendance à travers les relations économiques entre les agents économiques à partir de quatre thèmes :

- **Thème 1 : l'activité économique et ses trois rouages : Production-Répartition-Consommation**

- **Thème 2 : le financement de l'activité économique : Monnaie et marché financier**

- **Thème 3 : la régulation de l'activité économique : par l'Etat et le par le Marché**

- **Thème 4 : les principaux déséquilibres de l'économie : crise, chômage, inflation**

THEME 1 :

L'activité économique et ses trois rouages : Production – Répartition - Consommation

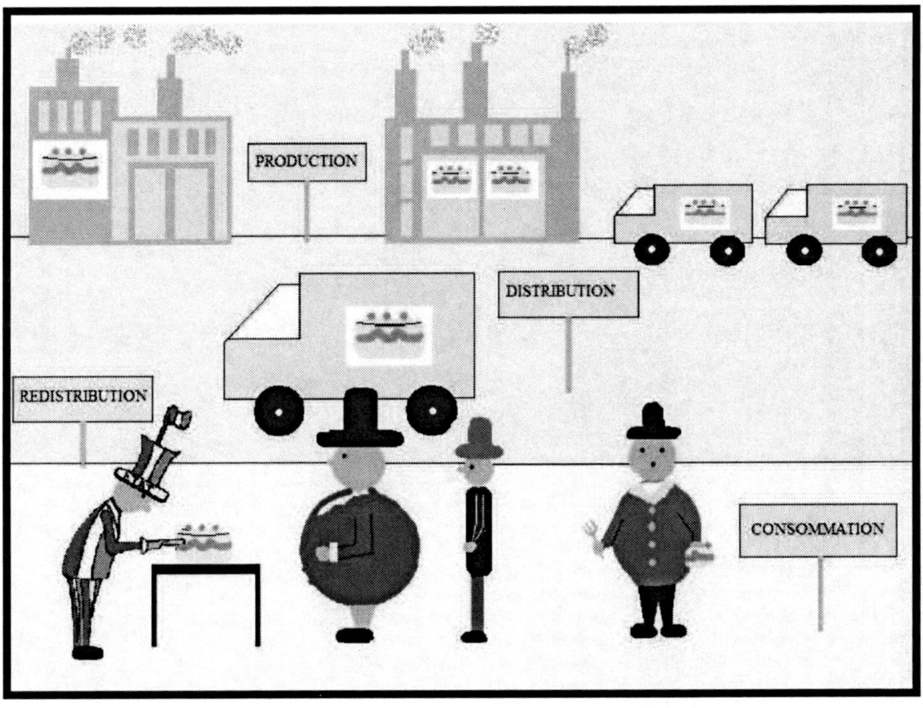

I- Le rouage de la production : la création de richesses

« C'est en ayant plus que l'on vit mieux, ou c'est en étant mieux que l'on vit plus ? »

C'est lui qui crée la richesse économique de notre pays grâce à la production de biens et services mesurée par le PIB (Produit Intérieur Brut). Il représente le moteur de la croissance économique. Cette création de richesse s'effectue à partir des facteurs de production : **Travail et Capital**. Ces facteurs de production déterminent le volume de la croissance économique. Ce rouage est fondamental car il garantit la croissance économique de notre économie et détermine la distribution des revenus aux agents économiques qui le font fonctionner grâce à leur travail et leur capital. Parfois, en tournant en plein régime, il devient défaillant et dégage des externalités négatives comme la pollution, la diminution de la biodiversité, l'épuisement des ressources naturelles et la disparition des espèces animales et végétales, qu'il faut corriger ou réparer.

La production est un processus où différents facteurs de production sont utilisés et combinés de manière à obtenir des biens ou services. Son augmentation sur une longue période définit la croissance économique. (fig.1)

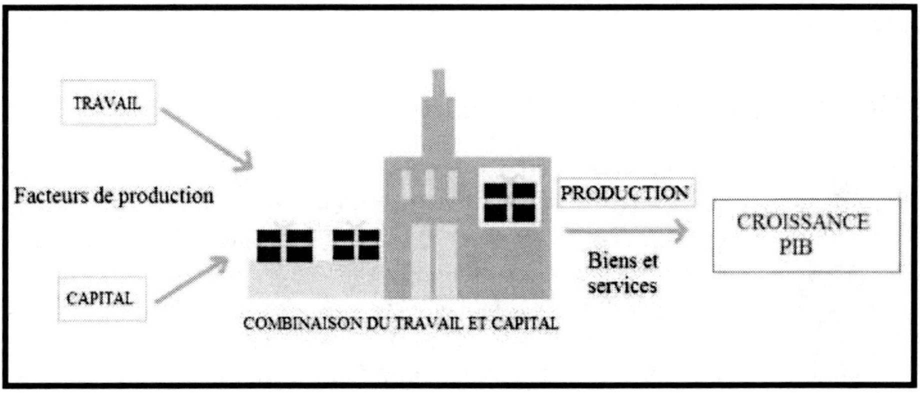

(fig.1)

1) Les facteurs de production

a) Le facteur travail

« Il n'est de richesses que d'hommes » J. Bodin

D'un point de vue économique : le travail est un facteur de production, source de création de valeur et de richesses. C'est une activité productive rémunérée. On peut dire que c'est un ensemble d'activités physiques ou intellectuelles, organisées, coordonnées, rémunérées, effectuées par des agents économiques en vue de produire des biens ou services afin de satisfaire les besoins.

Il y a deux approches du travail :

- *une approche microéconomique* (c'est-à-dire en se situant dans le cadre de l'entreprise) : activité du personnel dans l'entreprise représentée par la main d'œuvre ou encore ensemble des ressources humaines.
- *une approche macroéconomique* (c'est-à-dire globale) : le travail est représenté par la population active (actifs occupés+chômeurs). On parle de quantité de travail disponible en termes de personnes et en termes de durée (heures de travail).

Alors comment le travail contribue-t-il à la production ? (fig.2)

La croissance démographique peut être un facteur de croissance. La production dépend du volume de travail représenté par la population active. La puissance économique d'un pays est proportionnelle au nombre d'actifs mais aussi à leur qualification. C'est ainsi que le fort taux de natalité d'après-guerre en France et dans les pays européens a contribué de manière incontestable à la croissance des « 30 glorieuses ». Le vieillissement actuel de sa population fait craindre une atonie de notre économie et une remise en cause de notre modèle social (notre système de retraite par exemple).
Mais cette liaison positive entre croissance et population semble plutôt être réservée aux pays riches. Cependant, certains pays émergents, après avoir été handicapés par leur démographie, ont tiré quantitativement profit de leur

population active pour améliorer leur compétitivité et leur croissance économique (la Chine par exemple). Au contraire, dans d'autres pays, la population freine la croissance (Afrique centrale).

Thomas Robert MALTHUS (1766-1834) : Dans l'Essai sur le principe de population, il démontre que la population augmente de façon exponentielle ou géométrique (par exemple : 1, 2, 4, 8, 16, ...) tandis que les ressources croissent de façon arithmétique (1, 2, 3, 4, 5, 6, ...). Il en conclut le caractère inévitable de catastrophes démographiques qui sont l'origine des crises économiques (population croissant plus vite que la production).

La relation entre la population active et la production s'exerce à deux niveaux.

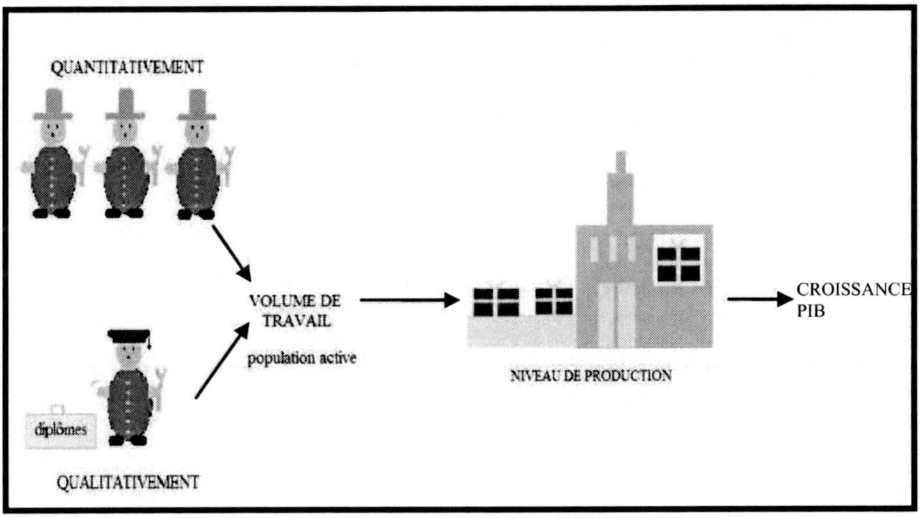

(fig.2)

1. Au niveau quantitatif

- <u>**La quantité de travail disponible dépend du niveau de la population active :**</u>

Le volume de la population active est soumis aux variations démographiques. Elles font varier la population active soit à la hausse, soit à la baisse. (fig. 3).

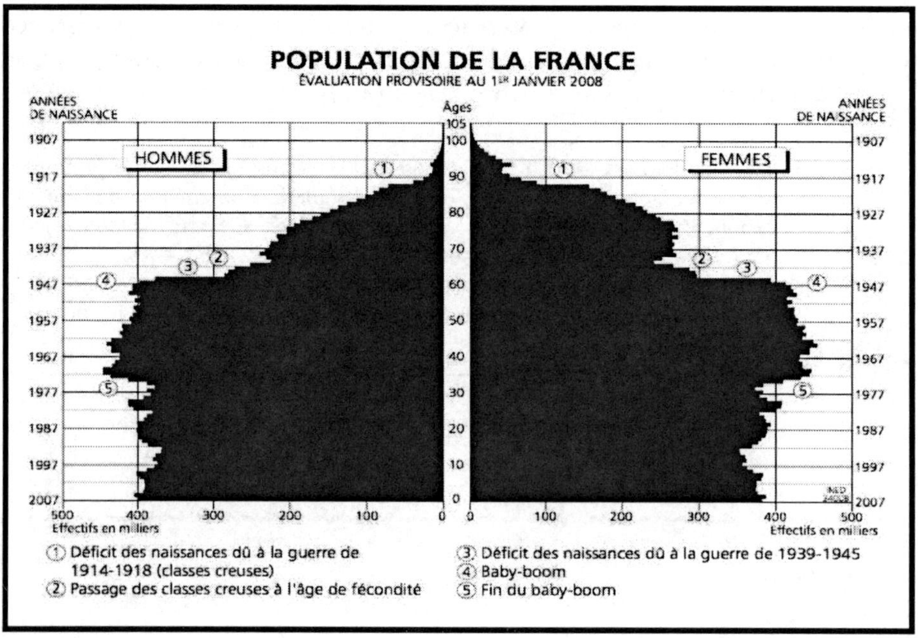

(fig.3)

- **L'influence démographique sur la population active**

A LA BAISSE	A LA HAUSSE
• Baisse du taux de natalité	• Hausse de la natalité
• Ralentissement de l'immigration	• Immigration
• Allongement des études	• Allongement de l'âge de la retraite
• Départs à la retraite	

Population Totale = **Population active** (actifs occupés et chômeurs)

+ **Population inactive** (jeunes, retraités, adultes sans activité)

Il est intéressant, dès à présent, de soulever le problème démographique du chômage des jeunes. En effet, l'allongement de l'âge du départ à la retraite retarde les sorties des actifs du marché du travail et ne permet pas aux nouveaux arrivants (les jeunes) de trouver un emploi à court terme. L'ajustement des entrées aux sorties ne peut se faire que progressivement sur une longue période.

- **L'influence du taux d'activité sur la population active**

Une population nombreuse ne garantit pas une quantité de facteur de travail abondante. Cela dépend de la proportion de personnes actives. Cette proportion est mesurée par le taux d'activité (**taux d'activité** = effectif de la population active en âge de travailler / population totale).

En France :

Baisse du taux d'activité des hommes
Baisse du taux d'activité des jeunes

Augmentation du taux d'activité des femmes

- **<u>La quantité de travail disponible dépend aussi de la durée du travail</u>**

La durée légale du travail détermine le volume du travail en heures de travail. Cette durée a tendance à diminuer en moyenne grâce au progrès technique et au progrès social. Elle est plus ou moins critiquée, car pour produire plus, *il faut travailler plus pour gagner plus* selon une logique productiviste : celle de « *l'avoir plus* ». La loi sur les 35 heures renchérirait ainsi le coût de l'adaptation du volume du travail à celui de la production. Cependant, on peut aussi travailler mieux, en travaillant moins grâce au progrès, et produire plus selon la logique de « *l'être mieux* » qui est une autre vision du rôle de la durée du travail dans la croissance.

2. Au niveau qualitatif

La population active en France est de plus en plus diplômée et de mieux en mieux formée.
La main d'œuvre ainsi mieux formée améliore la qualité du travail, accroît sa productivité (rendement du travail) et favorise l'accroissement de la production (fig.4). On parle dans ce cas de ressources humaines voire de capital humain et non plus simplement de facteur de production.

Gary BECKER : prix Nobel d'économie en 1992. Il a développé la théorie du **capital humain**. Cette théorie a fourni un certain nombre d'apports : justification des dépenses publiques d'éducation, de formation et de santé. Donc, une main d'œuvre mieux formée et mieux soignée produit plus et mieux. De telles dépenses sont des dépenses d'investissement et non de fonctionnement qui valorisent ce capital immatériel. Le travail est une ressource humaine.

Cette évolution répond au niveau de plus en plus élevé des exigences en qualifications pour les emplois qui se créent grâce à l'essor des nouvelles technologies et aux innovations.
Malgré cette évolution, la part des emplois non qualifiés reste importante. De plus elle s'accompagne d'une expansion inquiétante des emplois précaires qui touchent en priorité les jeunes (cf. l'article **réflexion/débat**), ce qui fragilise la croissance économique.

ACTIFS → **Qualité du travail = efficacité = productivité** → PRODUCTION / CROISSANCE / PIB

« Avec mieux on produit plus »

(fig.4)

La qualité du travail va dépendre :

- De la formation des salariés
- Du niveau des qualifications, étude…
- Des conditions de travail, de la motivation, du management…

Donc :

- « Plus de travail » => plus de croissance = **CROISSANCE EXTENSIVE**
- « Meilleur travail » => plus de croissance = **CROISSANCE INTENSIVE**

Pour accroître la production et améliorer la compétitivité, l'économie a besoin d'une population active qualifiée. Mais elle a aussi besoin d'un autre facteur de production : le CAPITAL. Quelles sont ses caractéristiques et comment l'accroître ?

b) Le facteur capital

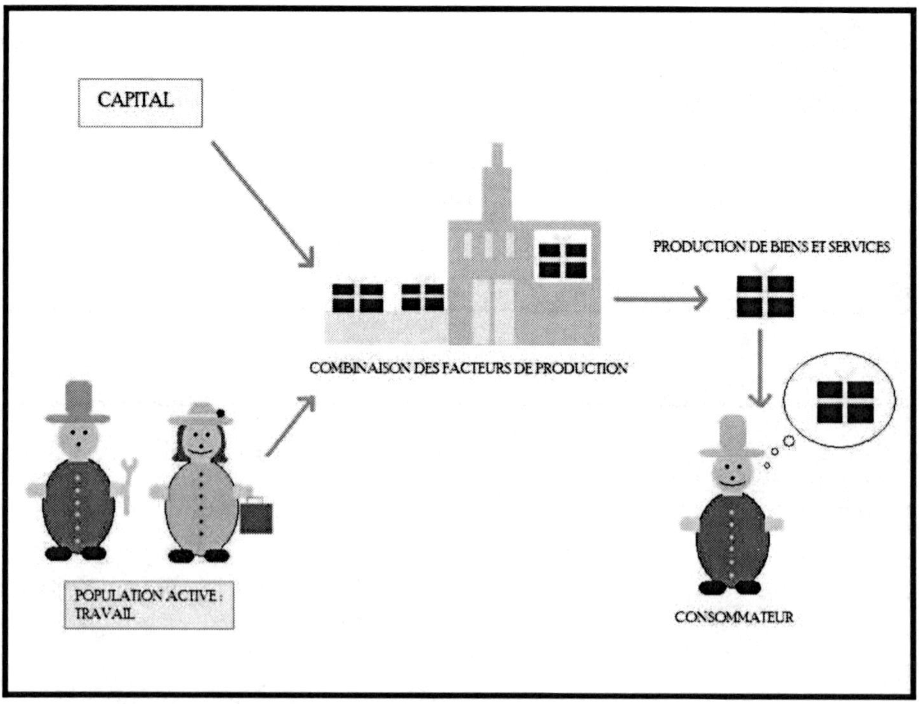

1. Définition

- **<u>Sur le plan comptable et juridique</u>**

Le capital est l'élément du « Passif » du bilan, c'est une ressource qui permet de constituer « l'Actif » du bilan. On considère de ce point de vue le capital sous sa forme financière (apport de l'entrepreneur ou des associés). On parle de capitaux propres lorsqu'ils appartiennent à l'entreprise, de capitaux étrangers si se sont des dettes, et de capital social si l'entreprise est une société (*capital social = valeur nominale de l'ensemble des apports des associés de l'entreprise).*

- **<u>Sur le plan économique</u>**

Le capital est l'ensemble des biens qui participent à la fabrication d'autres biens, et qui vont servir plusieurs fois au cours de l'activité productive. Ce sont des biens qui constituent le **capital technique** ou encore le capital fixe (matériel, outillage, machines, bâtiments, infrastructures…) et permettent d'opérer un détour de production. Il représente ainsi un facteur de production.

2. La formation du capital : l'investissement

- **<u>Définition et mesure de l'investissement</u>**

  - **Définition**

L'investissement est un acte économique, c'est-à-dire une dépense effectuée par les entreprises, les ménages ou l'Etat, qui consiste à affecter des ressources financières à l'achat de capital technique afin d'accroître la production et d'en retirer un profit ou une satisfaction.

- **Sa mesure**

Il se mesure par le taux d'investissement.

Taux d'investissement = FBCF (Formation Brute de Capital Fixe) / PIB *100

Il indique la capacité de production d'un pays, son dynamisme économique.

- <u>**Les formes de l'investissement**</u>

Comment les classer ?

- Selon leur origine : **investissements privés** réalisés par les entreprises et ménages (*agrandissement du parc de Disneyland...*), **investissements publics** effectués par l'Etat, les collectivités locales ou les administrations publiques (*rénovation des lycées, construction de routes, d'hôpitaux...*).

- Selon leur nature : **investissements matériels** (*renouvellement de matériel...*), **investissements immatériels** (dépenses en recherche chez L'Oréal, logiciels de Microsoft, dépenses publicitaires...), et **investissements financiers** (*rachat du capital, placements financiers en bourse...*).

- Selon leurs objectifs : **investissements de capacité** c'est-à-dire accroissement des capacités de production de l'entreprise (création d'une filiale, extension de l'entreprise...).Ils sont source de croissance extensive et provoquent des créations d'emplois. Les **investissements de productivité** consistent à substituer du capital au travail afin d'améliorer la productivité (*robotisation d'une chaîne de production, automatisation de la production, installation d'automates comme les péages automatiques des autoroutes...*). Ils sont source de croissance intensive, et provoquent des suppressions d'emplois à court terme dans l'entreprise qui réalise de tels investissements (remplacement de l'homme par la machine). Et les **investissements de remplacement** servent à renouveler le capital obsolète.

3. L'investissement : ses déterminants et son rôle dans la croissance

- **Les déterminants de l'investissement :**

« Les profits d'aujourd'hui sont les investissements de demain et les emplois d'après demain » H. Schmidt

Plusieurs facteurs vont déterminer la décision des agents économiques (plus particulièrement des entreprises) d'investir. On peut les classer en deux grandes catégories : les déterminants économiques et les déterminants financiers.

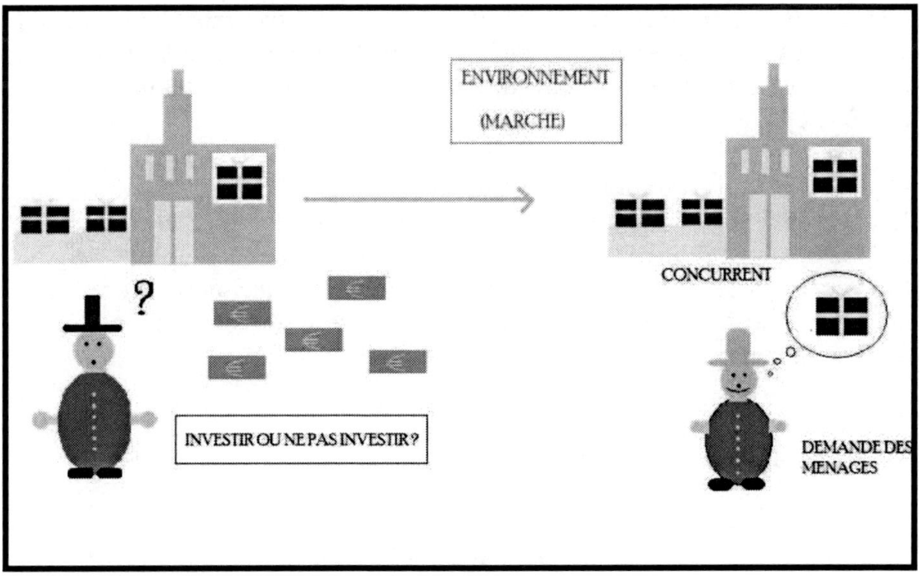

- **Les déterminants économiques**

- Le niveau de la demande intérieure et extérieure :
Si la demande augmente, les entreprises seront incitées à accroître leurs capacités de production (capital technique) pour répondre à cette hausse. Les entrepreneurs décideront d'investir car il y aura plus de débouchés pour vendre leur production. Le niveau de la demande détermine le niveau de la production ainsi que celui de l'emploi. (J.M. Keynes)

J.M. KEYNES (1883-1946) : économiste britannique de notoriété mondiale, fondateur de la macroéconomie (économie globale) et du rôle majeur de la demande. En effet, la demande est le démarreur du moteur de l'économie. Elle est anticipée par l'entrepreneur et c'est son niveau qui détermine le niveau de la production et celui de l'emploi. Si elle est insuffisante il y a une hausse du chômage, l'Etat doit donc intervenir et la relancer par ses dépenses publiques (investissements publics) afin de refaire démarrer l'activité économique. Par leur effet multiplicateur, elles accroissent la demande en augmentant les revenus des agents économiques concernés par ces dépenses et les incitent donc à investir.

- La rentabilité espérée de l'investissement :
Les recettes dégagées et escomptées de l'investissement doivent être supérieures aux dépenses engagées sinon l'investissement ne sera pas rentable et l'entrepreneur n'investira pas. L'entrepreneur prend un risque qui doit être couvert par la rentabilité.

- Le taux d'utilisation des équipements :
Lorsque la demande est forte et que le taux d'utilisation est élevé ou à son optimum, c'est-à-dire que les machines tournent à plein régime, l'entrepreneur va investir donc acheter de nouvelles machines pour répondre à cette hausse de la demande. Dans le cas contraire, il n'investira pas et fera tourner davantage ses machines sous-utilisées.

- **Les déterminants financiers**

- Le niveau des profits :
Leur niveau va inciter l'entrepreneur à investir car il disposera de capacités d'autofinancement nécessaires pour financer son investissement. Donc, plus les profits sont élevés et plus l'entreprise a des possibilités financières pour investir (cf. théorème de H. Schmidt). La réalité nous montre que cela n'est pas suffisant car actuellement les grandes entreprises ont des profits très

élevés (cf. le CAC 40) mais n'investissent pas ou peu préférant le court terme au long terme.

- Le niveau des taux d'intérêt :
Plus le niveau des taux d'intérêt pratiqués par les banques est élevé moins les entrepreneurs investissent car cela coûte plus cher et c'est donc moins rentable. C'est le cas pour les PME (petites et moyennes entreprises) qui, faute de profit suffisant, ont recours au crédit pour financer leurs investissements. Si celui-ci devient plus cher, elles renoncent à leurs investissements et donc ne peuvent pas s'agrandir ni embaucher (*cette rareté du crédit a été une des conséquences de la crise financière de 2008 qui a conduit les économies dans la récession).*

- **Les effets de l'investissement sur notre économie**

Ses bienfaits

Il est un facteur de croissance économique donc il stimule l'activité économique en agissant sur le rouage de la production.

Il permet d'accroître le volume de l'emploi (investissement de capacité).

Il améliore la compétitivité prix et qualité (investissement de productivité) ce qui favorise les exportations et augmente les réserves de devises.

Il accélère l'innovation et empêche le vieillissement du système productif.

Il garantit le développement économique.

Ses méfaits

Il peut détériorer l'emploi s'il se réalise à l'étranger (les délocalisations par exemple) ou s'il provoque une substitution du capital au travail, c'est-à-dire le remplacement de l'homme par la machine (automatisation de certains travaux).

Il peut aussi provoquer des tensions inflationnistes par une hausse de la demande.

CONCLUSION :

L'investissement représente un des moteurs essentiels de l'activité économique par ses effets sur le rouage de la production : ***il permet de produire plus et de produire mieux***. Il détermine et conditionne donc le niveau de la croissance économique. Mais ce niveau est lui-même conditionné par le choix de la combinaison des facteurs de production effectué par le chef d'entreprise. Comment se réalise donc ce choix ?

c) La combinaison des facteurs de production et la mesure de leur efficacité

Les producteurs utilisent nécessairement les deux facteurs de production : travail et capital qu'ils associent de différentes façons. La combinaison productive qui désigne l'utilisation de capital technique et de travail peut être plus ou moins capitalistique c'est-à-dire incorporer plus ou moins de capital (fig.5).

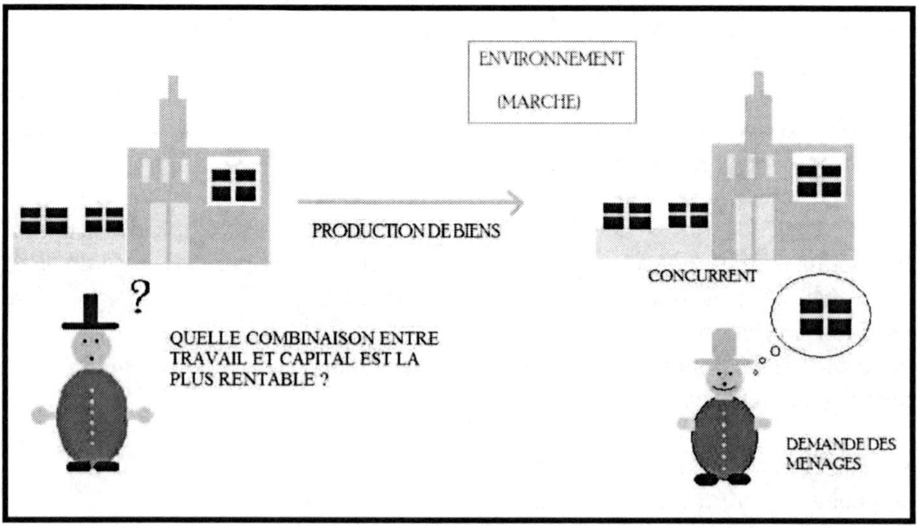

(fig.5)

1. Le choix de la combinaison

Le choix est restreint lorsque les facteurs de production sont complémentaires. Il n'y a qu'une seule combinaison (*exemple du transport : à chaque camion (capital) correspond un chauffeur (travail)).* L'augmentation d'un facteur entraîne l'augmentation de l'autre. La diminution d'un facteur entraîne celle de l'autre.
Par contre, le choix est varié lorsque les facteurs de production sont substituables, c'est-à-dire qu'ils peuvent être remplacés mutuellement. Dans ce cas, l'entrepreneur fait un choix entre plusieurs combinaisons possibles : soit il utilise plus de travail et moins de capital, soit le contraire. Ce choix aura une incidence sur l'emploi et sur le niveau des profits. Cependant, il faut noter que dans la réalité les facteurs de production ne sont jamais totalement complémentaires ou substituables.

- **<u>Le choix de la meilleure combinaison dépend de plusieurs éléments</u>**

- **Du coût des facteurs de production**

C'est le coût des facteurs qui conduit le chef d'entreprise à choisir la meilleure combinaison, la moins coûteuse. Ainsi, si le coût du travail (salaire + charges sociales) est supérieur au coût du capital (amortissement + intérêt éventuellement), il va choisir la combinaison la plus rentable, celle qui nécessite davantage de capital que de travail. Dans ce cas, il y a substitution du capital au travail, c'est-à-dire remplacement de l'homme par la machine, ce qui peut provoquer du chômage à court terme. Il est déjà intéressant de noter que la décision de production de l'entrepreneur a un effet sur le niveau du chômage (nous y reviendrons dans le quatrième thème).

- **De la qualité des facteurs de production**

La nature des facteurs de production (substituables ou complémentaires) va influencer le choix de l'entrepreneur, car selon le type des facteurs de production le choix est plus ou moins restreint. Le niveau de qualification et d'expérience de la main d'œuvre (travail) va l'influencer à choisir davantage de travail que de capital (artisanat par exemple).

- **Du type d'entreprise**

Les activités à technologies avancées utilisent plus de capital, elles ont une intensité capitalistique élevée.

Donc, le choix de la combinaison productive est fonction du coût relatif des facteurs de production. Cependant, le chef d'entreprise fait aussi son calcul en prenant en compte la productivité.

2. La mesure de leur efficacité : la productivité

La productivité est un indicateur qui mesure l'efficacité des facteurs de production en comparant la production aux facteurs de production (travail et capital) utilisés.

- Productivité globale = production / facteurs de production utilisés
- Productivité du travail = production/quantité de travail utilisée
- Productivité du capital = production/quantité de capital utilisée

- **<u>Les gains de productivité : leur origine et leur partage :</u>**

Les gains de productivité représentent une augmentation de la productivité d'une année par rapport à l'autre. Lorsque la productivité a augmenté on dit que l'on a réalisé un gain de productivité. Ils traduisent une économie de moyens par rapport au résultat obtenu. Les gains de productivité élevés d'après guerre ont contribué à l'augmentation de la croissance économique durant la période des trente glorieuses. La progression de la production était supérieure à celle de la productivité, mais depuis la fin des trente glorieuses ce n'est plus le cas.

- **Leur origine : les facteurs d'amélioration de la productivité**

LES FACTEURS QUI SONT A L 'ORIGINE DES GAINS DE PRODUCTIVITE :

LES FACTEURS LIES AU CAPITAL :	LES FACTEURS LIES AU TRAVAIL :
■ développement du progrès technique. ■ recours à des équipements plus performants… ■ innovations… ■ nouvelle organisation de la production qui diminue les pertes de temps et les défauts ■ économies d'échelle… ■ délocalisations...	■ changement de l'organisation du travail (taylorisme, fordisme, …) flexibilité, améliorations des conditions de travail, de rémunération, management des ressources humaines… ■ formation du personnel qui optimise son efficacité et son adaptation. ■ amélioration de l'éducation, du niveau de formation.

- **Le partage des gains de productivité**

La question se pose de savoir qui va être bénéficiaire de ces gains. Ils sont donc répartis entre les agents économiques. Comment et sous quelle forme ?

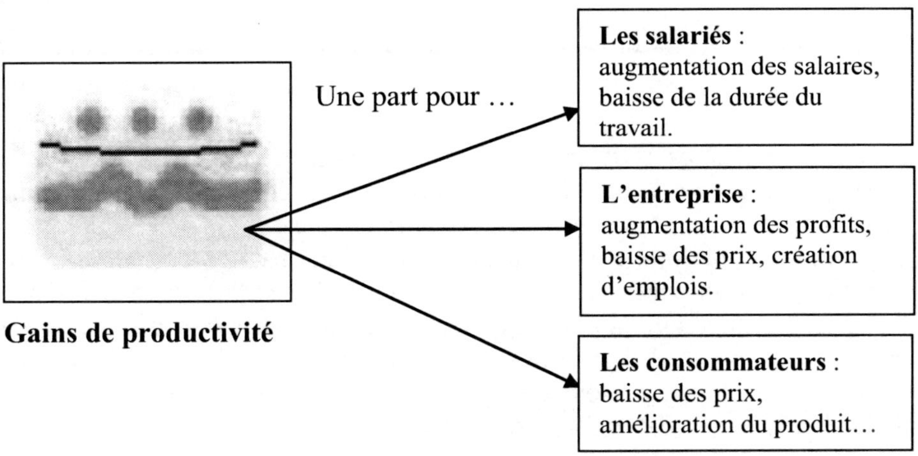

Gains de productivité

- **Les effets des gains de productivité**

Les choix de la répartition des gains de productivité entre toutes les parties prenantes vont avoir des effets sur l'activité économique et sur les comportements des agents économiques (fig. 6 et 7).

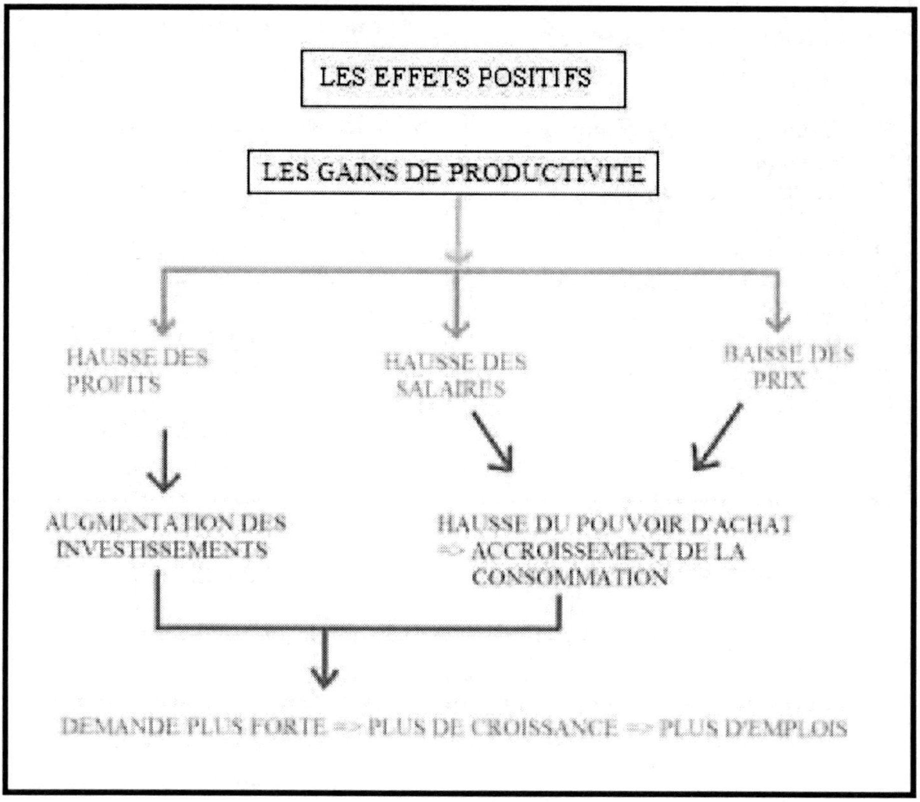

(fig.6)

L'utilisation des gains de productivité a une incidence sur la croissance économique et sur l'emploi. En permettant de stimuler la demande, ils favorisent les trois rouages de l'activité économique.

Cependant, ils peuvent aussi s'accompagner d'une baisse de l'emploi et de l'activité dans un contexte de stagnation de la demande et de concurrence forte. Cette situation pousse les entreprises à rechercher des gains de productivité soit en délocalisant, soit en substituant du capital au travail ce qui aggrave le chômage, soit en négligeant la sécurité (exemple de l'incident de la plateforme de BP en 2010, de certains jouets fabriqués en Chine...).

Si la production augmente plus vite que la productivité, les créations d'emplois deviennent fortes et le chômage diminue (période des trente glorieuses). Au contraire, si la productivité progresse plus vite que la production, elle entraîne des suppressions d'emplois. On peut dire ici que le progrès technique, en accélérant la progression de la productivité, aggrave le chômage sur le court terme. Par contre, sur une longue période, il crée des emplois dans d'autres secteurs d'activité en faisant naître de nouveaux besoins. De plus, grâce aux gains de productivité, il permet aux entreprises d'améliorer leur compétitivité et donc de maintenir des emplois voire d'en créer. Il supprime des emplois dans certains secteurs et en déverse dans d'autres (les actifs des secteurs primaire et secondaire déversés dans le secteur tertiaire où le progrès technique est moins répandu).

Alfred SAUVY (1898-1990) : économiste démographe français. Il fut le premier à parler de tiers-monde en référence au tiers-état de Sieyès. A travers sa théorie du **déversement**, il a mis en évidence que les gains de productivité liés au progrès technique créent autant d'emplois qu'ils n'en suppriment.

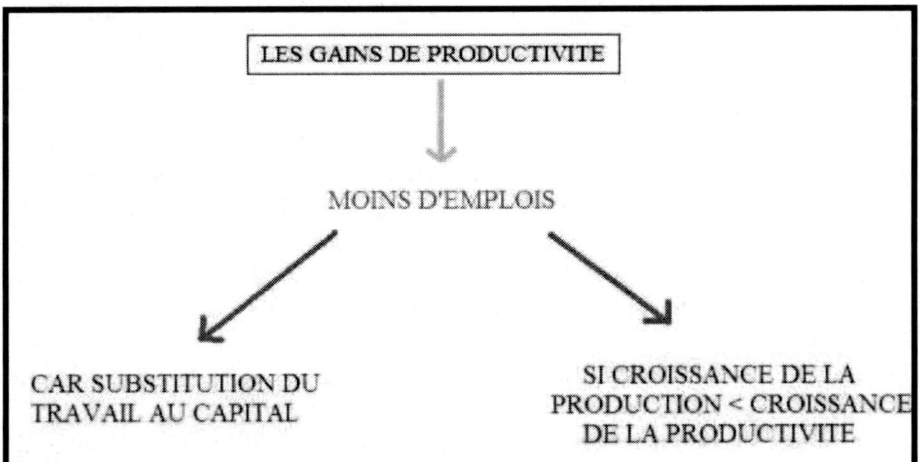

(fig.7)

CROISSANCE DE L'EMPLOI = croissance de la production - croissance de la productivité

CONCLUSION :

Pour produire, il est nécessaire d'utiliser des facteurs de production (travail et capital). L'entrepreneur va rechercher la combinaison optimale, il est donc amené à faire des choix rationnels dans l'utilisation de ces facteurs. Ces facteurs de production permettent aux firmes de dégager des gains de productivité. Ces gains ont des effets à la fois positifs et négatifs sur l'emploi. Ils permettent généralement de faire tourner le rouage de la production afin d'accroître les richesses et d'espérer des taux de croissance toujours plus élevés pour notre bien-être. Mais parfois à trop vouloir augmenter son régime, il peut provoquer des nuisances qui remettent en cause notre modèle de croissance. Mais qu'est-ce que la croissance ? Ne faudrait-il pas passer d'une croissance quantitative à une croissance qualitative pour protéger les générations futures ?

2) Le résultat de la production : la croissance et le développement durable

De la croissance économique dépend la création de richesses. Celles-ci seront ensuite distribuées aux agents économiques. En conséquence, périodiquement, tous les gouvernements et les économistes guettent l'évolution du PIB (Produit Intérieur Brut). Il suffit qu'il soit faible pour déclencher un pessimisme sur la situation économique et sociale future, car cette baisse provoque des déséquilibres sociaux (déficit de la sécurité sociale, déficit du régime des retraites…) et des déséquilibres économiques (chômage).

La croissance est soumise à des fluctuations courtes ou longues expliquées soit par des mécanismes conjoncturels (hausse du prix du pétrole et des céréales en 2008), soit structurels (crise financière de 2008). Elle dépend de plusieurs facteurs : du travail et du capital qui actionnent son rouage, mais aussi du niveau de la demande privée et publique qui lui assurent ses débouchés (fig.8).

Son insuffisance peut conduire à la récession (exemple de la France 2009) et son abondance à la destruction de nombreuses ressources naturelles. Or, face à ces déséquilibres, la question du développement durable reste posée. Une croissance qualitative serait-elle devenue nécessaire ?

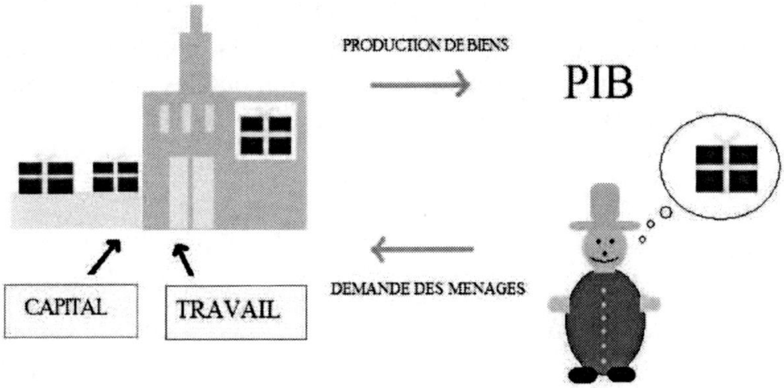

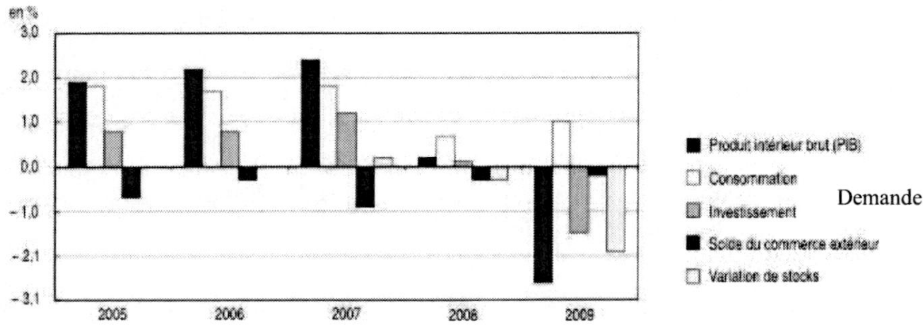

Source : INSEE

(fig.8)

a) La croissance et ses effets

1. Définition et caractéristiques de la croissance

- **Définition**

La croissance est une augmentation régulière et soutenue de la production pendant une ou plusieurs périodes. C'est donc un phénomène quantitatif et de longue durée que l'on peut mesurer.

Cette production peut être marchande, c'est-à-dire évaluée au prix du marché. Elle est donc destinée à être vendue sur le marché.

Elle peut être non marchande, c'est-à-dire évaluée à son coût de production, et généralement destinée à satisfaire l'intérêt public (les services publics : éducation, santé, transport public…).

- <u>**Sa mesure**</u>

  - **Les principaux indicateurs**

PIB (Produit Intérieur Brut), ***PNB*** (Produit National Brut) sont les principaux agrégats ou indicateurs de l'évolution de la création de richesses.

- PIB : Produit Intérieur Brut. C'est un indicateur économique (agrégat) qui permet d'évaluer l'ensemble des biens et services produits sur le territoire national quelque soit la nationalité des producteurs résidents en France. Il se calcule en faisant la somme des valeurs ajoutées de tous les agents économiques résidant en France.

Valeur Ajoutée = Chiffre d'affaires – Consommation intermédiaire

PIB = CONSOMMATION FINALE + FBCF + VARIATIONS DE STOCKS + EXPORTATIONS - IMPORTATIONS

- **PNB : Produit National Brut.** C'est un indicateur économique qui ne retient ou ne compte que la production nationale. Il repose donc sur le critère de nationalité.

-Taux de croissance = PIB (année n) – PIB (année n-1) / PIB (année n-1) x 100

-PIB en valeur = PIB mesuré en euros courants (avec l'inflation), ce qui signifie que le PIB augmente à cause d'une hausse des prix alors que la richesse réelle n'a pas augmenté (PIB = quantité produite **x** prix).

-PIB en volume = PIB mesuré en euros constants (sans l'inflation), il mesure la richesse réelle car on efface la hausse des prix en faisant PIB en valeur / Indice des prix. Il est le plus représentatif de la richesse créée. (fig.9).

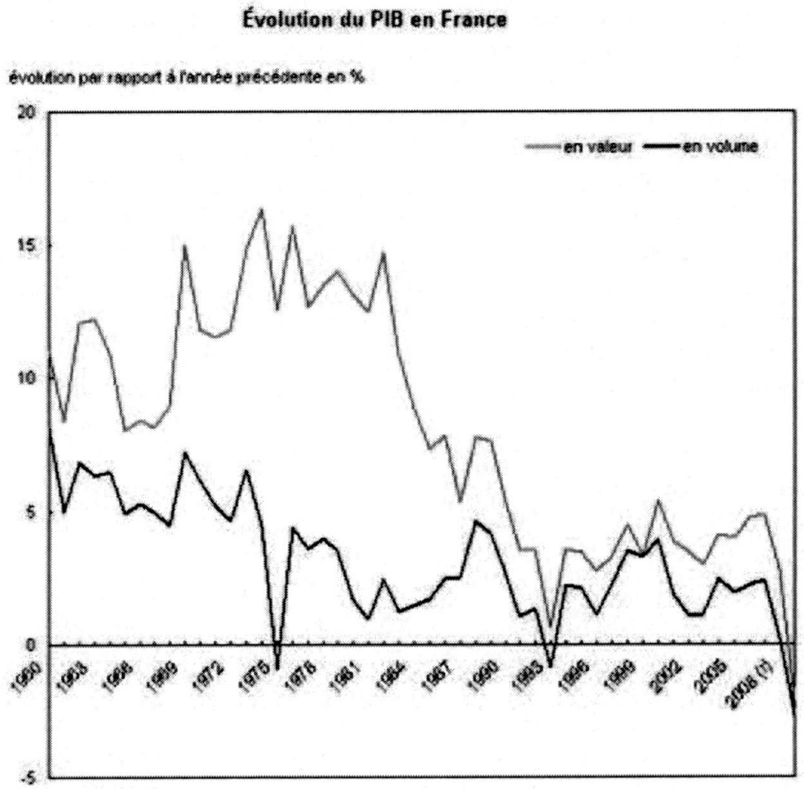

r : données révisées
Champ : France
Source : Insee, comptes nationaux - base 2000

L'écart s'explique par un taux d'inflation fort de 1973 à 1983 (premier choc pétrolier en 1973 et second choc pétrolier en 1979).

(fig.9)

- **Des indicateurs relatifs :** *« qu'importe l'indicateur pourvu qu'il monte ! »*

Le **PIB** est un indicateur très imparfait. Il ne prend pas en compte les externalités négatives de la croissance telles que la pollution, l'émission de Gaz à Effet de Serre (GES), la disparition des espèces animales et végétales, la réduction de la biodiversité. Pourtant, de tels dérèglements sont néfastes à l'ensemble de notre économie. Alors comment peut-on parler dans ce cas de richesse assurant le bien être de tous les agents économiques ?

D'un autre côté, il ne tient pas compte des améliorations qualitatives : amélioration de la santé, des soins, de la sécurité, de l'éducation et des efforts déployés pour protéger l'environnement.
De plus, il considère que le bénévolat n'a pas de valeur, donc pas de richesse, car la contribution des bénévoles à la production n'est pas comptabilisée dans le PIB (les bénévoles des *Restos du cœur par exemple*). La valeur ne serait-elle que marchande aux yeux des comptables ?
Ensuite, il n'évalue la production des services publics qu'à travers leurs coûts, sans mesurer la richesse qu'ils apportent à l'ensemble des agents économiques (réseau routier, écoles, hôpitaux, sécurité…). Il fausse ainsi l'appréhension des services publics en ne faisant apparaître que l'aspect fiscal de leur production à l'égard des agents économiques.
En outre, le **PIB moyen par habitant** est une moyenne qui ne fournit aucune indication sur la répartition de la richesse (*valeur ajoutée)* créée et sur les inégalités sociales. Cependant, il reste un indicateur encore utile et toujours utilisé pour faire des prévisions, pour élaborer des politiques économiques, pour justifier les décisions économiques, et même pour spéculer.
Il n'est que le reflet d'une économie fondée sur « l'avoir plus » permettant à chaque acteur économique d'avoir davantage et donc de pouvoir satisfaire ses besoins selon l'adage « c'est en ayant plus que l'on vit mieux ».

Pour mieux mesurer la richesse, d'autres indicateurs sont venus compléter le PIB tels que l'**I.D.H** (Indice de Développement Humain) retenant la combinaison de trois éléments : ***niveau de vie + espérance de vie + taux alphabétisation et de scolarisation***, ou encore **IBEE** (indicateur de bien-être économique)…
Ce n'est pas en changeant de thermomètre que l'on arrête la fièvre. Le bonheur peut-il se calculer et se mesurer ?

Joseph Eugene STIGLITZ : économiste américain né le 9 février 1943 qui reçut le prix Nobel d'économie en 2001. Il est un des fondateurs et un des représentants les plus connus du « nouveau keynésianisme » et réputé pour ses travaux sur l'information en économie, plus précisément sur l'asymétrie de l'information et sur le salaire d'efficience. En 2008, il publie un rapport sur le changement des instruments de mesure de la croissance française conjointement avec Amartya Sen, exposant ainsi les limites du PIB.

La performance de l'économie n'est pas seulement quantitative, elle est aussi qualitative. Or, cet aspect de la croissance semble échapper à la logique comptable. Pourtant, le bien être des individus est aussi un facteur de croissance économique, car plus on est heureux et en bonne santé, plus on est performant. Cependant, l'objectif aujourd'hui est d'accroître la richesse nationale en pensant que ce n'est que par « l'avoir plus » que l'on peut rendre heureux tous les individus. Il est vrai que plus le gâteau est gros plus il y aura de parts pour tous, mais tout dépendra de son partage.

- **<u>Ses fluctuations : les cycles de croissance</u>**

La croissance n'est pas un mouvement régulier d'augmentation de la production. Elle connaît des rythmes de différentes amplitudes selon des périodes plus ou moins longues avec des phases de hausse et de ralentissement ou de baisse d'activité.
L'alternance de phases d'expansion et de dépression ou récession fait apparaître des cycles.
Plusieurs cycles peuvent être distingués.

- **<u>La notion de cycle</u>** (fig.10)

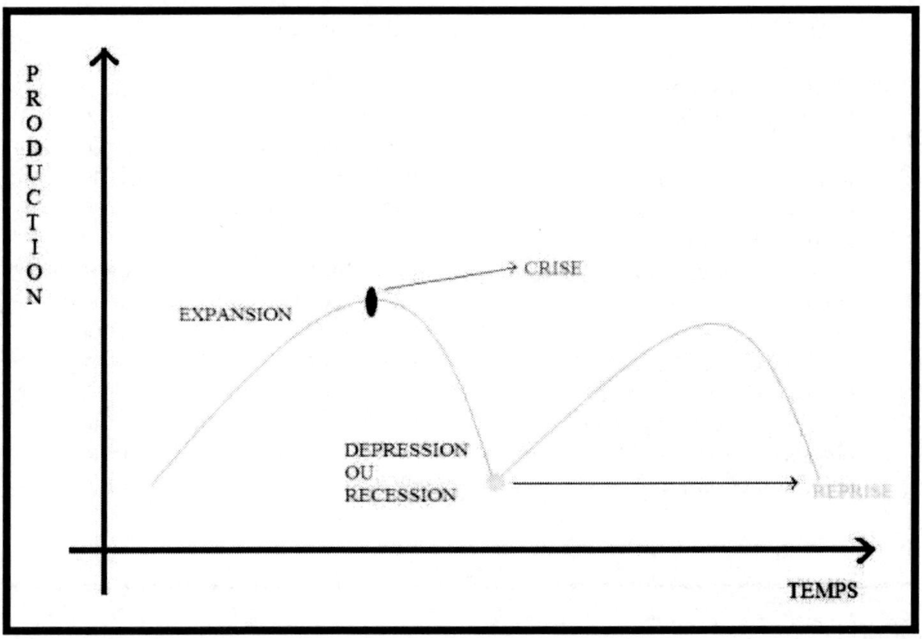

(fig.10)

Dépression : Phase caractérisée par une baisse de la production, de la demande et des revenus avec une hausse du chômage.

Récession : Ralentissement de l'activité économique sur une courte période qui n'entraîne pas la baisse des revenus.

Reprise : Point de retournement du cycle (phase basse). La production repart, les investissements augmentent ainsi que l'emploi.

Expansion : Accroissement de la production généralement de l'emploi et des revenus, des prix.

Crise : Point de retournement du cycle, la production stagne, le chômage augmente.

- **Les différents cycles** (fig.11)

• <u>Cycles courts</u>	• <u>Cycles longs</u>
• Cycles saisonniers : jouets, produits agricoles… • Cycles KITCHIN (1923) : cycles de 40 mois liés à la gestion des stocks, pendant la phase haute les firmes stockent… • Cycles JUGLAR (1819/1905) : cycles d'une durée de 6 à 11ans qui se composent de 4 phases : expansion, crise, récession et reprise.	• Cycles KONDRATRIEFF (économiste russe 1892/1938) : Cycle de 50 ans divisé en périodes d'expansion et de baisse de la production. • Cycle SCHUMPETER (économiste autrichien 1883/1950) : Les cycles proviennent de vagues ou grappes d'innovation (exemples d'innovations majeures du 19ième et 20ième siècle : machine à vapeur, chemins de fer, automobile, internet).

(fig.11)

- <u>**Les différents facteurs, et les acteurs de la croissance**</u>

La croissance dépend de plusieurs facteurs : en premier lieu du capital et du travail mis en œuvre ainsi que du progrès technique. Elle est également soumise à d'autres facteurs tels que le capital humain, les innovations technologiques. Mais pour que les entreprises puissent produire il est nécessaire qu'il existe une demande soutenue capable de lui assurer les débouchés. Cette demande peut provenir soit de la consommation, soit de l'investissement (ceux des entreprises et des ménages), soit des dépenses publiques et des échanges extérieurs (mondialisation de l'économie).

- **Les différents facteurs de la croissance économique**

On peut les regrouper en deux catégories de facteurs (fig.12)

LES DIVERS FACTEURS DE LA CROISSANCE

Les facteurs liés à l'offre :

Le travail (cf. population active)

Le capital (cf. investissement)

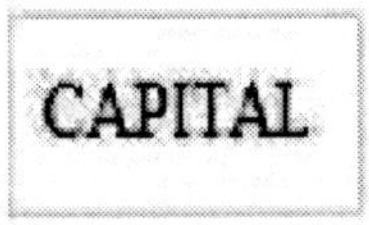

Le progrès technique (N.T.I.C.)

Les ressources naturelles

Les facteurs liés à la demande :

Niveau de la demande :
consommation + investissement

Niveau des dépenses publiques

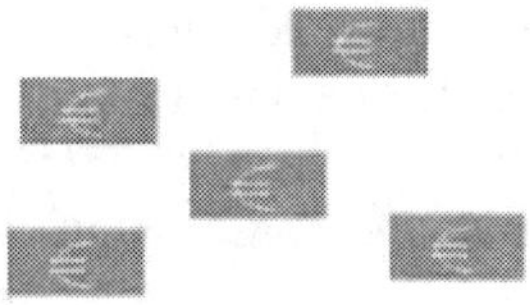

Le poids de la mondialisation :
La croissance d'un pays dépend de la conjoncture mondiale car les économies sont interdépendantes.

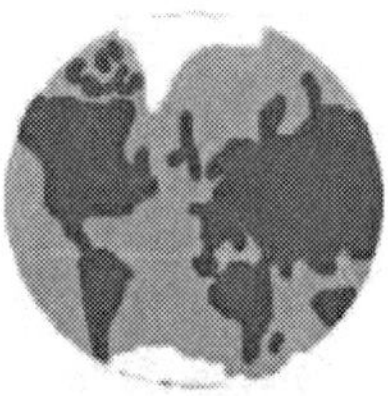

(fig.12)

- Les facteurs liés à l'offre :

Le facteur travail : il détermine, à la fois par sa quantité et sa qualité, le niveau de la croissance économique. Il est la principale source de création de richesses. Sans travail, le capital ne peut pas produire. D'où la nécessité de le valoriser et de le considérer comme une ressource humaine plutôt que comme un simple facteur de production.

L'investissement : acte économique formant le capital technique, il contribue à la croissance car c'est lui qui détermine les capacités de production des entreprises. Il permet de produire plus et de produire mieux.

Les ressources naturelles (éléments de la nature, les matières premières) : malheureusement inégalement réparties dans le monde, elles sont les fondements de la croissance. Sans elles, ni le travail ni le capital ne pourraient produire les richesses pour satisfaire nos besoins. D'où l'urgence de les préserver afin de garantir la croissance aux générations futures.

Le progrès technique : représenté par l'ensemble des innovations, les nouvelles avancées scientifiques, les nouveaux procédés de fabrication... Il assure la pérennité de la croissance en repoussant toujours plus loin le problème de la rareté. Il garantit le développement économique.

- Les facteurs liés à la demande :

La consommation et l'investissement : ils sont les composantes de la demande et déterminent par leur niveau celui de la croissance économique, car ils stimulent la production : la consommation assure les débouchés de la production et l'investissement augmente les capacités de production.

Les dépenses publiques : dépenses de l'Etat pour pallier l'insuffisance des dépenses privées. Elles permettent de relancer ou de soutenir la croissance à court terme (exemple des plans de relance de sortie de crise en 2008/2009 en France et en Europe). Par leur effet multiplicateur, elles nourrissent la demande et donc la croissance grâce aux revenus supplémentaires qu'elles engendrent. Lorsque l'on jette une pierre dans l'eau, à l'endroit de l'impact se créent des cercles plus ou moins larges qui se diffusent en se multipliant sur l'eau. C'est ce que l'on appelle en économie, le principe de l'effet multiplicateur des dépenses publiques sur le niveau de la demande. Celle-ci va se multiplier entre les agents économiques (cf. le multiplicateur Keynésien).

Le poids de la mondialisation de l'économie : les relations économiques ne se font pas seulement entre les agents économiques, mais aussi entre les pays à travers leurs échanges commerciaux. Ces échanges contribuent à la croissance économique par les débouchés qu'ils créent entre les pays. La croissance des uns fait la croissance des autres selon la doctrine du libre échange. Chaque pays tirerait un gain à participer à l'échange mondial.

- **Les différents acteurs de la croissance**

- Les ménages : par la consommation finale, ils contribuent à la croissance. Les biens produits sont consommés afin de satisfaire leurs besoins. Leur consommation détermine le niveau de la croissance.

- L'Etat : par l'effet multiplicateur des dépenses publiques (dépenses de consommation finale des administrations publiques) il stimule la croissance.

- Les entreprises : par leurs investissements (formation brute de capital fixe et variations de stocks), elles augmentent leurs capacités de production et créent plus de richesses.

- Les échanges extérieurs : par les importations/exportations de biens ou services, ils développent la croissance, lui assurant ses débouchés.

2. Les effets de la croissance économique

▪ **<u>Les effets positifs :</u>**

- La croissance permet d'accroître les créations d'emplois.

- Lorsque la croissance est intensive : elle améliore le niveau de vie des agents économiques si la richesse croît plus vite que la population (PIB/Habitant). N'oublions pas que c'est de la croissance que découle la distribution des revenus. Son niveau détermine celui des revenus.
- Elle facilite le progrès social, et accroît les recettes de notre système de protection sociale ainsi que celles du budget de l'Etat.
- Elle augmente la consommation et facilite l'accès de certains biens et services aux agents économiques. « Les agents consomment plus mais pas toujours mieux. »
- Elle contribue au développement économique grâce au progrès économique inhérent à son évolution.
- Elle réduit la pauvreté et les inégalités.

- **Les effets négatifs : ses défaillances**

« Faut-il être propriétaire de la terre pour en faire bon usage ? » Joseph Stiglitz

La croissance génère des défaillances à la fois sociales et environnementales.

- **Ses défaillances sociales**

La richesse produite n'est jamais répartie d'une manière équitable entre les agents économiques. En effet, malgré une croissance toujours plus forte, les inégalités demeurent entre les agents économiques. Les plus riches sont de plus en plus riches et les plus pauvres ne sont pas devenus moins pauvres pour autant. Le nombre de pauvres en France, c'est-à-dire de ceux qui vivent avec moins de 920 euros par mois, était de 8 millions en 2010. La pauvreté a pris de nouvelles formes.
La croissance a contribué à développer les emplois précaires (emplois de courte durée, peu rémunérés et très souvent non qualifiés tels que les contrats à durée déterminée, les petits boulots…). Elle segmente le marché du travail sur lequel se concurrencent désormais les emplois stables et les emplois précaires.
Elle entretient cette dualité du marché du travail qui a fait naître une paupérisation d'un certain nombre d'actifs titulaires de contrats à durée indéterminée. Finalement, tout en assurant la richesse nationale, elle fragilise des pans entiers de la population active.

Mais ce n'est pas la croissance elle-même qui est défaillante, c'est sa répartition.

La répartition de la richesse est au cœur des déséquilibres économiques et sociaux puisqu'elle ne profite pas de la même manière à tous ceux qui ont contribué à la réalisation du PIB. Pourquoi certains ont une part du gâteau plus grande que d'autres ? Pourquoi celui qui apporte le capital pour produire aurait-il droit à une part plus importante que celui qui apporte son travail ? Les deux sont sources de valeur, les deux participent mutuellement à la création de la richesse. Qui décide de couper les parts ? Et comment ?
Pour certains économistes c'est le marché (la main invisible), c'est-à-dire le rapport de force exprimé à travers la loi de l'offre et de la demande. Pour d'autres c'est l'Etat démocratique en fixant les règles.

Tout acteur économique devrait toujours se poser ces questions. Leur réponse implique de faire des choix structurels sur le fonctionnement de notre économie.
Pour les partisans du marché où l'égoïsme est roi, il faut laisser faire naturellement les choses (que le meilleur gagne), et les plus forts auront la part qui leur revient en fonction des risques pris, les plus faibles auront le reste en fonction de leur travail.
Pour les partisans d'une intervention de l'Etat dans la répartition de la richesse, il faut règlementer le marché pour lui donner une âme ou une éthique sociale afin qu'il puisse faire respecter un partage équitable entre tous les producteurs de la richesse.
Cependant, à côté de cette défaillance sociale de la croissance (*sur laquelle nous reviendrons plus longuement dans le II/ le rouage de la répartition et dans le thème 3 : la régulation de l'activité économique*), une autre a pris de plus en plus d'ampleur : celle de **l'environnement écologique**.
Notre modèle de croissance fondé sur « l'avoir plus » menace de plus en plus notre planète par des externalités négatives. Lesquelles ?

- **Ses défaillances environnementales : les externalités négatives**

L'externalité est une situation par laquelle un agent économique occasionne par son action un impact sur un tiers, un milieu, sur la société ou l'environnement sans qu'il n'y ait compensation financière.
Elle peut-être positive, dans ce cas l'agent économique occasionne, par son action, un bienfait sur l'environnement sans qu'il n'y ait une récompense financière pour le bienfait engendré (*les emplois induits d'une entreprise sur son environnement par exemple)*.
Elle peut-être négative si l'agent économique, par son action, occasionne un dommage à un tiers ou à l'environnement voire à la collectivité sans compensation financière (*pollution, dérèglement climatique de notre planète)*.

La croissance génère des externalités négatives environnementales : épuisement des ressources naturelles, pollution, disparition des espèces animales (*65% à 78% d'espèces de poissons sont en voie d'extinction, certains mammifères, abeilles suivent la même évolution)*, réduction de la biodiversité et réchauffement climatique. Un million d'espèces animales et végétales pourraient disparaître en 50 ans et des milliers de personnes seraient dans la misère alimentaire et sanitaire.

Alors comment réduire ces externalités négatives ? (fig.13)

Génère externalités négatives →

Modèle de croissance productiviste fondé sur « l'avoir plus »

Ex : accumulation de gaz à effet de serre => réchauffement

L'externalité est négative lorsque la production d'un agent économique ou d'un pays a un effet direct qui nuit à d'autres agents économiques ou à la collectivité sans dédommagement pour la nuisance occasionnée : ici l'environnement planétaire par l'émission de CO2 qui accélère le réchauffement climatique.

Réduire les externalités négatives => Réduire les émissions de CO2 => Modifier notre croissance ?

(fig.13)

- L'intervention de l'Etat pour réduire cette externalité négative de la croissance :

Joseph Eugene STIGLITZ :
« Quand le coût pour la société n'est pas pris en compte dans le montant que doit payer l'utilisateur d'une ressource, il ne nécessite aucune incitation à en faire bon usage. »

Nous sommes tous des colocataires de la planète. Elle est un bien commun et afin de la protéger l'Etat peut faire peser sur les agents économiques les coûts environnementaux de leurs activités économiques, afin qu'ils en tiennent compte dans leur calcul économique et changent de comportement en investissant dans des techniques moins polluantes.

Il peut intervenir de deux manières :

L'Etat fixe le niveau de dépollution à atteindre soit par :

La voie institutionnelle

C'est la taxe « pollueur-payeur » fixée par l'Etat, prélevée en fonction de la quantité de produits polluants émis. **Elle revient à définir un prix du droit à polluer.**
Difficile à mettre en place au niveau mondial.

La voie du marché « administré »

Mise en place de quotas de permis d'émission de CO2 négociables sur le marché du carbone. **Ce qui revient à fixer une quantité de pollution mise sur le marché : Marchés des droits à polluer** (fig14).
Système mis en place en Europe en 2004 suite au protocole de Kyoto 1997.

LE FONCTIONNEMENT DU MARCHE DES DROITS A POLLUER

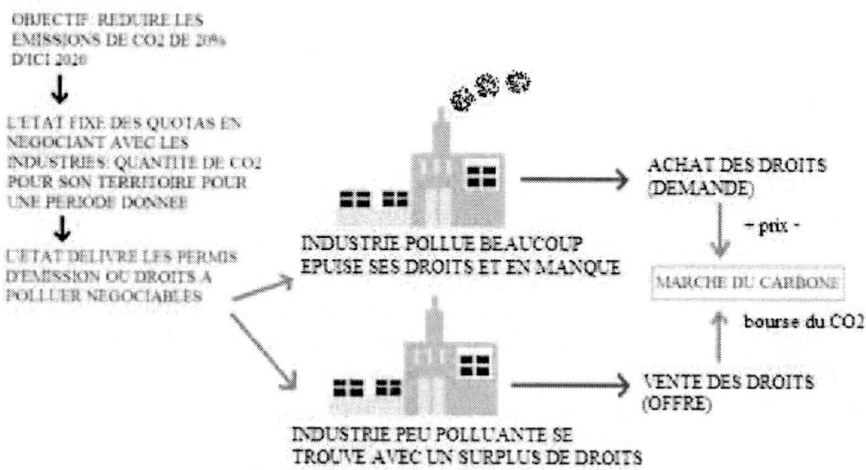

Les pollueurs s'échangent les permis à polluer selon les principes d'offre et de demande d'un marché, et le prix du carbone varie en fonction d'eux.

(fig.14)

Le système des marchés des droits à polluer est la solution mise en place en Europe pour réduire les émissions de gaz à effet de serre. Ce système fonctionne sur les mêmes principes qu'un marché classique. Selon la logique du marché, tout le monde devrait en retirer une satisfaction, car les entrepreneurs ou les pays qui peuvent réduire leurs niveaux de pollution à faible coût vendront leurs permis à polluer et les autres qui ne peuvent pas, achèteront des permis à polluer au prix du marché. Le marché régule, grâce à son prix, la quantité entre ceux qui polluent et ceux qui dépolluent. Mais une telle régulation comporte certaines limites qui remettent en cause son efficacité. Lesquelles ?

- Les limites du marché des droits à polluer :

Les limites liées aux droits d'émission de pollution :

•Ces droits sont calculés sur les quantités des années passées, ce qui fausse l'estimation de la pollution.

•Ils sont pour le moment attribués gratuitement aux entreprises, donc leur attribution dépend des négociations Etat-entreprises, et le chantage aux délocalisations influence fortement leur attribution. Ce qui bien sûr réduit la quantité allouée.

•Les quotas ne prennent en compte qu'une partie des pollueurs : par exemple le transport, qui est un des principaux pollueurs, n'est pas compris dans les quotas.

•L'attribution doit faire l'objet d'un consensus international, ce qui n'est pas le cas aujourd'hui, et d'un contrôle plus sévère....

Les limites liées au marché lui-même :

•Etant soumis au marché, le prix du carbone fluctue. Une baisse de son cours n'incite pas les pays ou entreprises à réduire leurs émissions de CO2 (en 2009 du fait de la récession son cours a baissé) car il vaut mieux acheter des permis à un prix faible, c'est plus rentable, que d'investir pour dépolluer.

•Les plus riches peuvent polluer sans limite en profitant des efforts des autres (passager clandestin).

•La fluctuation du cours du carbone introduit le court terme dans la politique de l'environnement ce qui est un non sens car l'environnement se situe dans le long terme, cet aspect temporel du marché ralentit les investissements durables.

•L'environnement se financiarise, ce qui encourage le développement de la spéculation (la planète serait une marchandise) ces droits deviennent des actifs financiers (cas de l'Espagne 2009 qui les a utilisés pour obtenir des liquidités). Détournement de leur fonction première.

•La logique du marché ne crée pas une conscience collective, au contraire, alors que la planète est un bien commun.

•Favorise les délocalisations (produire de façon polluante à bas prix dans les pays moins contraignants).

CONCLUSION :

Croissance et environnement sont désormais étroitement liés. Demain, l'environnement pourrait être un frein à la croissance. Cette inquiétude a été partagée lors du sommet de Copenhague en décembre 2009, cherchant à réduire l'émission de gaz à effet de serre sans pour autant freiner l'activité économique. Un tel sommet a mis en lumière l'urgence de créer une gouvernance mondiale, car le marché ne sait et ne saura jamais réguler l'économie d'une manière humaniste. Aussi pour redonner de la raison à l'économie, il faut changer la croissance, passer d'une économie fondée sur « l'avoir plus » à une économie fondée sur « l'être mieux ». Autrement dit passer d'une croissance quantitative à une croissance qualitative. Ne serait-ce pas là la voie du développement durable ?

b) Le développement durable

« Nous n'héritons pas de la terre de nos ancêtres, nous l'empruntons à nos enfants » St Exupéry

Le réchauffement climatique met en péril l'économie mondiale. Le rapport Stern (ancien économiste de la Banque Mondiale) est clair : si les gouvernements ne réagissent pas tout de suite, le coût du réchauffement climatique pourrait atteindre des sommes vertigineuses.
En cherchant à concilier développement économique, progrès social et préservation de l'environnement, l'objectif d'un développement durable constitue l'un des grands défis de ce siècle. Cependant, malgré une réelle prise de conscience mondiale, le passage du discours à l'acte est difficile car il nécessite un engagement sans faille de tous les pays et un changement radical des comportements des agents économiques.

1. Définition et caractéristiques du développement durable

- **Définition et caractéristiques**

  - **Définition**

C'est un modèle de développement qui prend en compte le patrimoine naturel de l'humanité. Il tient compte des contraintes de l'environnement (*réduction des gaspillages des ressources naturelles, réduction des produits chimiques, préservation de la planète*). C'est donc un développement qui répond à nos besoins sans compromettre ceux des générations futures. L'objectif du développement durable suppose des changements institutionnels et comportementaux profonds.

  - **Les caractéristiques du développement durable**

- Les origines :

Depuis le rapport du club de Rome 1972 qui déjà alertait les gouvernements sur la crainte d'un épuisement définitif des ressources renouvelables et non renouvelables liée à une croissance productiviste, le concept de développement durable s'est forgé au fil des années. C'est à partir de 1987, suite au rapport Brundtland « Notre avenir commun », que le développement durable s'est institutionnalisé.
Dix ans après est signé le protocole de Kyoto (1997) pour lutter contre le réchauffement de la planète (les USA et la Chine ont refusé de le signer).

- Les trois principes du développement durable : (fig.15)

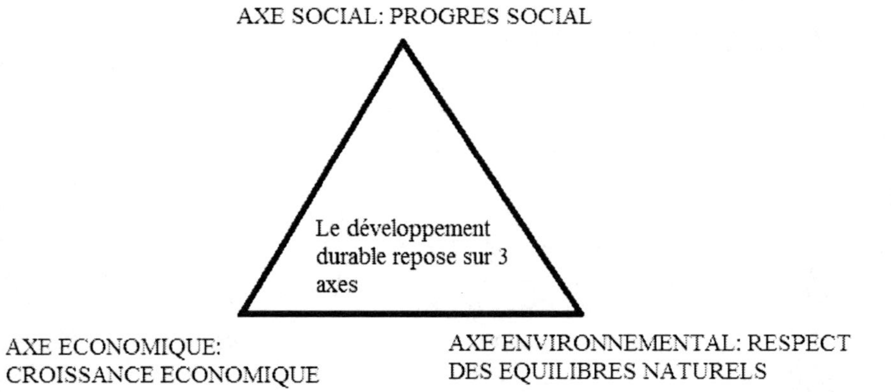

3 PRINCIPES:
- Principe de solidarité: entre les pays riches et pauvres et entre les générations
- Principe de participation: implication de tous à travers des changements de comportement
- Principe de précaution: ne jamais mettre en oeuvre des actions aux effets irréversibles

(fig.15)

Le développement durable repose sur cette triade : croître **raisonnablement, écologiquement et équitablement.** Il est la réponse aux effets négatifs de la croissance intensive (pollution, développement excessif des pesticides, engrais chimiques, disparition de certaines ressources…) mais aussi à la surconsommation et à l'inégale répartition des richesses dans le monde. Il doit permettre de faire face à l'augmentation de la population mondiale à condition que les intérêts individuels dominent moins les intérêts collectifs.

- <u>**Ses indicateurs de mesure**</u>

  - **L'empreinte écologique** : mesure la pression qu'exerce l'homme sur la nature, évalue la surface productive nécessaire à une population pour répondre à ses besoins et absorber ses déchets.

Surface disponible pour un Terrien = 2.1 ha

Empreinte écologique d'un Terrien = 2.7 ha

Empreinte écologique d'un Européen = 4.7 ha

Empreinte écologique d'un Américain = 9.4 ha

Empreinte écologique d'un Chinois = 1.5 ha

Empreinte écologique d'un Français = 5.2 ha

Empreinte écologique d'un Africain = 0.5 ha

- **P.I.B. vert** = *P.I.B. – les externalités négatives + les externalités positives*

2. La mise en œuvre du développement durable

- **Les politiques mises en œuvre :**

- **Au niveau National**

L'accord du Grenelle de l'environnement 2007 : ensemble de mesures à prendre et actions visant à protéger l'environnement (***secteur automobile*** *: encouragement de la construction des voitures propres,* ***bâtiment*** *: utilisation de matériaux durables et biologiques,* ***transport*** *: développement du ferroutage,* ***agriculture*** *: réduction des pesticides, développement de l'agriculture biologique...*).
Des mesures économiques et juridiques : l'écotaxe, les malus pour l'achat de véhicules polluants et les bonus pour l'achat de propres, la taxe carbone (rapport Rocard) qui a finalement été abandonnée, les marchés des droits à polluer, les avantages fiscaux pour les investissements durables....

- **Au niveau International**

Les Etats s'engagent à préserver la planète en signant des accords. Par exemple l'accord de Kyoto 1997 à partir duquel 176 pays se sont engagés à réduire leur émission de gaz à effet de serre. Le G 20 au sommet de

Copenhague en 2009 n'a pas permis de consolider et d'élargir le protocole de Kyoto. Les Etats ont des difficultés à élaborer des stratégies publiques communes de développement durable. L'intérêt de chaque Nation prime sur celle de notre planète.

- **Leurs limites**

Les Nations les plus polluantes telles que la Chine, les USA et l'Inde n'ont pas signé les accords internationaux.
De plus, ces accords portent seulement sur les émissions de gaz à effet de serre et négligent les autres sources de pollution.
Les Etats ont des difficultés à se projeter sur le long terme car ils sont soumis aux exigences économiques quotidiennes de leur population. La rentabilité immédiate, la recherche de l'utilité entretiennent l'individualisme des acteurs économiques ainsi que celle des Etats.
Enfermés dans ce dogme économique, les Etats et les agents économiques ont du mal à faire émerger une conscience collective pour institutionnaliser le développement durable dans l'activité économique.

CONCLUSION

Le rouage de la production se met en route à partir des besoins. Ceux-ci sont le point de départ de l'activité économique. La production de biens et services est le résultat de la combinaison des facteurs de production : travail et capital, chacun étant rémunéré selon sa contribution à la création de richesse. A ce titre, chaque agent économique perçoit une part de la richesse ainsi créée. C'est par cette distribution de revenus que le premier rouage fait fonctionner le second, celui de la répartition. Celle-ci représente un enjeu majeur de notre économie.

Elle doit permettre aux entreprises d'investir pour accroître la croissance et créer des emplois tout en assurant aux agents économiques une répartition équitable des revenus. Malheureusement cette répartition n'est pas toujours équitable, d'où la nécessité de la corriger par une redistribution des revenus effectuée par l'Etat.
Alors quels sont les enjeux de cette répartition ? Et quelles sont les justifications d'une politique de redistribution ?

II- Le rouage de la répartition : la répartition et la redistribution des revenus

« Dis moi combien tu gagnes et je te dirai qui tu es. »

Le premier rouage, produit la richesse économique dont on a besoin pour notre bien être et notre développement. Le second, qui en résulte, va déterminer la répartition de cette richesse à travers la distribution de revenus effectuée par les entreprises, et la redistribution des revenus réalisée par l'Etat. (fig.16)

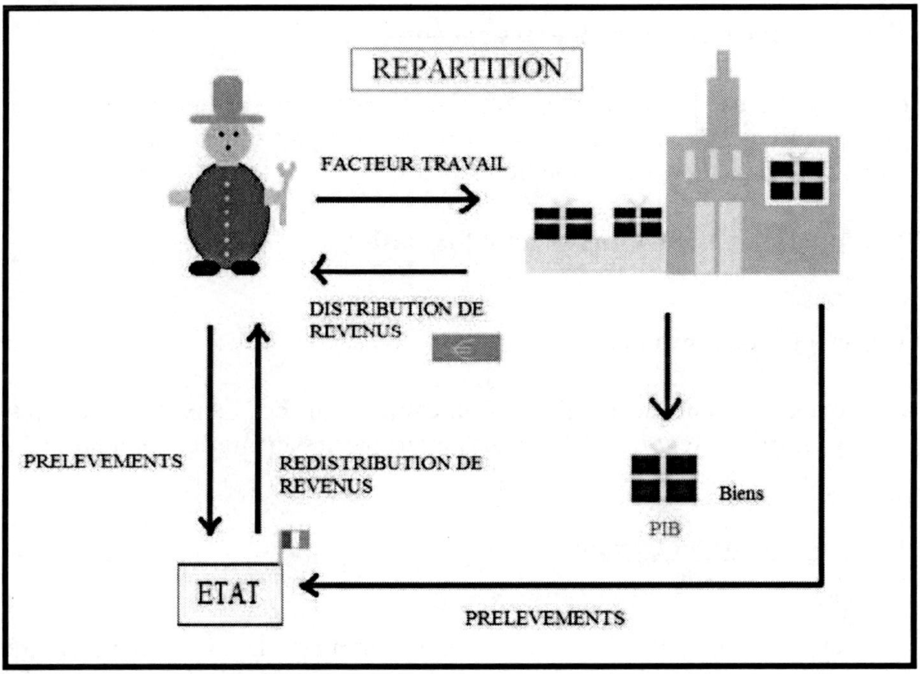

(fig.16)

Cette richesse économique est ainsi partagée sous forme de distributions de revenus entre les agents économiques qui ont contribué à sa réalisation. Le premier partage (Répartition primaire des revenus) est très souvent inégalitaire, c'est pourquoi un deuxième partage est effectué par l'Etat (Redistribution des revenus). Celui-ci caractérise la nature de notre modèle social.

Cette richesse peut être comparée à un « gâteau ». Tous ceux qui ont participé à sa fabrication ont droit à une part selon la nature de leur contribution. Il en est de même en économie. Ceux qui ont contribué à la production ont droit à une part sous forme de revenu selon la nature de leur participation. Nous voilà au cœur d'un problème économique majeur : celui de la **répartition**. Comment s'effectue cette répartition ? C'est-à-dire qui décide des parts du « gâteau »? Qui fait les parts et tient le couteau ?

1) La répartition primaire des revenus

La richesse créée par l'activité économique procure à l'économie un revenu. Ce revenu fait l'objet d'un premier partage : la répartition primaire. Celle-ci rémunère les facteurs de production utilisés.

a) L'origine des revenus et leur formation

1. L'origine des revenus

Ils proviennent soit du travail, soit du capital, soit des deux. On peut ainsi distinguer trois catégories de revenus perçus par les agents économiques :

- **Les revenus du travail**

L'utilisation du travail entraîne le versement d'une rémunération monétaire qui peut prendre la forme de salaire ou de traitement. Les revenus du travail sont essentiellement constitués des salaires car la majorité de la population active est salariée.

- **Les revenus du capital ou revenus du patrimoine**

La rémunération peut prendre plusieurs formes selon la nature du capital.
Les revenus de la propriété sont les revenus immobiliers qui proviennent d'un patrimoine

immobilier (*loyer perçu pour la location d'un appartement ou d'un terrain par exemple)*, et les revenus mobiliers pouvant prendre la forme de dividendes (rémunération de l'actionnaire titulaire d'actions dans une société), ou encore d'intérêts pour les détenteurs d'obligations (droit de créance) ou de placements financiers auprès des banques.

- **Les revenus mixtes ou revenus des travailleurs indépendants** (artisans, commerçants, professions libérales...)

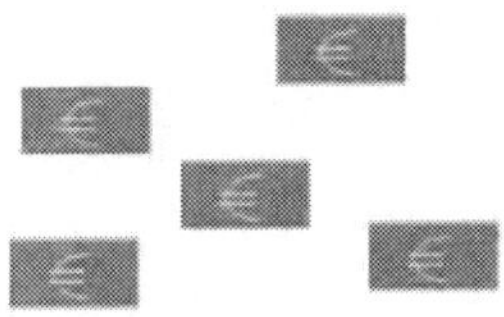

Ces revenus correspondent aux ressources des non-salariés. Ces agents économiques fournissent à la fois le travail et le capital pour produire.

2. La formation des revenus

- **La formation des salaires**

Le salaire, qui est le prix du facteur travail, résulte à la fois d'une négociation individuelle directe entre l'employeur et le salarié et d'une négociation collective indirecte à deux niveaux : au niveau de la branche professionnelle ou secteur professionnel entre les syndicats et l'employeur fixant les grilles de salaires à travers les conventions collectives, et au niveau du marché du travail sur lequel s'effectue une négociation générale entre les offreurs et les demandeurs de travail. (fig.17)

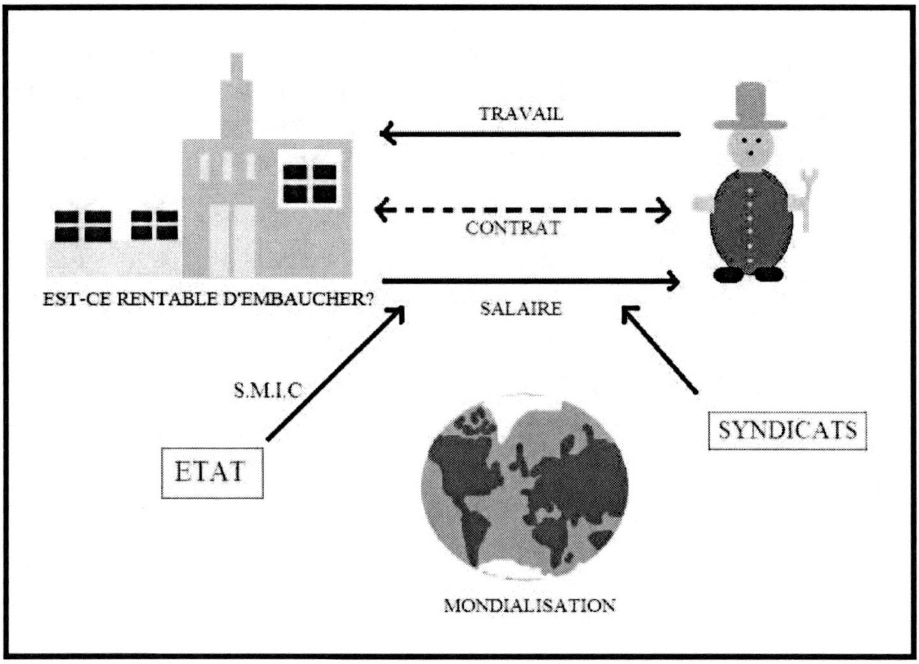

(fig.17)

A partir de ces diverses négociations on peut retenir deux déterminants substantiels du salaire :

- **Les déterminants économiques**

Il existe différentes approches économiques théoriques expliquant la formation des salaires.

- L'analyse classique : (analyse libérale)

Adam SMITH (1723-1790) : fondateur du libéralisme économique. Ouvrage de référence : _La richesse des Nations_. Dans son analyse des salaires, il montre que « le salaire est le prix du travail, et va se former comme toutes autres marchandises par la confrontation de l'offre et de la demande de travail. » Ce qui suppose qu'il soit flexible. Cependant, il admet un seuil rigide en dessous duquel le salaire ne peut descendre : le salaire naturel ou de subsistance qui est constant.

Selon les libéraux, le salaire est fixé librement sur le marché du travail selon la loi de l'offre et de la demande. Le salaire est le résultat d'une confrontation entre l'offre et la demande de travail sur le marché du travail.
L'offre de travail provient des salariés, ils vendent leur travail selon un prix : le salaire. Plus le salaire est élevé plus il y aura d'offreurs.
La demande de travail (provient des entreprises) décroît chaque fois que le niveau de salaire augmente. Le salaire pour l'entrepreneur représente un coût. Si le travail coûte plus que ce qu'il ne rapporte, c'est-à-dire si son prix est supérieur à la productivité du travail du salarié, le producteur ne sera pas incité à embaucher un salarié supplémentaire.
Chaque entreprise n'acceptera d'embaucher un salarié supplémentaire qu'à la condition que le supplément de production procuré par son travail, c'est-à-dire la ***productivité marginale*** (*ce que rapporte à l'entrepreneur une unité de facteur travail supplémentaire*), soit supérieure à son coût. Donc le salaire doit être égal à ce que rapporte le salarié à l'entrepreneur (fig.18).

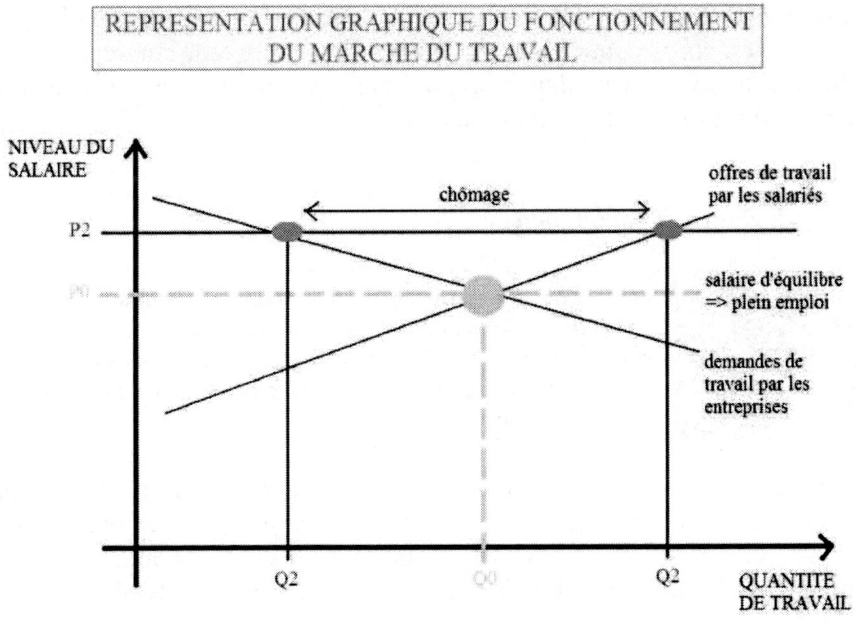

Le salaire est le prix du travail fixé librement sur le marché du travail, au même titre qu'une marchandise. Le salaire est le résultat de la conjonction entre les demandes et les offres de travail. Pour les libéraux, c'est la flexibilité des salaires qui permet d'ajuster les offres aux demandes de travail.

(fig.18)

- Les analyses contemporaines :

Elles vont démontrer que le salaire ne résulte pas de la confrontation entre l'offre et la demande sur le marché du travail.

<u>La théorie du salaire d'efficience</u> :

Joseph Eugène STIGLITZ : **Salaire d'efficience 1984**. « Dans le modèle du salaire d'efficience, l'origine du déséquilibre se trouve dans un problème d'accès à l'information : les employeurs ne pouvant pas connaître parfaitement ce que va lui rapporter le salarié supplémentaire. Afin de l'inciter à être plus productif, l'employeur va donc payer le salarié un peu plus que ce qu'il peut attendre dans une autre entreprise : ce salaire plus élevé que le salaire du marché est le **salaire d'efficience** ».

Les entreprises sont amenées à verser des salaires supérieurs à la productivité marginale, pour fidéliser leur personnel et donc les rendre plus productifs, ou encore pour les motiver afin d'accroître leur rendement. Il en résulte que le niveau des salaires proposé par ces entreprises est supérieur au salaire d'équilibre fixé sur le marché du travail.

<u>La théorie des contrats implicites</u> :

Publiée par Azariadis en 1975, la théorie des contrats implicites est d'inspiration de la nouvelle économie keynésienne et cherche à montrer les imperfections qui existent sur le marché du travail expliquant une rigidité des prix sur ce marché.

Il existerait un contrat tacite non écrit entre l'employeur et le salarié selon lequel ce dernier accepterait de recevoir un salaire inférieur à sa productivité marginale en période de croissance en contrepartie du maintien de ce salaire en période de baisse d'activité. Donc, le salaire ne serait pas flexible.

Il n'existe pas de théorie économique rassemblant tous ces éléments pour expliquer la détermination des salaires. Les différences de salaires vont avoir plusieurs sources et seront le reflet de la contribution plus ou moins importante de chaque agent économique à la production et à la rareté de leur qualification ou expérience.
Il semble difficile d'expliquer les écarts en se fondant sur la productivité, car comment peut-on expliquer dans ce cas les écarts de salaire d'un footballeur professionnel et celui d'un ingénieur par exemple, ou encore d'un PDG

d'une grande entreprise et celui d'un dirigeant d'une PME ? Le PDG serait-il plus efficace qu'un dirigeant d'une PME ? Le footballeur professionnel serait-il plus productif que l'ingénieur ? Quelle est sa contribution à la richesse de l'économie ? Voilà des interrogations qui restent toujours dans l'ombre et qui sont pourtant essentielles. La rareté est aussi d'une certaine manière un des déterminants des salaires.

- **Les déterminants sociaux et juridiques**

Le salaire est soumis à des contraintes légales. Le droit du travail fixe, à travers la loi et les conventions collectives, les règles de la rémunération afin de protéger le salarié dans le lien de subordination qui le lie avec l'employeur.
Ainsi les salariés majeurs à temps plein ne peuvent pas être payés au dessous du S.M.I.C. (Salaire Minimum Interprofessionnel de Croissance, loi de 1971), salaire fixé par l'Etat et révisable chaque année en Janvier.
Les conventions collectives, quant à elles, sont des accords collectifs entre les organisations syndicales les plus représentatives et les entrepreneurs. Elles déterminent les grilles salariales par secteurs professionnels ou branches professionnelles à partir de critères sociaux : profil de poste, ancienneté, qualification, expérience.... Elles peuvent être révisables et modifiées.

A ces déterminants juridiques s'ajoute une dimension sociale au salaire. Il n'est pas seulement le prix d'un facteur de production aux yeux des économistes libéraux, mais aussi un revenu qui conditionne le niveau et le mode vie des ménages. On distingue, dans ce cas, le salaire nominal (salaire à prix courant ou encore le montant monétaire perçu), du salaire réel (salaire à prix constant ou encore le pouvoir d'achat du salaire). D'où l'intérêt de le réglementer car il forge le statut social de chaque salarié.

La rémunération du salarié constitue à la fois un coût et un revenu ce qui provoque des conflits d'intérêts dans sa formation. Il est le résultat d'un rapport de force entre les salariés et les employeurs. Les salariés recherchent à accroître leurs revenus pour améliorer leur niveau de vie, et les employeurs, au contraire, recherchent à les réduire pour minimiser leurs coûts. Nous retrouvons ce rapport de force dans le partage de la richesse créée. La faiblesse d'une des parties profite à l'autre. Le niveau du salaire dépend du pouvoir de chaque acteur économique.

- <u>**La formation des profits**</u>

- **Selon l'analyse comptable**

Le profit est le résultat positif de l'activité de l'entreprise. Il peut être rapproché du bénéfice. Il correspond donc à la différence entre les produits (ventes, recettes diverses…) et les charges. Il est l'élément moteur de l'activité de l'entrepreneur.

- **Selon l'analyse économique**

Il est la rémunération de la prise de risque de l'entrepreneur qui innove et donc engage l'avenir de son entreprise. Il reste néanmoins le résultat d'un rapport de force entre l'entrepreneur et son environnement (marché du travail rapport de force avec les salariés, marché des biens et services rapport de force avec les concurrents et les consommateurs).

Joseph SCHUMPETER (1883-1950) : économiste autrichien connu pour ses théories sur les fluctuations économiques de la croissance (grappe d'innovation), la destruction créatrice de l'innovation. Il met en avant le rôle majeur de l'entrepreneur, celui qui innove, prend les risques et saisit des opportunités. On évoque à partir de sa théorie la logique entrepreneuriale qui se différencie de la logique managériale dans les entreprises.

Karl Marx (1818-1883) : historien et philosophe réputé pour son analyse du capitalisme à travers l'ouvrage fondamental <u>*Le Capital*</u> en trois volumes, ayant mis en évidence le rôle du profit dans le système capitaliste. Le profit rémunère la propriété privée du capital (facteur de production). Il est le résultat de l'exploitation du travailleur à travers la plus-value. Cette exploitation provoquerait à terme une baisse tendancielle des profits à défaut de demande suffisante.

b) Le partage de la valeur ajoutée, la répartition primaire

La répartition primaire des revenus est au cœur des mécanismes fondamentaux car elle concerne le partage des richesses créées par l'activité productive.

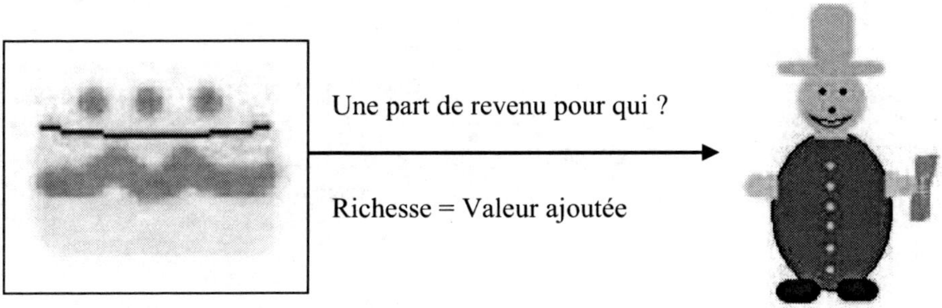

1. La répartition des revenus primaires

- <u>**Au niveau de l'entreprise : le partage de la valeur ajoutée**</u>

La richesse créée par une entreprise est égale à la valeur ajoutée que l'on peut représenter sous la forme d'un gâteau. Cette richesse (gâteau) est partagée entre les acteurs ayant participé directement ou indirectement à sa fabrication.

- **La notion de valeur ajoutée**

Elle représente la valeur que l'entreprise ajoute aux biens qu'elle transforme en produits finis destinés à être vendus sur le marché. C'est la richesse créée par l'entreprise grâce à toutes ses parties prenantes intervenant directement ou indirectement dans le processus de production. (fig. 19).

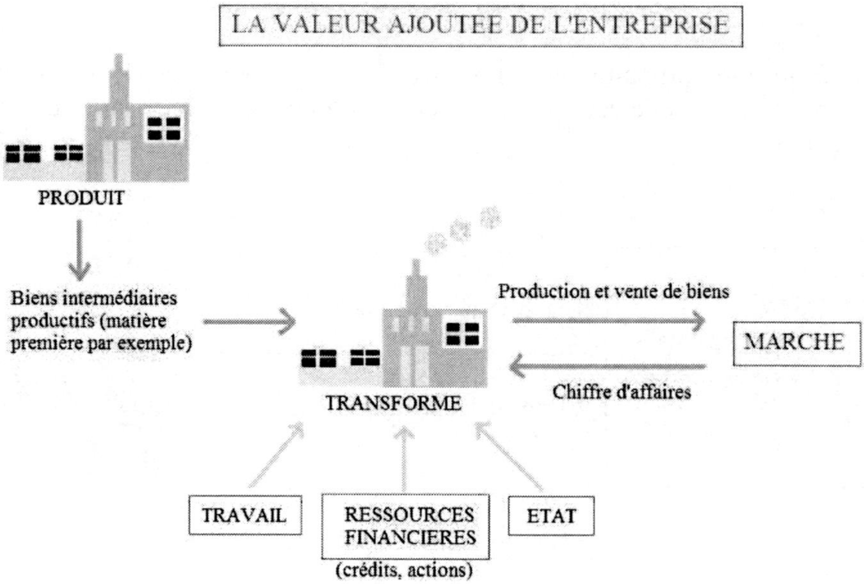

Lorsqu'elle vend sa production, l'entreprise réalise la valeur qu'elle a créée par son activité en transformant différents produits semi-finis. Elle a ajouté de la valeur aux matières premières en les transformant en produits finis. La valeur ajoutée représente la richesse créée par l'entreprise.

(fig.19)

VALEUR AJOUTEE = chiffre d'affaires – consommation intermédiaire

- **Le partage de la valeur ajoutée dans l'entreprise**

En contrepartie de leur participation à la production, les apporteurs de capital et de travail reçoivent une part de cette valeur ajoutée appelée « revenu primaire ». Le partage effectué entre tous les acteurs au sein de l'entreprise constitue la répartition primaire des revenus. Cette valeur ajoutée (gâteau) sert à rémunérer les agents économiques qui l'ont produite directement ou indirectement. Quels sont ces agents ? Et sous quelles formes ? (fig.20).

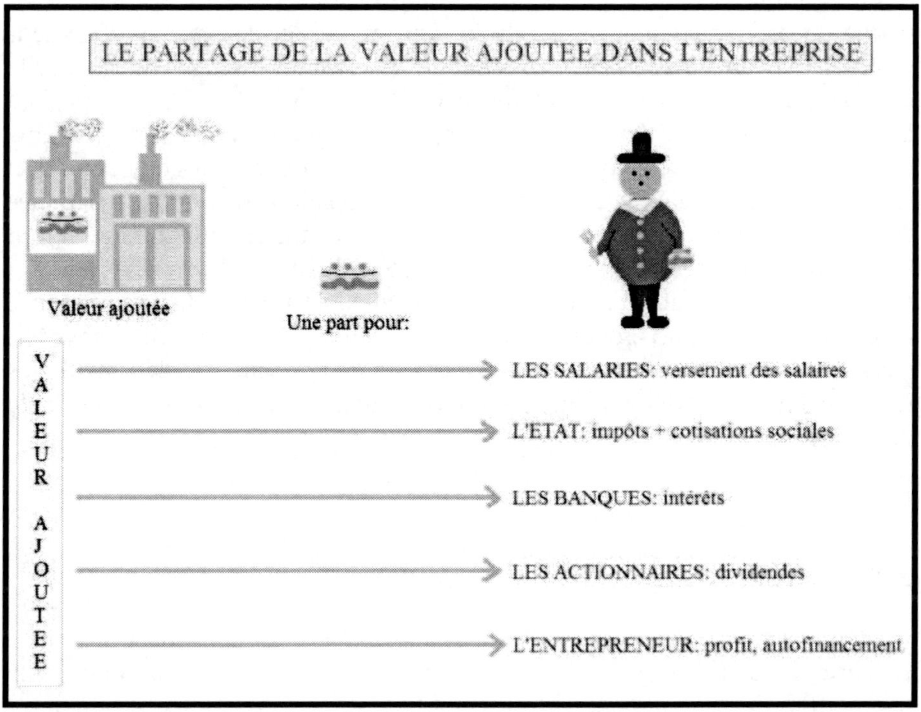

(fig.20)

- **Les enjeux de ce partage**

La répartition est au cœur des mécanismes fondamentaux car elle influence l'activité économique. Le niveau des revenus dépend à la fois du volume et des parts de la production. Plus le gâteau est gros plus les parts sont belles. Tout dépend de son partage.

Les enjeux économiques :

Un partage trop favorable aux salariés (tendance en France jusqu'en 1982) réduit la part des profits. Un tel partage pénalise l'investissement par manque de capacité de financement (autofinancement) des investissements et oblige les entreprises à s'endetter. De plus il alourdit le coût du travail à cause d'une augmentation de la masse salariale. Il pénalise la compétitivité

de l'entreprise l'obligeant parfois soit à licencier ou soit à délocaliser. Dans les deux cas l'emploi est menacé.
Inversement, un partage trop favorable au capital, c'est-à-dire aux actionnaires et à l'entrepreneur (cas de la France depuis 1983 fin de la désindexation des salaires sur les prix), réduit la part attribuée aux salariés et risque de provoquer une baisse de la consommation des ménages, moteur essentiel de la croissance économique (troisième rouage de l'activité économique), donc de réduire le niveau de l'emploi (fig.21).
Le partage va donc dépendre des rapports de forces entre les différents acteurs économiques, eux-mêmes soumis à l'environnement conjoncturel et structurel. Depuis la fin des années 90, la déréglementation des marchés financiers a renforcé le pouvoir des actionnaires dans les entreprises, ce qui s'est traduit par un partage de la valeur ajoutée plus favorable au capital.
Le partage de la valeur ajoutée influence ainsi le niveau de la croissance économique. Un partage qui fait la part belle aux actionnaires favorise davantage les investissements financiers à court terme au détriment des investissements productifs à moyen ou long terme et réduit ainsi le niveau de la croissance.

Les enjeux sociaux :

Le partage de la valeur ajoutée peut aussi bien renforcer la cohésion sociale que l'affaiblir. Un partage plus favorable aux profits ou aux actionnaires favorise les revenus du patrimoine financier et aggrave les inégalités entre les ménages les plus riches et les plus modestes. Il peut être une source des inégalités de revenus entre les ménages. Ce partage détermine la pérennité du financement de notre protection sociale.
De plus, en accordant une part plus grosse aux actionnaires, il fait perdre la place de la valeur travail au sein de la société au profit de celle de l'argent. Il modifie ainsi le management des entreprises et la notion du temps pour produire. La performance de l'entreprise s'opère par la réduction des ressources humaines et non par leur valorisation.

PARTAGE DE LA VALEUR AJOUTEE DES ENTREPRISES

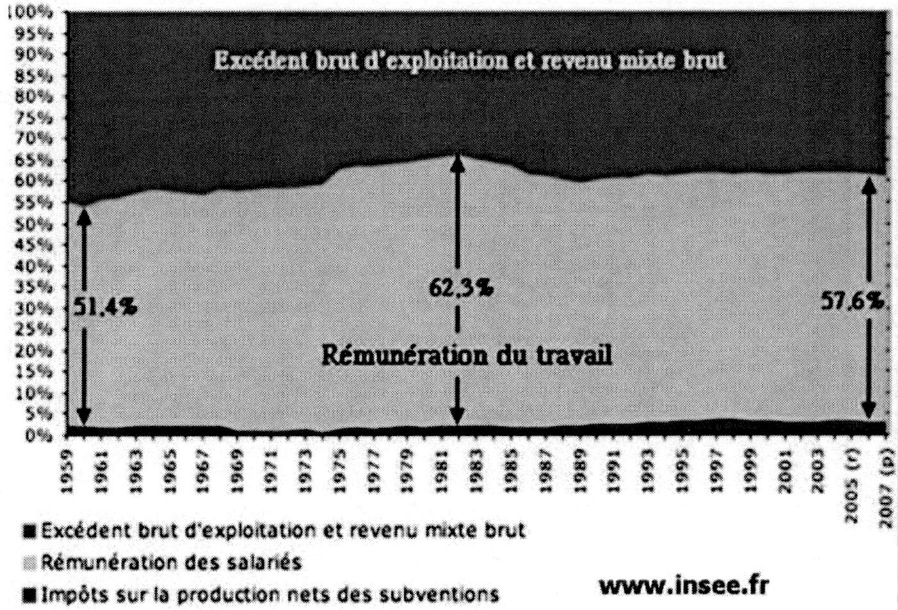

(fig.21)

- **Au niveau national**

La somme de toutes les valeurs ajoutées des entreprises résidantes sur le territoire Français = P.I.B. donc à la richesse nationale.

- **Du PIB au revenu primaire :** (fig.22)

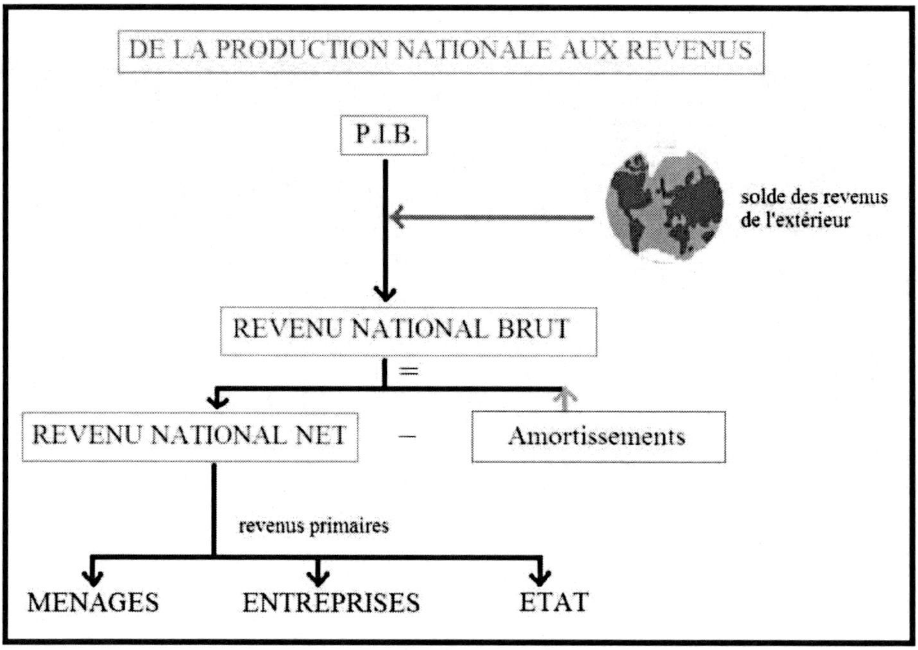

(fig.22)

Revenu Primaire – Impôts et Cotisations + Revenus secondaires (prestations sociales) = REVENU DISPONIBLE

2. Les revenus primaires : une répartition inégalitaire

La répartition primaire des revenus n'est pas égalitaire entre les agents économiques.
On peut distinguer plusieurs facteurs qui sont à l'origine de ces disparités de revenus. Pour plus de détails il faut aller sur le site de l'INSEE (www.insee.fr). Ici nous nous contenterons d'évoquer les facteurs généraux (fig.23).

LES DISPARITES DES REVENUS DES MENAGES

- LES FACTEURS LIES AUX SALARIES :
  - L'âge
  - L'ancienneté
  - Le sexe
  - Les qualifications

- LES FACTEURS LIES AUX ENTREPRISES :
  - La taille de l'entreprise
  - La branche d'activité
  - La région

(fig.23)

On observe des inégalités de salaires liées au sexe. Quelle que soit la catégorie socioprofessionnelle, les femmes sont moins payées que les hommes. Ayant les mêmes qualifications que les hommes, elles occupent moins de postes à responsabilités, et avancent moins rapidement dans la hiérarchie professionnelle.
On observe également des inégalités de salaires selon les qualifications et l'ancienneté des salariés. Les cadres gagnent en moyenne deux fois plus que les ouvriers et employés. De même, nous constatons que les salaires versés par les petites entreprises (1 à 9 salariés) sont inférieurs à ceux des autres quel que soit leur secteur d'activité. Enfin, il faut noter une disparité régionale des salaires. L'Ile de France connaît des salaires supérieurs aux régions du Sud de la France en raison des différences tenant au coût de la vie.

Il est à noter aussi que les inégalités de patrimoine (actifs financiers et non financiers) des ménages sont en France plus forte que celles des revenus. Les 10% des ménages les plus riches détiennent plus de 45% du patrimoine national alors que les 50% les plus pauvres n'en possèdent qu'à peine 9%.

CONCLUSION

Les revenus primaires provenant de la production sont inégalement répartis entre les agents économiques car ce partage, comme nous l'avons vu, n'est que le résultat d'un rapport de force entre les acteurs économiques.
Seuls les agents économiques qui ont contribué ou qui contribuent à la production vont percevoir un revenu. (fig.24)

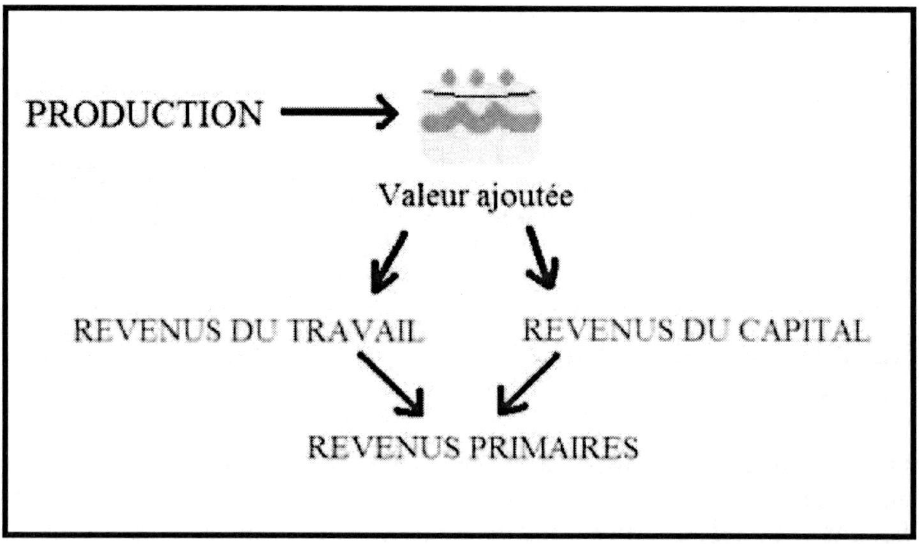

(fig.24)

Les exclus de la production n'ont donc pas de ressource. Or, tout individu est confronté dans sa vie quotidienne à des risques sociaux tels que : le chômage, la maladie, les accidents… Pour y faire face il ne peut compter que sur son épargne et si celle-ci est insuffisante, la trappe de la pauvreté s'entrouvre.

La logique du marché (analyse libérale), fondée sur la règle du chacun pour soi, conduit inévitablement à creuser les inégalités entre les agents économiques et à enraciner la pauvreté.

L'Etat se doit d'intervenir pour redistribuer les richesses permettant de créer une solidarité entre les riches et les pauvres, entre les actifs occupés et les inactifs (retraités par exemple), entre ceux qui ont un emploi et ceux qui en sont privés, et entre les biens portants et les malades. Mais comment peut-il modifier la répartition primaire en vue d'instituer cette solidarité sociale ?

2) La redistribution des revenus

La redistribution constitue une des missions de l'Etat à côté de ses missions de régulation de l'activité économique c'est-à-dire de réglage des moteurs de l'économie. A ce titre son intervention dans le domaine social se traduit par la mise en place d'un système de redistribution.

On passe de l'Etat « gendarme » à l'Etat « providence ». Mais quels sont les fondements et mécanismes de ce système de redistribution ? Est-il efficace ?

La redistribution correspond à l'ensemble des opérations qui modifient la répartition primaire des revenus. Elle prélève des ressources à certains agents économiques pour les distribuer et les répartir à d'autres.

a) La redistribution : ses objectifs et ses formes

1. Les objectifs de la redistribution

A travers la politique de redistribution, l'Etat poursuit à la fois des objectifs sociaux et des objectifs économiques. Lesquels ?

- Objectifs sociaux :

- Corriger les inégalités de revenus et freiner l'exclusion sociale.

- Rendre obligatoire pour chaque travailleur une assurance sociale contre les risques sociaux (maladie).

- Obliger chaque salarié à reporter des revenus dans le temps (retraites).

- Mettre à la disposition de chaque citoyen des biens et des services collectifs (services publics).

- Objectifs économiques :

- Assurer un minimum social à certains ménages exclus de la production et donc de la consommation (minimas sociaux, RSA revenu de solidarité active).

- Soutenir l'activité économique (politique de relance de la consommation en augmentant les prestations sociales aux ménages modestes).

2. Les formes de la redistribution

- **<u>La redistribution horizontale</u>**

Le système de redistribution vise en premier lieu à assurer une protection sociale pour tous les agents économiques. Chaque individu doit être protégé contre les aléas de la vie (maladie, accidents, chômage, handicaps…). Pendant très longtemps et avant la seconde guerre mondiale (1939/1945), pour faire face à ces risques, les ménages ne pouvaient compter que sur leur épargne ou à défaut sur la charité. En France, depuis 1945, le système de redistribution permet une protection sociale pour tous les individus grâce à la sécurité sociale. La santé est un droit et non une marchandise.

Donc, au nom de la solidarité, un transfert s'effectue par exemple entre des personnes en bonne santé vers des malades (assurance maladie) ou entre des personnes actives occupées et personnes inactives (retraites). (fig.25)

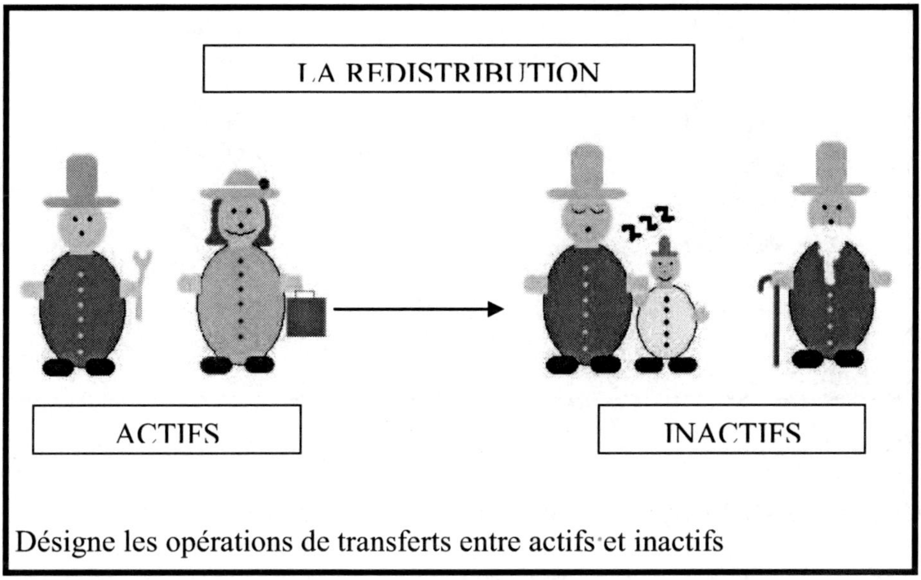

Désigne les opérations de transferts entre actifs et inactifs

(fig.25)

- **<u>La redistribution verticale</u>**

En second lieu, le système de redistribution tente de réduire les inégalités de revenus entre les agents économiques par des opérations de transfert des ménages les plus riches vers les ménages les plus pauvres. Cette redistribution verticale consiste à prélever une partie des revenus des plus aisés grâce à l'impôt sur le revenu (impôt progressif) et le redistribuer sous forme de prestations sociales aux ménages les plus modestes afin d'éviter de trop grandes disparités. (fig.26).

LA REDISTRIBUTION VERTICALE

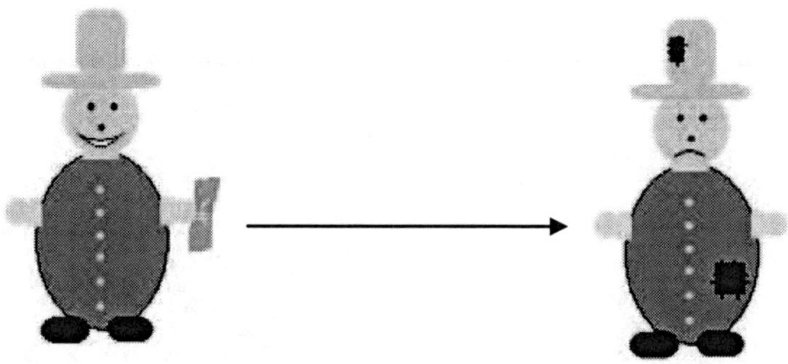

Désigne les opérations de transfert entre riches et pauvres donc l'objectif est la réduction des inégalités de revenus. Cela se fait par l'impôt sur le revenu.

(fig.26)

b) La redistribution : son mécanisme et son efficacité

1. Le mécanisme de la redistribution

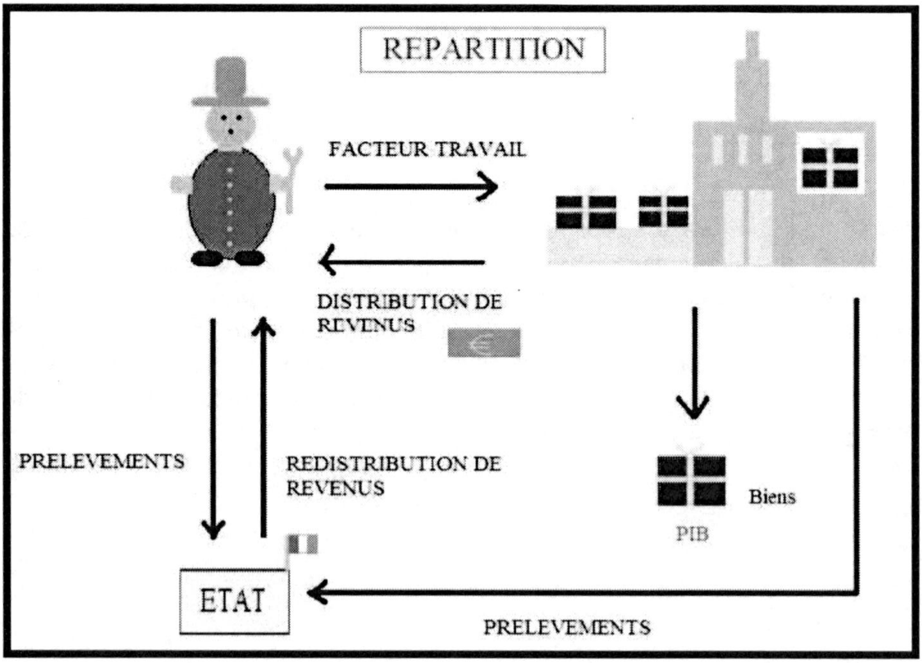

Des prélèvements obligatoires (cotisations sociales et impôts) sont effectués sur les revenus des ménages et seront reversés aux ménages sous forme de prestations sociales. Une fois cette redistribution accomplie, les ménages disposent d'un revenu disponible.

Revenu disponible = revenu primaire – prélèvements obligatoires + prestations sociales

- **<u>Les prélèvements obligatoires (impôts + cotisations sociales)</u>**

Deux types de prélèvements obligatoires sont effectués par l'Etat ou par les organismes publics sociaux :
Les prélèvements fiscaux effectués par l'Etat et les collectivités locales.
Les prélèvements sociaux effectués par des organismes sociaux.

- **Les prélèvements fiscaux**

« L'impôt n'est pas ce qu'il est, mais ce que l'Etat en fait ».

Chaque année, l'Etat prélève sur les revenus des ménages divers impôts afin de financer les dépenses publiques. Nous y reviendrons plus en détail dans le thème 3 : le budget de l'Etat instrument de régulation de l'économie.
On peut les classer en deux catégories : les impôts directs et les impôts indirects.
Les impôts directs sont composés des impôts sur le revenu des personnes physiques et des impôts sur les sociétés.
L'impôt sur le revenu est un impôt progressif, c'est-à-dire qu'il est proportionnel au montant des revenus des agents économiques calculés à partir de diverses tranches. Les plus riches y sont assujettis et les plus pauvres en sont exonérés. C'est donc un impôt redistributif. De plus, il est personnalisé car il tient compte de la situation familiale de chaque ménage (nombre d'enfants ou personnes à charge).

Il faut signaler qu'en France, un ménage sur deux paye l'impôt sur le revenu, et que celui-ci a tendance à baisser progressivement. Le caractère redistributif de l'impôt sur le revenu s'affaiblit à cause d'une assiette trop restreinte et d'une baisse progressive des impôts sur le revenu depuis les années 2000 avec de nombreuses niches fiscales.
Mais malheureusement, cette orientation à la baisse n'a pas permis de relancer l'activité économique car elle a plutôt favorisé l'épargne des ménages les plus aisés à la consommation.

Les impôts indirects sont composés essentiellement de la TVA (taxe sur la valeur ajoutée), qui est un impôt sur la consommation, et de la TIPP (taxe intérieure sur les produits pétroliers).
Ils ne sont pas redistributifs. Ils sont supportés de la même manière par tous les ménages quel que soit le niveau de leurs revenus. La TVA représente près de 50% des recettes fiscales du budget de l'Etat. Elle frappe plus lourdement les consommateurs ayant de faibles revenus. C'est pourquoi on la qualifie d'impôt injuste.

- **Les prélèvements sociaux**

Ils constituent les principales ressources de financement de la protection sociale en France (Sécurité sociale et caisse de retraites par exemple). Les cotisations sociales sont calculées sur les revenus du travail salarié et non salarié.
Ils ne concernent donc pas les revenus du capital, ce qui réduit leur assiette et le niveau du financement des dépenses de santé et de retraites. De plus, ces recettes sont liées à la croissance économique. Une baisse de l'activité économique se traduit par une diminution des recettes sociales et creuse ainsi les déficits sociaux (c'est le cas pour la sécurité sociale et les caisses de retraites durant la période de récession de 2009).
Sensible à la conjoncture économique, le niveau des cotisations peut baisser avec l'augmentation du chômage et le ralentissement de l'activité économique. De plus, l'augmentation des cotisations nécessaires pour financer les dépenses sociales alourdit le coût du travail et pénalise l'emploi.

- **Leur évolution et leurs effets :** (fig.27)

(fig.27)

- L'évolution des prélèvements obligatoires :

Tendance à la hausse jusqu'en 2000, ils représentaient près de 45.5% du PIB, puis tendance à une baisse progressive depuis 2000.
Depuis 10 ans, le poids des impôts directs a beaucoup reculé par rapport aux impôts indirects. La suprématie du discours économique libéral et la concurrence fiscale dans une économie mondialisée ont conduit l'Etat à limiter fortement la progressivité de l'impôt. Une telle diminution a contribué à alourdir le poids de la dette publique car les dépenses publiques n'ont pas été réduites.
Le poids des prélèvements obligatoires dépend pour une grande partie de celui des cotisations sociales.

- **Les effets des prélèvements obligatoires :**

Les effets négatifs	Les effets positifs
• Ils freinent l'activité économique car ils découragent l'investissement et de fait ils aggravent le chômage. • Ils augmentent le coût du travail et découragent l'embauche. • Ils amoindrissent la compétitivité des entreprises et favorisent les délocalisations. • Ils encouragent l'évasion des capitaux.	• Ils permettent de financer les dépenses publiques et les dépenses sociales qui sont à la fois créatrices de richesses économiques et sociales. • Ils contribuent à réduire les inégalités sociales et financent les politiques sociales. • Ils maintiennent la pérennité des services publics (santé, éducation, sécurité.) nécessaires pour préserver le bien commun.

- **<u>Les prestations sociales (revenus de transfert ou sociaux)</u>**

Les revenus sociaux correspondent aux prestations sociales versées aux ménages. Elles prennent deux formes : les prestations d'assistance et les prestations d'assurance.

- **Les prestations d'assistance**

L'Etat et les collectivités locales versent des aides sociales aux personnes défavorisées. Leur versement n'est pas lié à une cotisation par le bénéficiaire. La protection répond dans ce cas, au nom de la solidarité, à une logique d'assistance. L'objectif est de réduire l'exclusion sociale et la montée de la pauvreté.

Les collectivités locales prennent en charge une partie de cette assistance : le RSA (revenu de solidarité active) par exemple.

- **Les prestations d'assurance**

- La sécurité sociale : (fig.28)

Créée en 1945, la sécurité sociale prend en charge principalement la protection sociale que l'on qualifie de système de répartition par opposition au système de capitalisation. Le premier est fondé sur la solidarité et les cotisations sociales prélevées sur les revenus des agents économiques. Le second repose sur l'individualisme où chacun s'assure personnellement en fonction de ses moyens financiers.

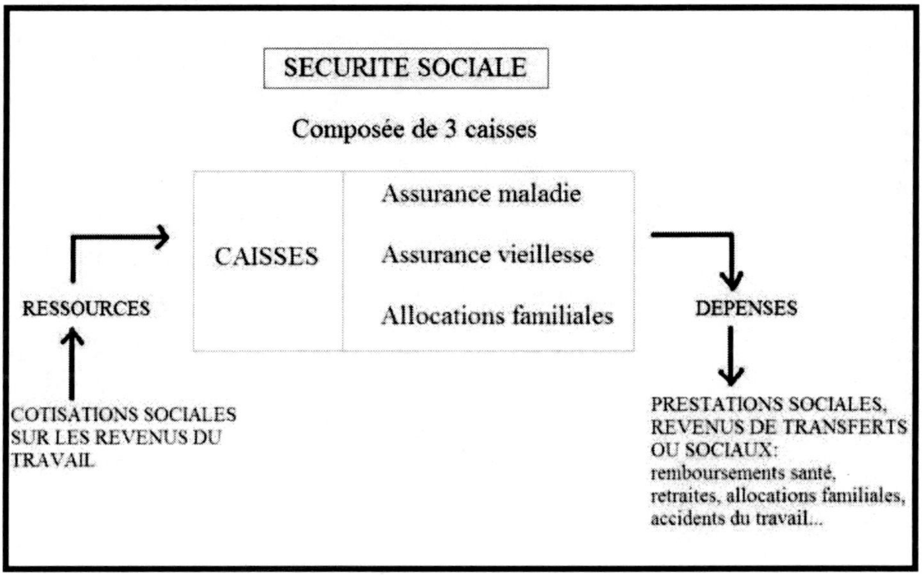

(fig.28)

- Le pôle emploi : les ASSEDIC :

Ce sont des organismes sociaux, chargés de gérer les prestations chômage. Leurs recettes proviennent des cotisations sociales des salariés et des employeurs. Elles permettent d'indemniser les chômeurs grâce aux droits qu'ils ont acquis durant leur activité.

- **L'évolution des prestations sociales**

Le poids des allocations chômage est de plus en plus lourd à cause de la hausse du chômage et de sa durée.
Concernant la protection sociale, il y a un accroissement des dépenses de santé. Elles augmentent plus vite que les ressources et provoquent un déficit chronique de la sécurité sociale. Un tel déficit remet en cause son financement. (fig.29)

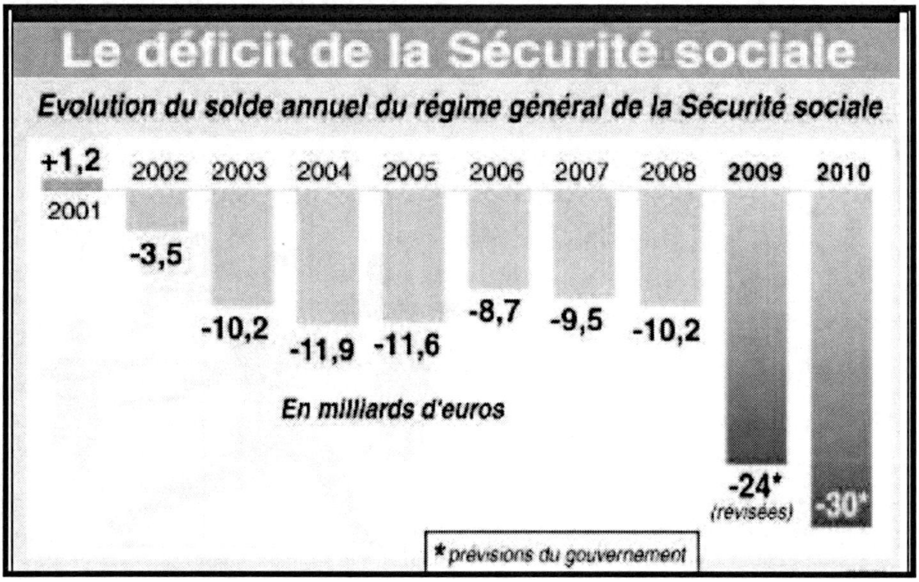

(fig.29)

Les dépenses de vieillesse (retraites), quant à elles, semblent suivre la même évolution.
En effet, le régime des retraites connaît d'importantes difficultés financières. Elles sont dues aux évolutions démographiques : vieillissement de la population, allongement de l'espérance de vie, mais aussi à la mauvaise conjoncture économique : une croissance faible voire parfois négative et un taux de chômage élevé.

- **<u>Les services publics</u>**

Les impôts financent les services publics. Ils représentent les ressources financières indispensables à leur fonctionnement et à leur qualité.

- **La notion de service public**

Les services publics sont des services d'intérêt général qui contribuent à la cohésion sociale et à la qualité de vie des citoyens. Ils recherchent à satisfaire l'intérêt général et sont sous le contrôle de l'Etat car lui seul est garant de l'intérêt général, c'est pourquoi ils échappent à la logique du marché.

- **Leurs effets redistributifs**

Le fait qu'ils soient gratuits pour les agents économiques est un facteur de réduction des inégalités. Par exemple, l'éducation publique ou la santé publique sont gratuites et mises à la disposition de chaque citoyen. Qu'il soit riche ou pauvre, chaque citoyen bénéficie gratuitement du droit à l'éducation et du droit à être soigné. C'est en ce sens qu'ils sont redistributifs, car sans eux, une partie de la population ne pourrait ni être éduquée, ni être soignée à défaut de revenus suffisants. Les catégories sociales les plus modestes bénéficient davantage de richesses publiques que les riches. Les ménages les plus modestes contribuent moins, voire pas du tout, au financement des services publics mais en perçoivent autant que les ménages aisés. Donc, on peut dire que les services publics sont redistributifs.
Or, une baisse des impôts accompagnée d'une réduction des dépenses publiques, réduit leur effet redistributif.

2. Les résultats de la redistribution

On peut dresser un bilan sommaire sur l'efficacité du système redistributif :

ACTIF (aspects positifs)	PASSIF (aspects négatifs)
• Resserrement de l'éventail des revenus des ménages. • Meilleure cohésion sociale, maintien de la paix sociale. • Préservation de notre modèle social malgré la gravité de la crise de 2008. • Atténuation des effets de la crise 2008/2009 en France grâce à notre modèle social, par rapport aux pays européens.	• Malgré le resserrement de l'éventail des revenus, l'écart entre les plus riches et les plus pauvres reste fort. • Pauvreté qui ne se réduit pas et qui change de nature (travailleurs pauvres). • Hausse des prélèvements obligatoires qui pénalisent l'activité économique et l'emploi.

CONCLUSION

On peut s'interroger sur l'efficacité de notre système de redistribution lorsque l'on constate un accroissement de la pauvreté en France et une augmentation de la paupérisation de certains actifs.
Mais les inégalités ont toutefois été réduites depuis la mise en place de la redistribution. De plus, notre système de protection sociale a montré son efficacité lors de la récession de 2009. Grâce à lui, les effets de la crise ont été moins douloureux en France que dans les pays voisins.

Aujourd'hui, notre système redistributif se trouve confronté à des déséquilibres sociaux (déficit de la sécurité sociale, déficit du régime des retraites) qui risquent de mettre en péril son efficacité. Des réformes structurelles s'imposent afin de le pérenniser.

Cependant, malgré de tels risques, il permet de maintenir un niveau de vie minimum aux ménages les plus défavorisés. Il sert d'amortisseur social en cas de chocs économiques conjoncturels. La répartition des revenus est au centre de l'activité économique. C'est elle qui détermine le niveau de la consommation et de l'épargne des ménages. Quel est ce troisième rouage de l'activité économique ? Comment fonctionne-t-il ?

III- Le rouage de la consommation : la consommation des ménages

« Dis moi ce que tu consommes et je te dirai qui tu es ».

La mise en route du deuxième rouage de l'activité économique va enclencher le troisième moteur : celui de la consommation. En effet, c'est à partir de leurs revenus que les agents économiques consomment, peuvent acheter les biens ou services sur le marché dont ils ont besoin. Le revenu reste le déterminant substantiel de la consommation. (fig.30)

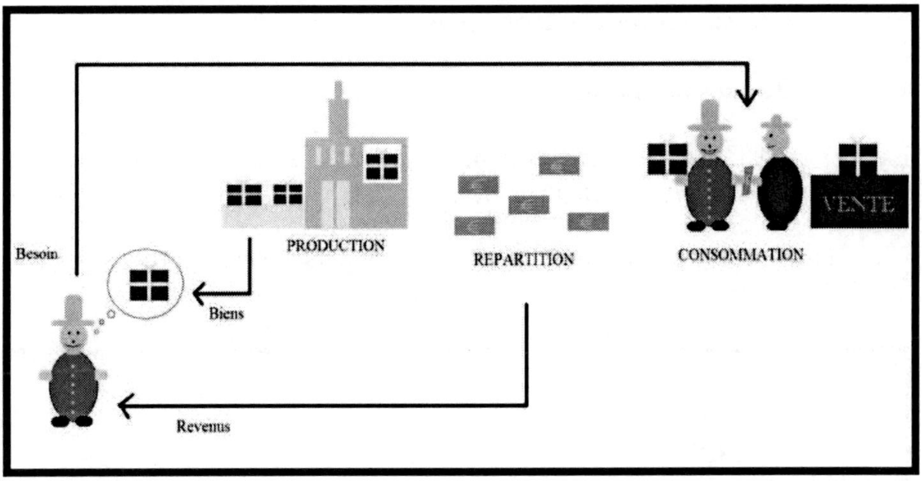

(fig.30)

Le niveau de la consommation caractérise notre mode de vie et maintient le rythme de la production. En effet, une baisse de régime de ce troisième moteur compromet fortement le premier. Mais quels sont les déterminants de la consommation et quel est son rôle économique ?

1) Définition et déterminants de la consommation

La consommation est le phénomène économique et sociologique le plus caractéristique des sociétés développées. C'est une des étapes de la croissance économique selon Rostow.

W.W. ROSTOW (1916-2003) : a une vision extrêmement linéaire du développement économique des sociétés industrielles en cinq grandes étapes (énoncée dans *Les étapes de la croissance économique*, 1960). La cinquième étape **: la consommation de masse.**

Elle représente le troisième rouage de l'activité économique qui déclenche le premier rouage (Production) car son volume a une influence sur le niveau de celui-ci. C'est pour cette raison que les économistes, les gouvernements et les entreprises, à travers leurs politiques, agissent sur les facteurs qui déterminent la consommation.

a) Notion de consommation et ses formes

1. Notion de consommation

La consommation est un acte économique qui consiste à utiliser des biens ou services grâce au revenu disponible, qui seront détruits afin de satisfaire un besoin.
C'est un processus qui repose sur trois éléments : Besoin- Bien- Revenu (fig.31)

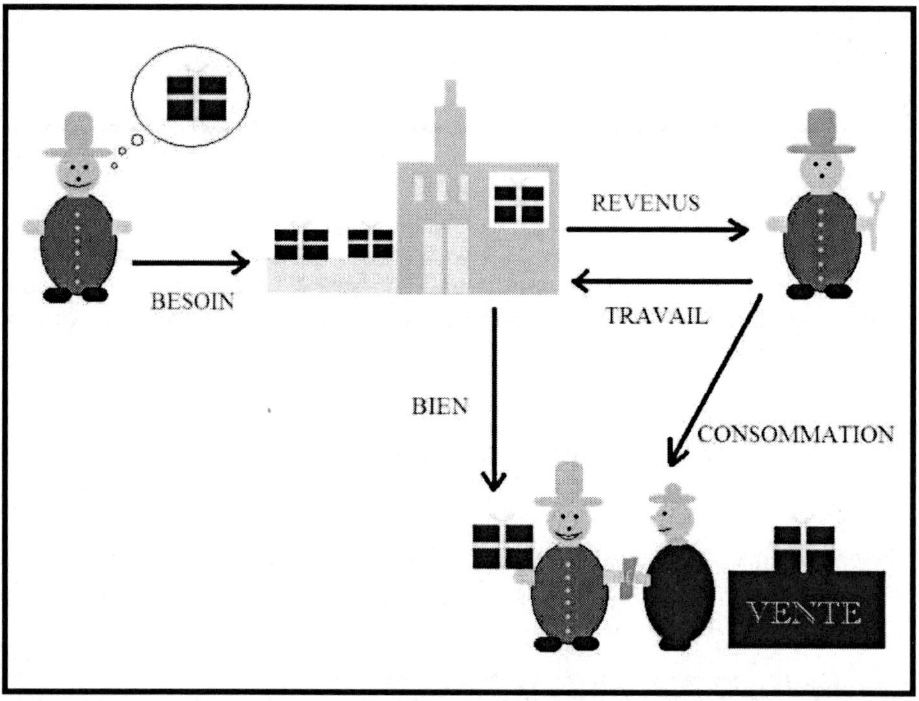

(fig.31)

2. Les formes de la consommation

- **<u>Selon l'utilisation des biens</u>**

On distingue habituellement la consommation finale de la consommation intermédiaire

- **Consommation finale**

Elle est réalisée par les ménages et est détruite lors de l'acte de la consommation pour satisfaire leurs besoins.

- **Consommation intermédiaire**

Elle est réalisée par les entreprises qui consomment des biens ou services pour produire d'autres biens (matières premières).

- <u>**Selon le nombre de consommateurs**</u>

- **Consommation individuelle**

C'est une consommation d'un bien effectuée par un consommateur, qui par son acte économique exclut un autre consommateur de l'usage du bien au même moment.

- **Consommation collective**

Un bien ou un service peut être consommé par plusieurs consommateurs en même temps (*film au cinéma, routes, transport collectif, cours en classe…*). Cette consommation est souvent non marchande, c'est-à-dire gratuite (*l'utilisation des routes, l'enseignement public*) par opposition à la consommation marchande qui est composée de biens ou services que l'on peut acheter sur le marché.

b) Les déterminants de la consommation

« On consommait pour vivre, aujourd'hui on vit pour consommer ».

Les produits que nous consommons ne sont pas ceux que nos grands parents consommaient et ne seront pas non plus ceux que nos enfants utiliseront.
La consommation évolue avec le temps au rythme des innovations, des nouvelles technologies, des mutations économiques, socioculturelles, des changements de modes de vie et des besoins.
La consommation, en permettant de satisfaire nos besoins, nous fait souvent croire que le bonheur est matériel comme l'affirme la publicité. *« Consommez et vous serez heureux ! »*. Le bonheur économique se trouverait-il dans la consommation ? Quels sont ses déterminants ?

1. Les déterminants psychologiques et économiques

Le comportement du consommateur dépend de facteurs individuels et collectifs qui déterminent ses choix de consommation. (fig.32)

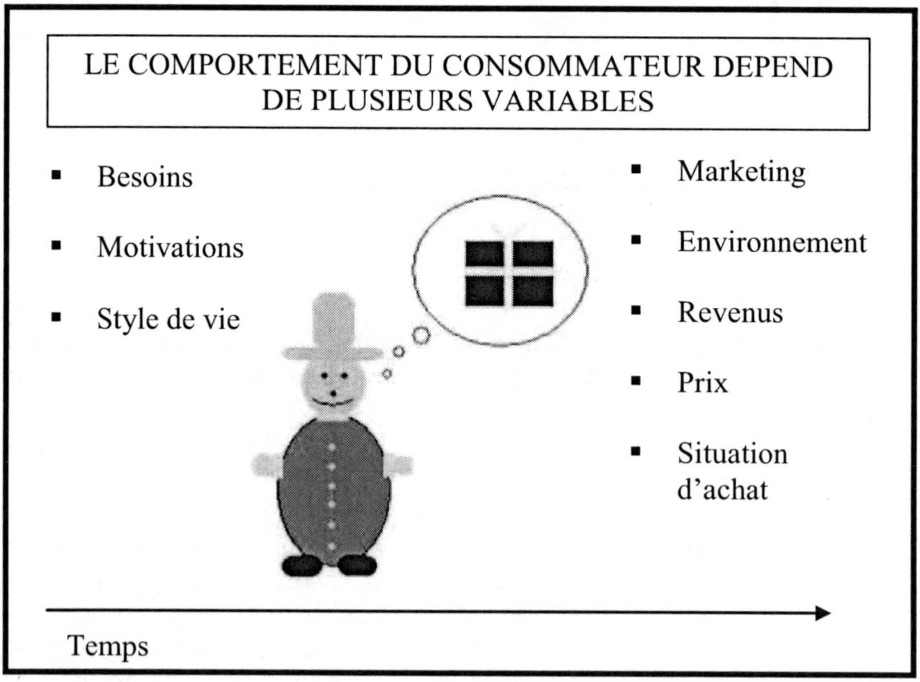

(fig.32)

- **Les déterminants psychologiques**

Le comportement du consommateur dépend de facteurs individuels qui déterminent ses choix de consommation.

- **L'utilité**

C'est la satisfaction que procure le bien. Le consommateur fait des choix entre les biens en fonction de la satisfaction qu'ils lui apportent. Le consommateur est un être rationnel et peut donc classer les biens par ordre de préférence. Il va donc rechercher le bien qui lui procure l'utilité maximale. Cette utilité est une fonction décroissante, au fur et à mesure que la quantité consommée s'accroît l'utilité diminue. L'intensité de la satisfaction se réduit dès que le besoin est satisfait.

- **Les besoins**

Comme nous l'avions déjà évoqué dans l'introduction générale, le besoin est le phénomène déclencheur de la consommation.
C'est un sentiment de privation qui pousse l'individu à agir pour réduire cette privation ou la faire disparaître. On peut en distinguer deux catégories :

- **Les besoins primaires :** ce sont des besoins vitaux, de première nécessité (manger, boire, dormir, se vêtir…). Les biens correspondants à ces besoins sont essentiels. S'ils ne sont pas satisfaits le consommateur meurt. Ces besoins sont innés.

- **Les besoins secondaires ou sociaux :** ce sont des besoins non-essentiels mais utiles (besoin de se déplacer, de se divertir, de communiquer...). Les biens permettant de les satisfaire sont utiles mais non-essentiels (ordinateur, téléphone mobile, automobile, télévision…). Ces besoins sont acquis ou imposés par la société.

Ils peuvent être hiérarchisés (fig.33). Le consommateur recherche d'abord à satisfaire ses besoins primaires et ce n'est que par la suite qu'il va rechercher à satisfaire les besoins secondaires. Aujourd'hui, les besoins secondaires représentent la majorité des besoins car les premiers sont satisfaits dans la plupart des cas. Ce qui n'est pas le cas dans certains pays ou pour certaines personnes connaissant la précarité.

Abraham MASLOW (1908-1970) : psychologue célèbre, surtout connu pour son explication de la motivation des salariés par la hiérarchie des besoins, qui est souvent représentée par une pyramide des besoins.

LA CLASSIFICATION DES BESOINS SELON LA THEORIE DE ABRAHAM MASLOW (pyramide)

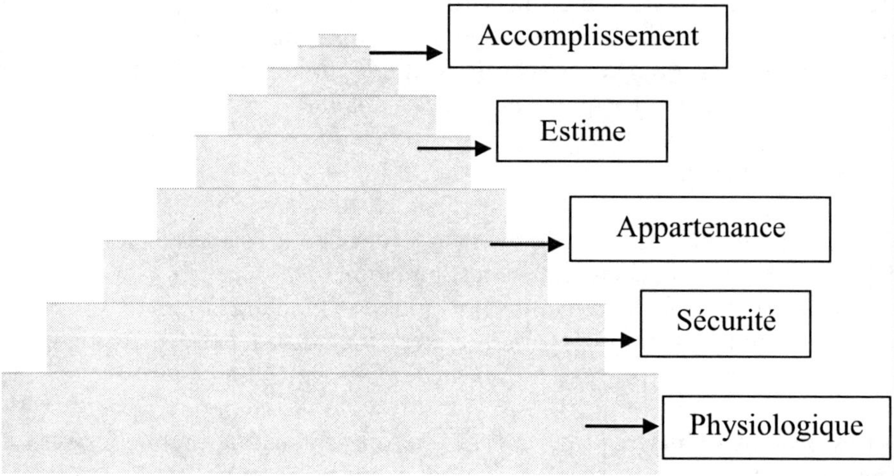

Besoins hiérarchisés

L'individu agit en fonction de la hiérarchie de ses besoins. Il commence par chercher à satisfaire le niveau 1 (besoins physiologiques) puis, progressivement, les besoins des niveaux supérieurs.

(fig.33)

Cette classification des besoins selon Maslow est très utile pour la politique commerciale des entreprises. Elles s'en servent dans leur plan de marchéage : publicité, politique de produit, argumentaire de vente. Elles vont s'appuyer sur ces divers besoins pour influencer le comportement du consommateur (par exemple : l'**estim**e pour les parfums, la **sécurité** pour la santé, l'assurance, ou encore l'**appartenance** pour Mc Donald's). Cependant, le passage à un besoin supérieur n'est pas automatique, il dépend de chaque individu et surtout de son pouvoir d'achat.

- **Les motivations**

Les motivations sont des pulsions positives qui incitent à l'achat. La motivation est une force qui pousse à agir ou à ne pas agir. On peut en distinguer trois catégories d'après H. Joannis (1965):

Types de motivation	Définition	Exemples
Hédoniste	Pulsion d'achat liée au plaisir, au désir de profiter de la vie. Se faire plaisir.	Gourmandise, Vittel le plaisir physique, crème solaire le plaisir de bronzer…
Oblative	Désir de faire plaisir, de rendre service, de faire du bien, plaisir aux autres.	Faire des cadeaux, la cuisine…
Auto-expression	Pulsion d'achat qu'a chacun d'entre nous d'exprimer ce qu'il est. « Etre ou paraître là est la question ».	Bijoux, voiture, vêtement, parfum, maquillage…

- **<u>Les déterminants économiques</u>**

Les choix du consommateur sont contraints par deux facteurs économiques : le prix et le revenu.

- **Le prix**

Le consommateur, en tant qu'être rationnel, achète davantage lorsque les prix diminuent et inversement. Le prix est un des déterminants essentiels de la consommation. Les entreprises utilisent cette variable de leur politique commerciale pour influencer l'achat : *promotion, prix psychologique par exemple.*
Ainsi, la demande varie selon le niveau du prix. Plus celui-ci est élevé plus la demande est faible car les ménages perdent du pouvoir d'achat. On dit dans ce cas que la demande est élastique par rapport aux prix (fig.34). Elle est donc sensible à une variation des prix. Si la demande ne varie pas lors d'une variation des prix, on dit que la demande est inélastique (*cas du prix du carburant, du prix des produits de première nécessité*).

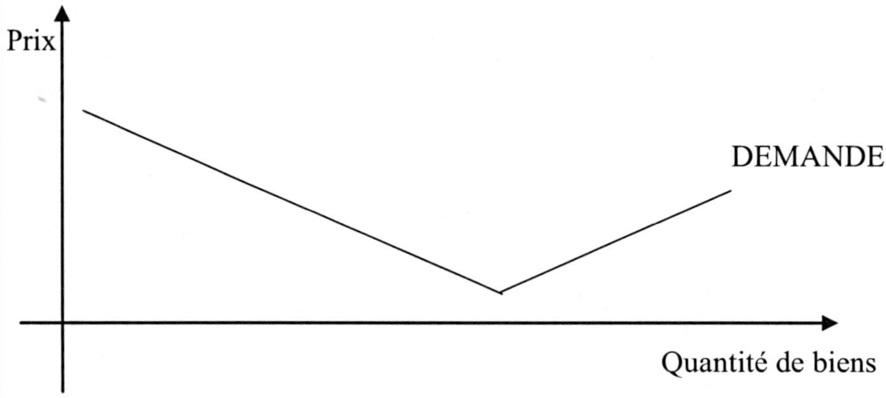

La demande est une fonction décroissante par rapport au prix. Si le prix monte la demande varie à la baisse et inversement. On dit qu'elle est élastique.

(fig.34)

- Les exceptions à la loi de la demande :

- <u>L'effet VEBLEN :</u> montre que la consommation augmente malgré une hausse de prix car les consommateurs recherchent un snobisme, une image, un statut (produits de luxe par exemple).

- <u>L'effet GIFFEN :</u> l'augmentation du prix des produits de première nécessité provoque une augmentation de la demande de ces biens car les ménages modestes sont obligés de réduire leurs dépenses en biens supérieurs afin de se procurer les biens de première nécessité.

- **Le revenu**

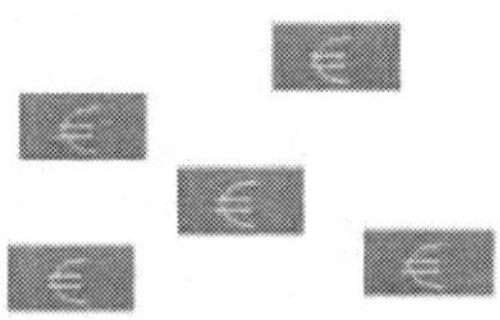

La consommation dépend du revenu. Celui-ci est un facteur substantiel car il détermine le pouvoir d'achat des ménages. C'est lui qui leur permet de satisfaire leurs besoins. Il représente une contrainte dans le choix des biens que le consommateur souhaite acquérir.

Il existe une relation entre les dépenses de consommation et le niveau des revenus, aussi bien au niveau de chaque agent économique qu'au niveau global.

J.M. KEYNES (1883-1946) : Dans la *Théorie générale* (1936), Keynes démontre qu'il existe au niveau global, entre la consommation et le revenu disponible, une relation « loi psychologique fondamentale » selon laquelle, en moyenne, les ménages tendent à accroître leur consommation à mesure que leur revenu croît, mais non d'une quantité aussi grande que l'accroissement du revenu. Cette relation s'exprime par la fonction de consommation.

LES PRINCIPAUX CONCEPTS DE L'ANALYSE KEYNESIENNE

- Consommation + Investissement = Demande
- Revenu = Consommation + Epargne
- Propension moyenne à consommer = Consommation/Revenu donc représente la part du revenu consacré à la consommation.
- Propension marginale à consommer est la part de l'accroissement du revenu consacré à l'accroissement de la consommation :

$$\frac{\Delta C \text{ (accroissement de la consommation)}}{\Delta R \text{ (accroissement du revenu)}}$$

Keynes exprime l'idée que la propension moyenne à consommer est plus forte chez les ménages modestes que chez les ménages aisés. Les plus riches ont tendance à épargner le supplément de revenu car leurs besoins sont pour la plupart satisfaits.

Il montre que la consommation croit avec le revenu mais pas dans les mêmes proportions. Sa progression est inférieure par rapport à celle du revenu. Autrement dit, la propension marginale à consommer est < 1.
Cette relation est fondamentale, elle va déterminer l'efficacité des politiques économiques de relance de la consommation.
Certains économistes ont complété l'analyse de Keynes, et d'autres s'y sont opposés.

- **L'effet cliquet de Brown** : la consommation dépend du revenu actuel et des habitudes de consommation antérieures. Quand les revenus baissent, les consommateurs ont tendance à maintenir le niveau de consommation qu'ils avaient atteint. La consommation ne diminue pas du fait du « cliquet ».

- **Le revenu relatif de Dusenberry** : le niveau de consommation d'un ménage est déterminé par le comportement du ménage ayant un revenu plus élevé. Par effet d'imitation, la propension à consommer sera plus forte dans le ménage à faible revenu.

- **Le revenu permanent de Milton Friedman** : le déterminant de la consommation n'est pas le revenu courant défini par Keynes, mais c'est le revenu passé, présent et les anticipations sur le revenu futur.

2. Les déterminants socioculturels

Les facteurs économiques et psychologiques ne sont pas les seuls déterminants de la consommation des ménages. Celle-ci dépend de facteurs sociologiques. La consommation est un acte social entretenu par le pouvoir commercial des entreprises (publicité par exemple).

- <u>La consommation est un signe social</u>

La consommation remplit simultanément trois fonctions :

- **Une fonction utilitaire**

Le produit répond aux besoins primaires ou physiologiques. Il est utile pour le service qu'il procure au consommateur (un manteau protège du froid, l'eau minérale calme la soif, une voiture permet de se déplacer).

- **Une fonction de communication ou de transmission des signes**

Dans ce cas, la consommation a un rôle d'intégration ou d'appartenance à un groupe social (un manteau de grande marque ou une voiture de luxe,

traduisent l'appartenance à un groupe, déterminent un certain statut social). Le groupe social impose un certain type de consommation.
La consommation a aussi un rôle de différenciation par rapport aux autres (rôle des marques : *« la marque vous marque, mais vous démarque »*).

- **Une fonction imaginaire**

Souvent c'est une consommation plutôt inattendue. La consommation serait un moyen d'échapper provisoirement à sa condition, de s'évader, d'échapper au réel. Elle est souvent de l'ordre de l'inconscient ou du rêve matériel.

- **La consommation est un signe culturel de distinction**

Pierre BOURDIEU (1930-2002) : a élaboré, notamment dans *La distinction*, « une théorie qui explique principalement la logique de constitution des groupes sociaux à partir des modes de hiérarchisation des sociétés, des styles de vie et des luttes que se livrent ces groupes sociaux, des modalités de reproduction des hiérarchies sociales et des groupes sociaux ». Il a montré l'importance des facteurs socioculturels sur les différents comportements de consommation.

Tout individu est doté de trois formes de capital : d'un capital économique, d'un capital social et d'un capital culturel. Cette combinaison de ces trois formes de capital va donner des types de consommations différentes selon les catégories sociales des individus. Des consommateurs ayant le même capital économique auront des structures de consommation différentes selon leur capital culturel *(cette distinction, on la retrouve dans les différents domaines tels que : les loisirs, la musique, les arts, le type de sport par exemple*).

D'autres facteurs non-économiques sont souvent pris en compte pour expliquer le comportement du consommateur. Les styles de vie définissent des stéréotypes de comportement de consommation à partir des critères suivants : activités, opinions, centres d'intérêts, manière de consommer. Ces typologies vont surtout être utiles aux entreprises pour adapter leurs produits, élaborer leur politique commerciale selon la cible visée. Les facteurs situationnels liés aux conditions dans lesquelles s'effectuent l'achat, influencent la consommation. Selon les situations ou les contextes de l'achat, les consommateurs n'auront pas le même comportement. L'environnement physique et temporel agit sur les décisions d'achat. Les commerciaux, à travers le marchandisage, c'est-à-dire la mise en valeur de leur offre commerciale dans leur point de vente, participent à la création de ces contextes.

2) Rôles et évolution de la consommation

a) Le rôle économique de la consommation

1. La consommation : facteur de croissance et de crise

- **Elle stimule l'activité économique** (fig.35)

Elle est le moteur de la croissance économique. En tant que composante de la demande, elle est un facteur de croissance. Sans consommation il n'y a pas de production. Elle assure les débouchés de la production. C'est elle qui remplit les carnets de commande des entreprises et fixe ainsi le niveau de leur production et celui des emplois. Grâce à elle, le rouage de la production peut fonctionner. Si elle s'accroît, le P.I.B. augmente, les revenus aussi, l'économie est dans un cycle d'expansion.

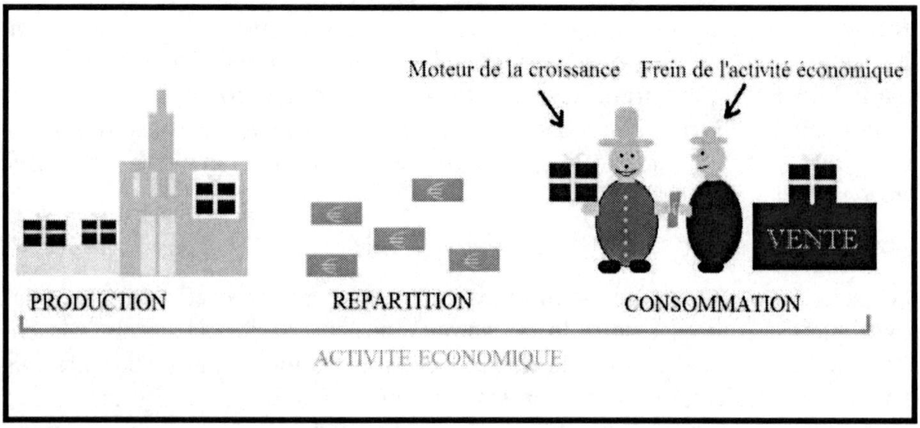

(fig.35)

- **<u>Elle peut dérégler l'activité économique</u>**

- **Par son ralentissement**

A défaut de revenus suffisants ou par crainte de l'avenir, les ménages peuvent réduire leurs dépenses. La consommation ralentit et entraîne dans son ralentissement celui de la production, car le carnet de commande des entreprises diminue. Cette baisse de la production bride le rouage de la répartition, ce qui se traduit par une diminution du P.I.B. et par une dégradation du niveau de l'emploi.

- **Par son emballement**

Au contraire, une surchauffe du rouage de la consommation peut aussi dérégler les deux autres rouages et freiner l'activité économique en provoquant de l'inflation (hausse généralisée des prix). En effet, une augmentation trop forte de la consommation par rapport à la production engendre un déséquilibre entre l'offre et la demande sur le marché des biens et services, ce qui se traduit par une hausse des prix. Par sa forte progression, la consommation peut donc provoquer des tensions inflationnistes ou encore favoriser l'expansion des importations.

2. Elle est une variable de la politique économique des gouvernements

En tant que principal moteur de la croissance, elle est un instrument de la politique économique des gouvernements. Elle devient une variable pour relancer l'activité économique par la demande. Pour faire redémarrer la croissance, l'Etat va agir sur la consommation en augmentant les revenus sociaux et le SMIC (politique de relance en 1982 en France). Mais une telle politique se heurte à la contrainte extérieure : hausse des importations qui peut engendrer un déficit de la balance commerciale.

b) L'évolution de la consommation

La consommation évolue avec le temps, aux rythmes des mutations économiques, sociales et technologiques.
Le paysage français a subi au cours des cinquante dernières années des modifications qui ont changé la structure de la consommation.

1. Structure de la consommation des ménages

- Le premier poste budgétaire des ménages est le logement, le second l'alimentation, et le troisième le transport.

- La part du poste santé est en augmentation régulière ainsi que celle relative à la communication (téléphone mobile, internet…).

2. Les principales causes de cette évolution

Au cours de ces cinquante dernières années, plusieurs modifications ont eu lieu (nous en citerons seulement les principales) :

- L'essor du travail féminin
- La « séniorisation » de la population (+ de 50 ans) et la baisse du nombre de jeunes font naître de nouveaux besoins et de nouveaux biens
- Transformation de la structure familiale (foyers monoparentaux)
- L'essor des technologies de l'information et de la communication a changé les habitudes d'achat et les modes de consommation (développement des achats en ligne, e-commerce...). Ces technologies, en modifiant l'espace et le temps, ont modifié la consommation.
- L'achat « paraître » s'estompe au profit de l'achat engagé ou « éthique » (développement durable).
- Le consommateur devient zappeur en fonctions des promotions, et recherche toujours le meilleur rapport qualité/prix.

CONCLUSION

Les relations économiques entre les agents se traduisent par des actes économiques et des échanges quotidiens.
Les acteurs économiques produisent, distribuent des revenus et les répartissent puis consomment les biens et services ainsi produits afin de satisfaire leurs besoins.
L'ensemble de ces échanges met en œuvre les trois rouages interdépendants de la vie économique.

Cependant, comme tout moteur, pour pouvoir fonctionner, il faut du carburant.
En économie, c'est la monnaie qui est le carburant des trois moteurs de l'activité économique. Elle n'est pas neutre comme l'affirme encore certains économistes. Mais de quelle manière fait-elle tourner ces trois rouages ?

Réflexion et Débat :

Avoir ou Etre : c'est la question ?

La crise de 2008 n'était pas seulement financière, elle était aussi systémique. Si la finance en a été le détonateur, notre modèle économique régulé par la cupidité, a quant à lui répandu la poudrière. La course effrénée aux profits conjuguée à une consommation excessive nous ont fait croire à un bonheur économique garanti par l'augmentation du P.I.B. La croissance détermine le niveau de l'emploi, conditionnant ainsi notre niveau de vie et de protection sociale. Aussi son retour est-il tant espéré en cette période de crise. Elle permet à chaque acteur économique d'avoir davantage et donc de pouvoir satisfaire ses besoins selon l'adage « c'est en ***ayant plus que l'on vit mieux*** ».
La crise de 2008 est la conséquence de cette croyance aveugle à laquelle nous adhérons tous.
Or, nous voilà plongés dans la crise la plus grave d'après guerre, où « l'avoir plus » est devenu une illusion.
Et pourtant, malgré la gravité de la récession, l'idée d'avoir plus influence et guide toujours nos comportements égoïstes.
La crise sonnera-t-elle le glas de l'accumulation de richesses devenue la finalité de l'économie ?
Sera-t-elle à l'origine d'un changement de nos comportements et d'une meilleure répartition des richesses ?

Il existe deux façons de faire progresser la production.
La première consiste à produire plus avec la même quantité de travail au moindre coût, au risque de mettre en péril le climat, d'épuiser les ressources naturelles et de fragiliser davantage le travail. La seconde consiste à produire et à consommer autrement en préservant l'environnement naturel, en développant les services et la qualité.
Créer des emplois, des richesses durables, répartir les revenus de manière plus équitable et consommer moins mais mieux, sans croissance des quantités produites mais par la croissance de la qualité, est une solution rendue possible par le progrès technique.
Produire des produits biologiques, des voitures propres, des biens durables et recyclables nécessite plus de travail, crée de nouveaux emplois et dégage davantage de pouvoir d'achat grâce à une répartition plus équitable des richesses. Alors pourquoi ne pas explorer cette voie et s'y engager ?
La performance de l'économie n'est pas seulement quantitative, elle est aussi qualitative. Cet aspect de la croissance semble échapper à la logique

comptable, malgré la richesse qu'il représente. Le bien-être ne se mesurerait-il pas ?

Désormais, sortir définitivement de la crise et préparer l'avenir des générations futures implique de passer d'une économie fondée sur « ***l'avoir plus*** » à une économie fondée sur « ***l'être mieux*** ». Autrement dit, passer d'un modèle productiviste dominé par le court terme à un modèle du bien être, dans lequel l'activité économique serait basée sur la qualité et sur l'usage des biens plutôt que sur leur possession.

Loin de s'en désoler, ne faudrait-il pas s'en féliciter ?

La finance a longtemps privilégié le premier modèle et activé les rouages d'une croissance des quantités plutôt que ceux d'une croissance de la qualité. Elle a figé pendant des décennies l'économie réelle sur le temps présent pour accroître la rentabilité financière.

Mais la logique comptable et financière, en négligeant ainsi la rentabilité économique, la valeur ajoutée de la qualité et celle du bien être, a conduit son propre modèle économique dans un cycle dépressif.

Et, en différant les investissements, elle a retardé la recherche et l'innovation capables d'amorcer cette mutation dans laquelle le paradigme « c'est en ***étant mieux on vit mieux »*** trouve tout son sens.

Or aujourd'hui, dans ce contexte de crise, cette activité économique durable est plus que jamais reléguée au dernier rang des préoccupations des institutions et des acteurs économiques.

Mais au-delà des soins prodigués dans l'urgence par les multiples plans de relance pour faire redémarrer les moteurs de la croissance, il faudra en revenir à ce vieil adage « aux grands maux les grands remèdes » et comprendre qu'une crise de grande ampleur implique une vision de grande ampleur, à défaut de laquelle les mêmes causes produiront les mêmes effets.

Il faut profiter de la crise pour en finir avec le culte de la croissance quantitative et s'orienter vers une croissance qualitative source de bien-être grâce aux nouvelles technologies. C'est une autre vision du progrès qu'il faut désormais mettre au service de l'économie durable où « l'être » prime sur « l'avoir ». Cette orientation nécessite de nouvelles règles de fonctionnement de notre économie. Elle suppose une révolution radicale de nos modes de production et de consommation. Cela implique des changements substantiels dans notre manière de travailler, de répartir la valeur ajoutée et de la mesurer.

C'est là que la volonté politique renforcée par ce retour de l'interventionnisme devrait tracer et imposer les voies de cette nouvelle forme de croissance économique au service de l'homme et de l'environnement.

Les Pouvoirs Publics sont les seuls à avoir la légitimité d'agir sur les trois rouages de l'activité économique (Production-Répartition-Consommation) pour provoquer l'accélération de ce changement structurel. L'idée qu'en vivant autrement on peut vivre mieux pourrait ainsi se concrétiser dans les actes de la vie quotidienne. L'économie n'est pas une machine qui n'obéit qu'à des règles mécaniques. Construire cette nouvelle économie exige un projet capable de restaurer la confiance en l'avenir en fédérant les Etats à un niveau supranational. Cette ambition fait aujourd'hui défaut et pourtant la gravité de la crise offre aux Etats l'opportunité de construire ce nouveau modèle. Face à ce qu'il faut bien appeler une révolution civilisationnelle, préfèrerons-nous encore « l'avoir plus » à « l'être mieux » ? Là est la question.

Pouvoir d'achat : ***une solution possible*** !

Aujourd'hui, avec la même quantité de monnaie, les ménages ont le sentiment bien réel de ne plus pouvoir acheter la même quantité de biens et services en raison de la hausse des prix des produits alimentaires, du prix du carburant, de ceux de l'énergie et de ceux des loyers.
Et pourtant, cette baisse du pouvoir d'achat ressentie par les ménages n'est pas perçue par les statistiques de l'INSEE qui mesurent une stagnation du pouvoir d'achat en moyenne, malgré un taux d'inflation qui pourrait dépasser les 2%.
L'écart entre l'inflation mesurée et l'inflation perçue repose la question de la mesure de l'indice des prix : les ménages seraient-ils victimes d'une illusion ?

La sensation de vie chère s'est fortement accentuée en 2002 lors du passage à l'euro. Depuis elle s'est amplifiée dans un contexte où de nouveaux modes de consommation, couplés à des besoins toujours plus nombreux, font face à des salaires qui ne progressent que très faiblement ou stagnent le plus souvent.
Les fins de mois difficiles, touchent aujourd'hui la plupart des ménages aux revenus moyens.
Rien d'étonnant dans ces conditions que les ménages s'inquiètent pour leur pouvoir d'achat.
Mais dans un tel contexte est-il possible d'augmenter le pouvoir d'achat sans pour autant réduire la compétitivité des entreprises ?

Le pouvoir d'achat dépend de deux variables : celle des prix et celle des revenus.
Dès lors, pour distribuer davantage de pouvoir d'achat aux ménages, deux types de mesures sont possibles.
Les premiers consistent à accroître le pouvoir d'achat par la baisse des prix, et ce, au moyen d'une pression concurrentielle plus forte entre les unités commerciales, conjuguée à une baisse du taux normal de la TVA.
Une concurrence plus libre conduit à faire baisser les prix selon la loi du marché et profite aux consommateurs sous forme de gain de pouvoir d'achat. Cette mesure reste toutefois limitée car une concurrence accrue incite les entreprises à réduire leurs coûts salariaux et par voie de conséquence à précariser davantage le travail et à modérer la progression des salaires. Le gain de pouvoir d'achat n'est dans ce cas qu'une illusion.
La baisse de la TVA, quant à elle, permettrait effectivement de réduire le niveau des prix et de relancer ainsi la consommation mais à condition qu'elle soit entièrement répercutée sur les prix des biens et services, mais l'exemple

du secteur de la restauration en 2010 tend à prouver l'inefficacité d'une telle mesure.
Le second type de mesure consiste en l'augmentation des salaires dans toutes les branches professionnelles.
A ce titre, la prime accordée aux salariés des entreprises de plus de 50 salariés distribuant des dividendes reste une mesure ponctuelle, qui, si elle favorise le pouvoir d'achat, ne concerne en revanche qu'une partie des salariés.

Pour accroître durablement le pouvoir d'achat il faut en réalité augmenter la part des salaires dans la répartition de la valeur ajoutée.
Dès lors, ne faudrait-il pas conditionner les allègements des charges sociales à une augmentation du niveau des salaires afin d'inciter les entreprises à modifier le partage de leur valeur ajoutée en faveur des salariés ?
L'Etat pourrait parfaitement encourager ces augmentations salariales et orienter ce partage en faveur des salariés.
Il pourrait réduire les charges sociales proportionnellement aux augmentations des salaires accordées par les entreprises. Et même, il pourrait aller plus loin structurellement en indexant les hausses de salaires sur celles des résultats des entreprises, ce qui lui permettrait d'inciter les entreprises à augmenter les salaires sans amoindrir leur compétitivité.
Ces dernières pourraient ainsi augmenter les salaires sans en supporter le coût. Le niveau de vie des salariés s'améliorerait très nettement, ils seraient ainsi plus motivés, plus productifs dans leur travail et en feraient profiter l'entreprise et ses parties prenantes.
Stimulée par la baisse des charges sociales ou par l'indexation sur les résultats, cette hausse généralisée des salaires relancerait l'activité économique par son effet multiplicateur sur la demande des ménages.
L'Etat maintiendrait quant à lui ses recettes fiscales malgré la baisse de ses prélèvements, du fait d'une consommation et d'une croissance plus fortes.
Ainsi, la demande globale serait plus soutenue, créerait un climat de confiance qui favoriserait l'essor de l'investissement nécessaire à la croissance du PIB et réduirait considérablement le chômage.
C'est là une mesure à explorer pour garantir durablement une hausse réelle du pouvoir d'achat !

La Santé : « sous ordonnance publique ou privée » ?

Notre système de santé est menacé par le virus du « déficit chronique de la sécurité sociale».

A la suite du ralentissement de la croissance et de nos comportements influencés par le faux sentiment de gratuité des soins, notre système de santé se trouve confronté à des dépenses excessives par rapport aux ressources et donc à un déficit inquiétant qui menace son mode de financement.

Notre système de santé est soumis à deux pressions contradictoires :

L'une est l'exigence de soigner tous les individus quelles que soient leurs conditions sociales, car la santé est un droit fondamental dont bénéficie chaque citoyen. L'autre est la nécessité de contenir l'accroissement des dépenses de santé financées par les cotisations sociales, car elles alourdissent le poids des prélèvements obligatoires sur notre économie. Plus ce droit s'applique, plus les dépenses qu'il occasionne exigent des ressources supplémentaires. Cette course effrénée des dépenses de santé, aggravée par le vieillissement de la population, par les coûts des technologies médicales, par une offre privée de soins et de médicaments, finit par assécher les sources de financement public et par provoquer des déficits récurrents. Pour les réduire, faut-il accroître les cotisations ou freiner les dépenses ? Faut-il transférer une partie de ces dépenses à la charge des individus ? Ou encore, faut-il rationaliser l'offre des soins ? Le problème qui se pose alors est celui du mode de régulation de la santé publique. L'Etat doit-il considérer que protéger, soigner les citoyens est une fonction régalienne et qu'à ce titre il doit réguler, gérer le système de santé dans le sens de l'intérêt général ? La santé représente un droit qui doit être protégé et doit rester dans le domaine non marchand.

Ce système de répartition de l'assurance sociale, qui est le nôtre depuis 1945, fait partie de notre histoire et représente une richesse sociale unique au monde qu'il faut préserver. Il repose sur la solidarité et sur la séparation entre le risque et la cotisation de l'assuré. Les cotisations assises sur les revenus du travail financent les prestations maladie. Ce financement demandé à chacun est lié à son revenu et non au risque contrairement à l'assurance privée. Or, la progression des dépenses de santé depuis quelques années menace ce droit en créant des déficits. Pour le préserver et le pérenniser, il faut sans cesse accroître l'effort social de la Nation. En période de faible croissance, dans une économie mondialisée, cet effort se trouve rapidement limité.

Il semble difficile à l'Etat de demander toujours plus d'effort social dans une telle conjoncture. Pourtant, il pourrait rendre cet effort moins douloureux en modifiant l'assiette de son financement et l'étendre à l'ensemble des revenus grâce à la fiscalité. Cette fiscalisation des ressources

issues du travail et du capital se substituant ainsi aux cotisations sociales, permettrait d'une part de mieux sensibiliser, de mieux associer les prescripteurs de la santé, les entreprises et les salariés aux résultats de la protection sociale. L'effort social serait moins lourd à supporter puisqu'il serait mieux réparti sur l'ensemble des revenus. Cela contribuerait à forger un ciment social autour de notre système de soin dans l'intérêt de tous. Elle responsabiliserait davantage nos comportements trop égoïstes à l'égard des dépenses de santé car ce bien de chacun est aussi le bien de tous.
D'autre part, l'impôt santé en remplaçant les cotisations sociales, réduit le coût du travail et encourage l'emploi, ce qui augmente les ressources sans fragiliser la compétitivité de nos entreprises grâce à un effet d'économie d'échelle. Alors, pourquoi n'agir que sur les dépenses ? Ne serait-ce pas là une voie structurelle à explorer pour garantir l'avenir de notre système de protection sociale pour les générations futures ? Notre Santé doit-elle rester un droit, ou doit-elle devenir progressivement une marchandise ?
Inversement, l'Etat doit-il renoncer à cette ordonnance publique de la santé pour des raisons économiques et politiques, et donc abandonner progressivement la santé aux règles de la concurrence dictées par le marché? La voie semblerait être déjà plus ou moins tracée avec les franchises médicales et le regroupement de l'offre hospitalière territoriale liée aux économies en personnel.
Dans cette orientation libérale soumise à la culture du marché, le droit à la santé pourrait se transformer en un bien économique marchand régi par la loi de l'offre et de la demande. Cette gestion de la santé reposerait alors sur les règles de l'assurance privée et non plus sur la solidarité. Chaque individu s'assurerait contre les risques de maladie en fonction des tarifs de garantie offerts sur le marché de la santé. Dans ce cas, le marché se substituerait à l'Etat, et en désocialisant les dépenses de santé, transfèrerait la prise en charge collective des soins vers l'assurance privée
Soumis à la concurrence et aux logiques du profit, les offreurs seraient amenés à différencier le prix de la santé en fonction de l'âge et de l'état de santé de leurs clients. Ils adapteraient leurs offres en fonction de la santé des malades. Donc, plus le risque serait important, plus le prix serait élevé. Le prix des soins serait proportionnel à la gravité de la maladie. Ainsi, les ménages disposant de revenus élevés bénéficieraient de meilleurs soins que ceux disposant de revenus modestes. Les premiers pourraient en payer le prix, les autres bénéficieraient d'une santé en solde.
Les citoyens sont-ils prêts à accepter la charge individuelle de cette ordonnance privée ? Ne serait-il pas immoral de la transmette à nos enfants ?

Un hiver social : toujours plus rude !

« On n'a plus le droit, ni d'avoir faim, ni d'avoir froid … » comme le clamait **Coluche**.

Malgré la mobilisation, toujours aussi tenace, de ses successeurs altruistes et de celle du SAMU social, ce (non-)droit reste malheureusement, encore bafoué tous les jours. En effet, chaque froideur de la nuit rallonge un peu plus la liste des victimes enfermées dans la précarité ou sans domicile fixe.
L'hiver de plus en plus rude nous rappelle que la misère sociale n'est pas toujours hors de nos frontières, mais qu'elle est bien présente devant nos portes :
Le nombre de bénéficiaires du RSA poursuit sa course effrénée, le nombre de personnes actives occupant un emploi précaire (c'est-à-dire peu rémunéré, de courte durée et sans promotion) représente aujourd'hui 10% de la population active, et le nombre de personnes vivant avec moins de 900 euros par mois progresse. Cette insécurité économique et sociale pourrait s'amplifier avec le développement des emplois précaires et des « petits boulots » qui ont donné naissance aux travailleurs pauvres. Ces emplois sans lendemain fragilisent toute une partie de la population active car la trappe entre précarité et pauvreté reste toujours entrouverte. Les personnes enfermées dans ce statut sont obligées de gérer l'incertitude et de renoncer à des projets ; elles ne peuvent par exemple contracter certains crédits ou se loger décemment à défaut de garanties sociales suffisantes.
Le travail précaire appauvrit de plus en plus les actifs. Les personnels des centres d'accueil et des associations humanitaires en sont les témoins quotidiens. La pauvreté continue donc de se développer mais elle n'est plus la même qu'il y a un siècle, car certains ne vivent pas dans le dénuement total. Aujourd'hui, il ne suffit plus de travailler pour sortir de la pauvreté.
La pauvreté n'est pas seulement financière. Elle résulte de conditions de vie de plus en plus difficiles pour plus de 8 millions de personnes vivant avec moins de 900 euros par mois. Le phénomène des actifs pauvres se répand massivement à cause de la dérégulation sociale imposée par une mondialisation sans éthique sociale. L'appauvrissement du travail pour enrichir le capital trouve là ses limites.
Combien de victimes faudra-t-il voir annoncer par les médias, pour qu'enfin le gîte et le couvert soient assurés pour tous les citoyens durant cette période hivernale et les suivantes ?
Comment peut-on rester si indifférent devant cette mort glaciale, qui attend au détour d'une rue, sa prochaine proie parmi les plus démunis ?
A-t-on oublié les queues de plus en plus longues devant les « Restos du cœur » et, de ces sans logis en quête d'un logement pour leurs enfants offrant pourtant les garanties d'un travail sûr ?

Comment ne pas entendre les cris de l'exclusion sociale ?
Voilà les signes que la pauvreté gagne de plus en plus de terrain. Aujourd'hui personne n'est à l'abri de cette fragilité sociale !
Face à cette alarme sociale que chaque hiver déclenche, il est urgent de rétablir et de faire respecter l'ordre public social.
La misère sociale n'est pas une fatalité à laquelle nous devons nous résigner en invoquant des ***« lois naturelles » ou des « lois du marché »*** où règne en maître l'individualisme.
La lutte contre la pauvreté et l'exclusion sociale est un défi qui se pose à tous les acteurs de la vie économique et sociale, et, qui nécessite un véritable « ***New Deal social*** » capable de réduire cette fracture.
Une loi sur le droit au logement opposable devrait rendre chaque hiver social moins rude. Encore un texte juridique de plus, mais rarement appliqué ?
Alors ne faudrait-il pas renouer avec l'Etat-Providence, le temps de combattre cette ségrégation sociale, plutôt que de se cantonner seulement dans l'Etat-Gendarme ?

Pour en savoir plus ...

LIVRES	SITES INTERNET
<ul><li>Qu'est ce que la richesse ? Dominique MEDA, Ed. Alto Aubier 1999.</li><li>La croissance ou le progrès Christian COMELAU. Ed. Seuil 2006.</li><li>C'est maintenant trois ans pour sauver le monde J.M. JANCOVICI, A. GRANDJEAN, Ed. Seuil 2009.</li><li>Peut-on éliminer la pauvreté en France ? Alain LEROUX Ed. Economica 2007.</li><li>Thèmes d'actualités économiques politiques et sociaux Rémi Pérès, Ed. Vuibert 2010.</li><li>Le développement humain Esther Duflo, Ed. Seuil 2010.</li><li>Le compte à rebours a-t-il commencé ? Albert Jacquard Ed. Stock 2009.</li></ul>	www.economie2000.com www.insee.fr www.alternatives-economiques.fr www.laviedesidees.fr www.developpementdurable.com http://www.telos-eu.com/ http://lewebpedagogique.com

THEME 2 :

Le financement de l'activité économique

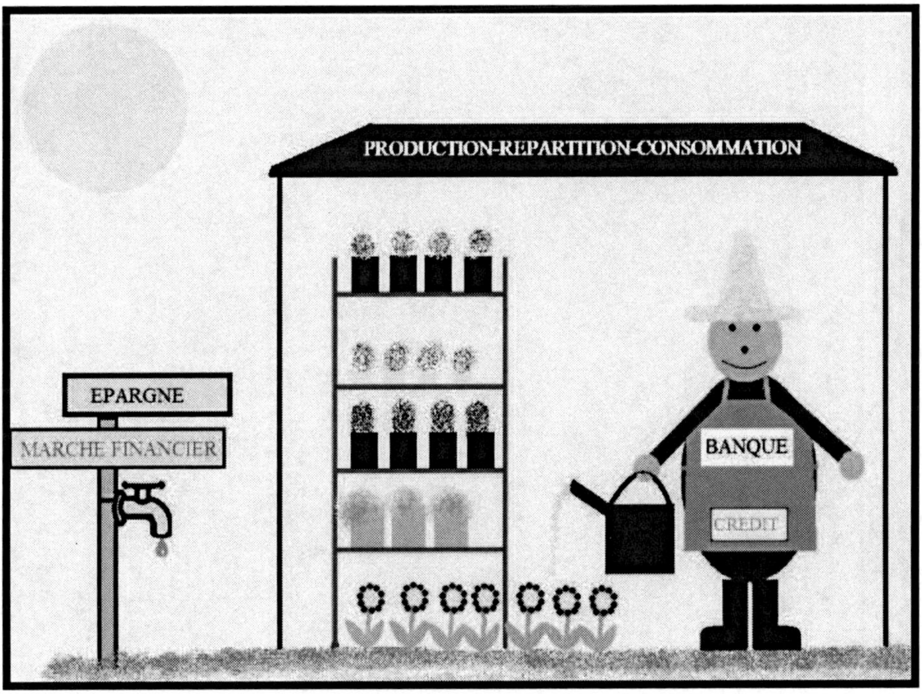

I- La monnaie et l'activité économique

« La monnaie est une nécessité, mais elle est devenue une finalité ».

Les trois rouages de l'activité économique ont besoin de monnaie pour pouvoir fonctionner. Elle est le carburant nécessaire à ces trois moteurs. Sans elle, c'est la panne sèche. Mais alors qui joue le rôle du pompiste ?
En économie, ce rôle est exercé à la fois par les banques et le marché financier. Ce sont les deux circuits de financement de l'économie. Ils mettent en relation les agents économiques qui ont des besoins de financement avec ceux qui ont des capacités de financement, en transformant l'épargne des agents ayant des fonds disponibles vers ceux qui en ont besoin pour réaliser leurs activités.

Le financement de l'activité économique se fait grâce à la monnaie qui alimente les moteurs de l'économie selon ces divers circuits (fig.36). Comment s'effectue un tel financement ?

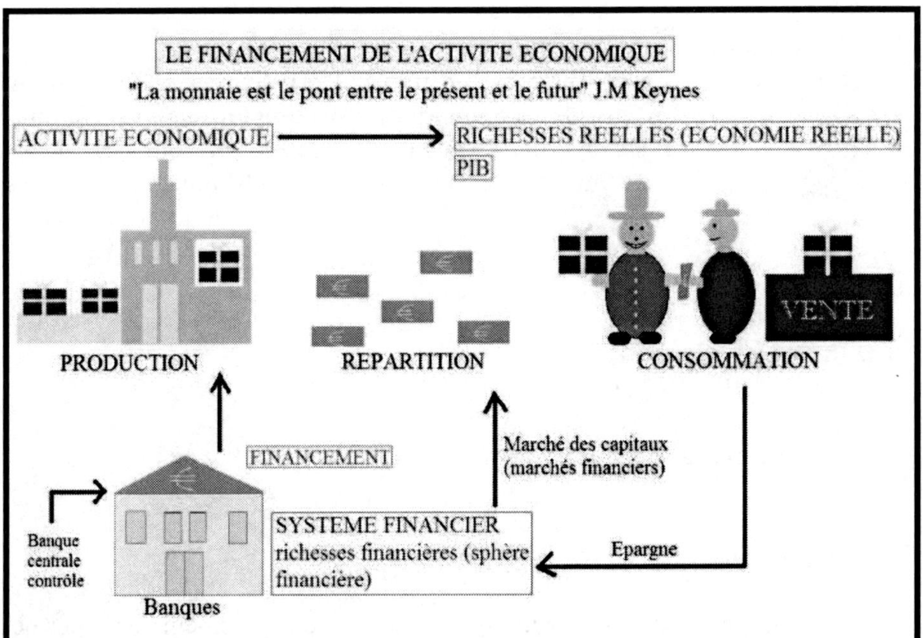

(fig.36)

1) La monnaie et ses mécanismes

a) Les fonctions et formes de la monnaie

1. Définition et fonctions de la monnaie

- <u>**Définition**</u>

La monnaie est un moyen de paiement dont disposent les agents économiques pour régler les transactions. C'est un bien d'échange accepté par tous les agents économiques d'un pays. C'est un actif liquide.

- <u>**Ses fonctions**</u>

- **Ses fonctions économiques**

Elle remplit trois fonctions économiques :

- **C'est un instrument d'échange :** moyen de paiement qui permet d'acquérir n'importe quel bien ou service. C'est un intermédiaire d'échange national et international.

- C'est un instrument de mesure de la valeur : c'est une unité de compte qui permet de mesurer la valeur des biens exprimée à partir d'un prix. Donc, elle permet de faire des choix comparatifs entre les produits.

- C'est un instrument de réserve de valeur : Sous forme d'épargne, elle permet de différer la consommation. Elle a le pouvoir d'être conservée et de rester liquide.
Donc la monnaie introduit le temps dans l'échange.

- **Ses fonctions sociétales**

Elle caractérise le pouvoir politique d'un pays (exemple du dollar, devenu une monnaie internationale, représente le pouvoir des USA, ou de l'euro pour l'Europe). Elle est un instrument de la politique économique d'un pays (politique monétaire).

Elle est aussi le ciment social et culturel d'un pays donc un instrument de cohésion sociale et d'identité nationale (exemple de l'euro qui cimente les Etats de l'Europe ayant adopté la monnaie unique).

Cependant, pour remplir ses fonctions la monnaie doit répondre au moins à deux conditions :

La confiance : la valeur de la monnaie doit être acceptée par tous pour échanger. Sa valeur repose ainsi sur la confiance des agents économiques. Elle a de ce fait une dimension psychologique. Elle perd de sa valeur à partir du moment où elle fait l'objet d'une défiance des agents économiques.

La stabilité : une monnaie stable garantie et sécurise les échanges (moins de risques) et donc renforce sa confiance.

2. Ses formes

Elle a différentes formes et peu à peu elle se dématérialise.

MONNAIE DIVISIONNAIRE	MONNAIE FIDUCIAIRE	MONNAIE SCRIPTURALE	MONNAIE ELECTRONIQUE
Monnaie métallique, pièces (8 pièces d'euros) paiement d'appoint. 	Billets (7 en tout). 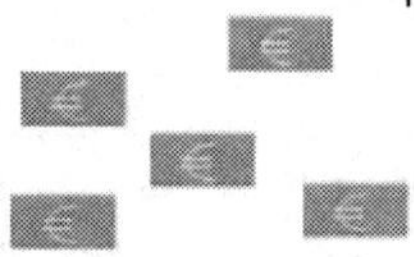	Matérialisée par le chèque. Monnaie écrite créée par les Banques. 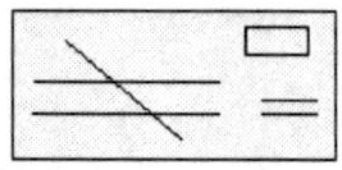	Monnaie magnétique. 

La monnaie se dématérialise progressivement

Toutes ces formes de monnaie constituent la Masse Monétaire qui circule entre les agents économiques lors de leurs échanges.

b) La Masse Monétaire et ses contreparties

1. La mesure de la masse monétaire

- **<u>Définition de la masse monétaire</u>**

La masse monétaire est l'ensemble de toutes les formes de la monnaie mise à la disposition de tous les agents économiques, donc c'est l'ensemble des moyens de paiement disponibles mis en circulation dans un pays. (fig.37).

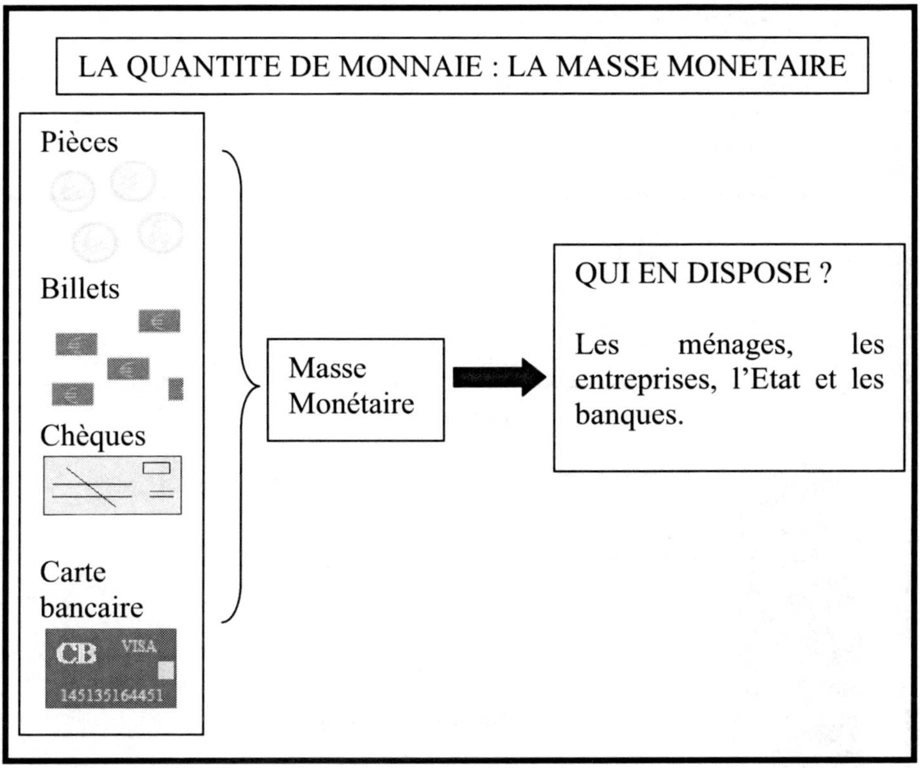

(fig37)

- **<u>Sa mesure à travers les agrégats</u>**

  - **Pourquoi mesurer la quantité de monnaie en circulation ?**

- Pour connaître la capacité de dépense des agents économiques afin d'acheter des biens ou des services, car le niveau de cette dépense est susceptible d'agir sur les prix ou sur l'activité économique.

- Pour adapter le niveau de la quantité de la monnaie à celui de la production des biens et services et donc maintenir un niveau de croissance. A une certaine quantité de biens doit correspondre, en contrepartie, une certaine quantité de monnaie, pour assurer la croissance économique *(pensons ici à l'eau (monnaie) et à la fleur (l'économie) : il faut contrôler le niveau d'eau pour assurer le développement de la fleur, trop d'eau ou une insuffisance d'eau, pourraient nuire au développement de la fleur, il en est de même en économie).*

- **Les différents agrégats**

Les agrégats monétaires sont des grandeurs monétaires (indicateurs) qui mesurent la quantité de monnaie détenue par les agents économiques non-financiers résidents (fig.38).

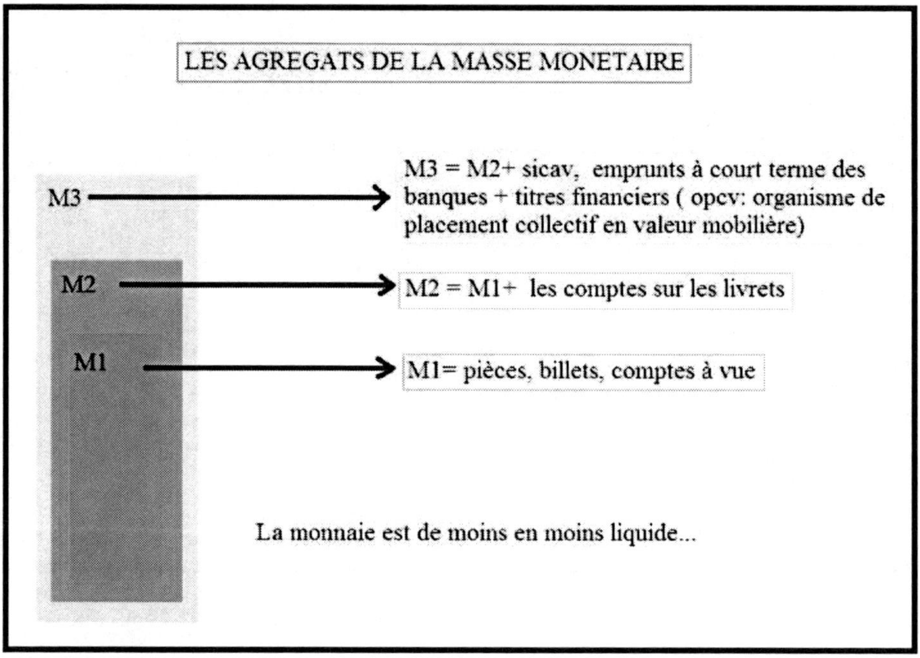

(fig.38)

2. Les contreparties de la masse monétaire

Les contreparties de la masse monétaire permettent d'expliquer les différentes sources de la création monétaire.

On peut distinguer deux grandes contreparties de la quantité de monnaie qui circule : les sources externes et les sources internes ou nationales.
Les banques créent de la monnaie scripturale pour répondre à la demande des agents économiques non-financiers : les ménages, les entreprises, l'Etat et le reste du monde (échanges extérieurs). (fig.39)

Elles le font lorsqu'elles accordent des crédits aux ménages afin qu'ils puissent consommer ou investir, aux entreprises pour qu'elles financent leurs investissements et à l'Etat pour financer son déficit budgétaire, ou lorsqu'elles transforment des devises en monnaie nationale lors de transactions avec l'étranger (fig.39 et 40).

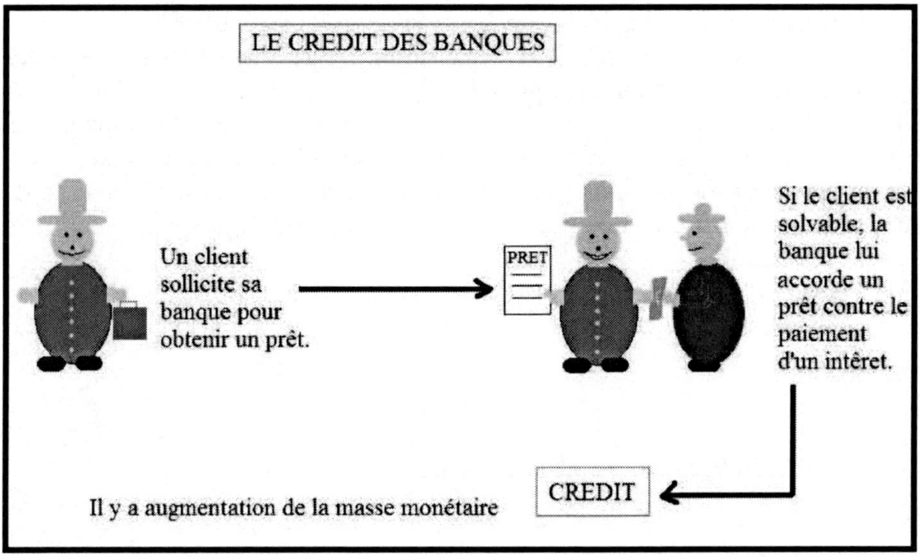

(fig.39)

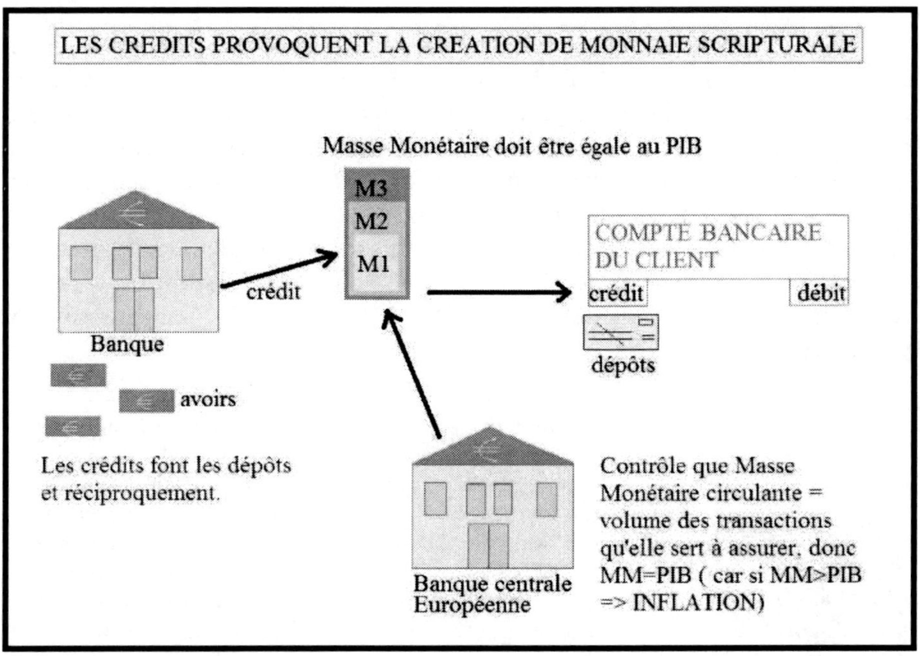

(fig.40)

Les banques, grâce au crédit, ont le pouvoir de créer de la monnaie en quantité supérieure à leurs avoirs nécessaires pour assurer les retraits en espèces de leurs clients. Elles prennent un risque en fonction de la solvabilité du client et de la durée du crédit et exigent des taux d'intérêts plus élevés et des garanties réelles plus importantes (*« on ne prête qu'aux riches »).*
Les banques ne prêtent pas la monnaie qu'elles reçoivent en dépôts, elles créent de la monnaie qu'elles prêtent, c'est pourquoi on dit que les crédits font les dépôts. Le crédit crée de la monnaie et fait donc augmenter la quantité de monnaie en circulation. Lorsque le crédit est remboursé, il y a une destruction de monnaie, la masse monétaire diminue, il y a moins de quantité de monnaie en circulation. Le niveau du crédit fait varier celui de la masse monétaire.
Les banques en accordant des crédits aux agents économiques, détiennent ainsi des créances. L'analyse de ces créances permet de définir les sources de la création monétaire.

- **Les sources nationales (internes)**

  - **Les créances sur l'économie ou sur les agents économiques autres que l'Etat**

La banque, en accordant des crédits aux entreprises et aux ménages qui souhaitent investir, détient une créance sur l'économie (agents économiques) en échange de laquelle elle crédite leurs comptes en banque. Elle a donc créé de la monnaie scripturale par un jeu d'écriture par le crédit octroyé. Cette création fait augmenter la masse monétaire. Tant que cet accroissement de la quantité de monnaie en circulation s'accompagne d'une augmentation de la production, il n'y a pas de risque inflationniste, mais si la monnaie croît plus vite que la richesse réelle, là, il y a un risque d'inflation. Lorsqu'on rembourse des dettes, la masse monétaire baisse car la monnaie sort du circuit. (fig.41).

La théorie quantitative de la monnaie est une théorie économique fondée sur la relation de causalité entre la quantité de monnaie en circulation et le niveau général des prix. Elle a été développée pendant les années 70 par les monétaristes démontrant que l'inflation n'est qu'un phénomène monétaire selon l'équation de Fisher Mv=PT (monnaie x vitesse de circulation = prix x transactions). Selon leurs hypothèses, toute augmentation de la quantité de monnaie (*M*) entraîne une augmentation des prix.

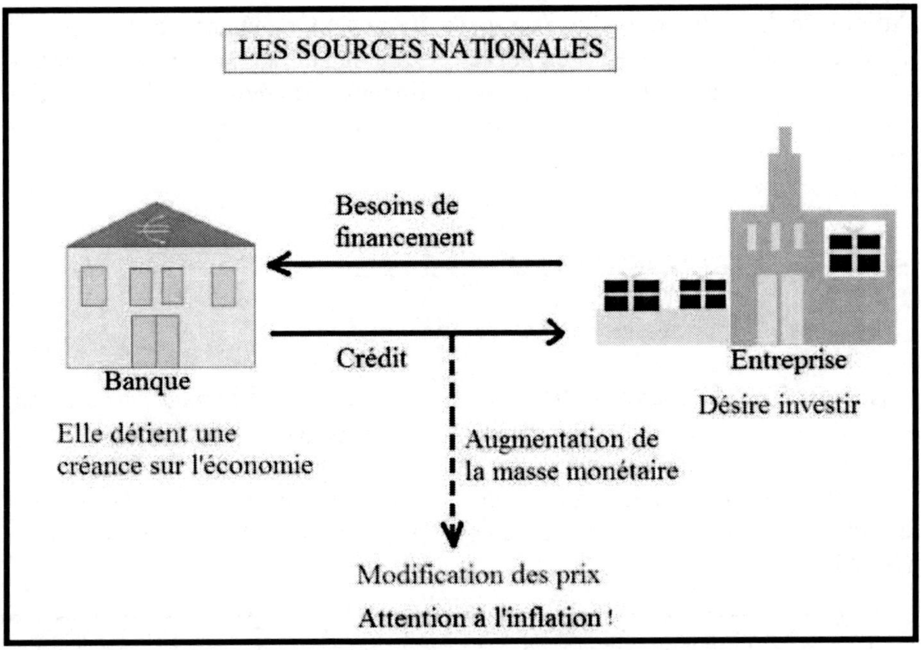

(fig.41)

- **Les créances sur le trésor ou sur l'Etat**

L'Etat, pour financer son déficit budgétaire, peut avoir recours à l'emprunt bancaire. Ainsi, le financement du déficit budgétaire par l'emprunt bancaire (crédit) augmente la masse monétaire. Il y a création de monnaie (fig.42).

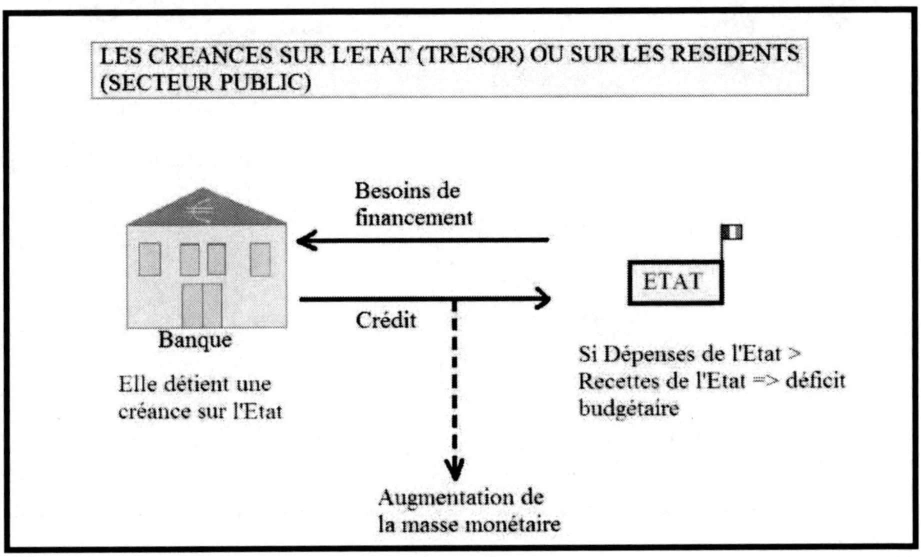

(fig.42)

Aujourd'hui, l'Etat n'a plus recours à l'emprunt bancaire. Il fait appel à l'épargne publique en s'adressant directement sur le marché financier. Il émet des emprunts auprès du marché financier et évite ainsi la création monétaire inflationniste car il emprunte des capitaux déjà existants sur le marché.

- **<u>Les sources internationales (externes)</u>**

  - **Les créances sur l'extérieur**

Les opérations de change entraînent de la création de monnaie. Dans ce cas les banques détiennent des créances sur l'extérieur. A la suite d'une transaction commerciale avec l'étranger, les agents économiques ont besoin de convertir en monnaie nationale les devises reçues, cette conversion effectuée sur le marché des changes fait augmenter la masse monétaire. (fig.43)

LES SOURCES ETRANGERES DE LA MASSE MONETAIRE: LES CREANCES SUR L'EXTERIEUR

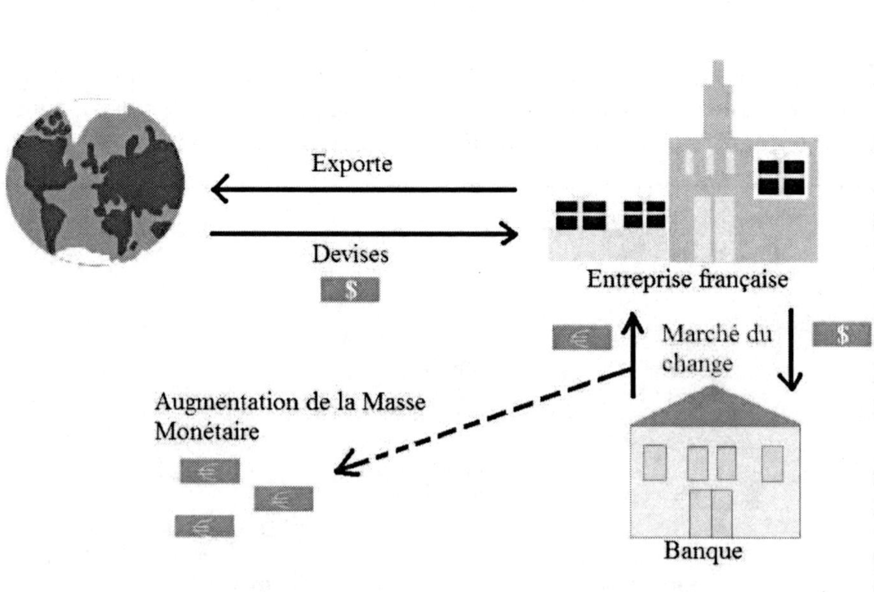

L'opération de change a occasionné de la création de monnaie (créances sur l'étranger). Donc nos exportations font augmenter la masse monétaire.

(fig.43)

2) La monnaie : ses effets sur l'activité économique

La monnaie agit sur l'activité économique de deux façons : par sa quantité et par sa qualité, c'est-à-dire par sa valeur. Comment ? (fig.44)

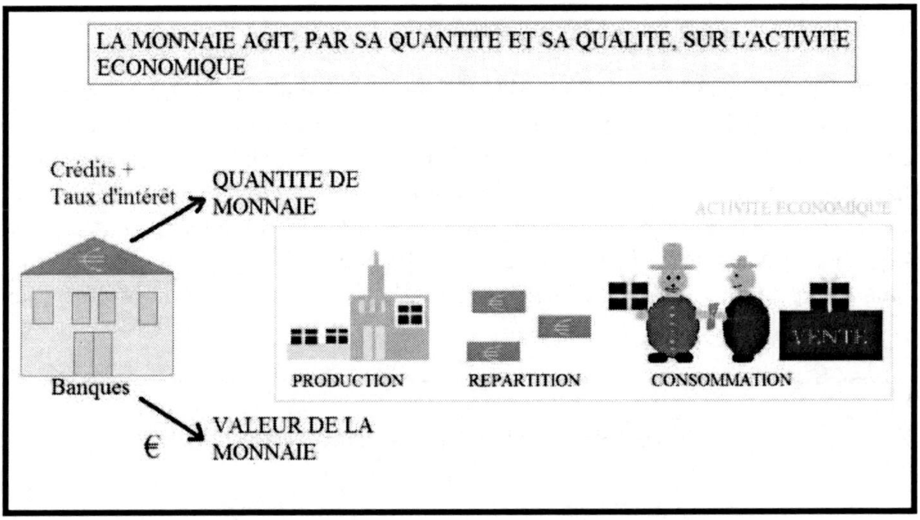

(fig.44)

a) La monnaie agit par sa quantité sur l'activité économique

La variation de la Masse Monétaire influence l'activité économique. Elle agit sur le niveau de la production et sur le niveau des prix.

1. Elle agit sur le niveau de la production (fig.45)

- **<u>Par une baisse des taux d'intérêt</u>**

Lorsque les taux d'intérêt baissent, les agents économiques (ménages, entreprises et plus particulièrement les PME) empruntent davantage car le crédit est bon marché. Ils peuvent ainsi financer leurs investissements par le crédit. La quantité de monnaie est plus abondante grâce au crédit. Les rouages de l'activité économique tournent plus vite, il y a une augmentation de la production, de la répartition et de la consommation.

La croissance est forte et le chômage diminue. Le robinet du crédit ouvert à des taux d'intérêt faibles, facilite la croissance économique. L'augmentation des liquidités en circulation encourage la consommation et l'investissement et par la suite, la croissance économique. La monnaie permet la création de richesses réelles. Elle est au service de l'économie.

- **<u>Par une hausse des taux d'intérêt</u>**

C'est l'inverse, le crédit se raréfie. La masse monétaire diminue car il y a moins de crédits accordés donc moins de création monétaire. Les agents économiques, notamment les PME, ont des difficultés à financer leurs investissements. Il y a une diminution de l'activité économique et l'économie entre dans une récession. Ses trois rouages manquent de liquidités pour mieux fonctionner. Toutefois, en période de récession, une baisse des taux d'intérêt ne suffit pas à relancer l'activité économique (cas de la France en 2008/2009).

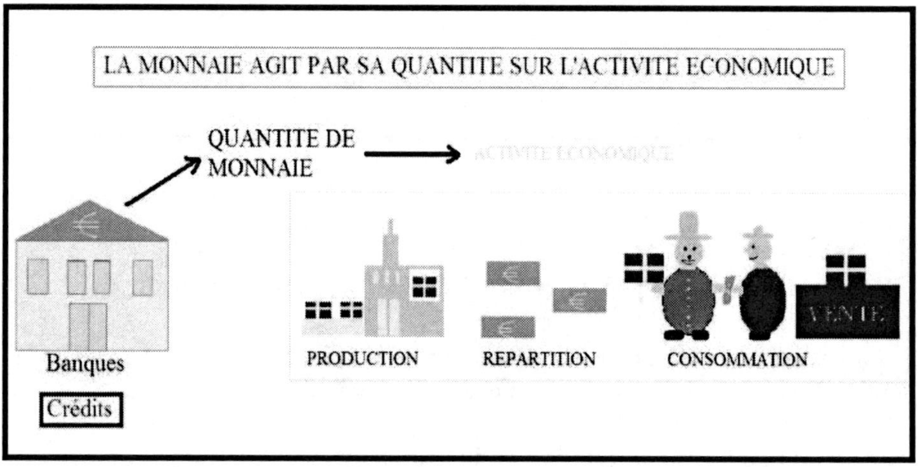

(fig.45)

2. Elle agit sur le niveau des prix

L'octroi de crédit contribue à créer de la monnaie donc à augmenter la masse monétaire. Si celle-ci augmente plus vite que la quantité de biens produits (flux réels), il y a un risque inflationniste. En effet, les ménages ayant plus de monnaie auront tendance à accroître leur consommation, ce qui se traduit par une hausse de leur demande sur le marché des biens et services. Cette hausse peut provoquer un déséquilibre entre l'offre et la demande (demande > à l'offre), car l'offre ne peut pas répondre immédiatement à la demande et de ce fait, peut provoquer une augmentation des prix. (fig.46).

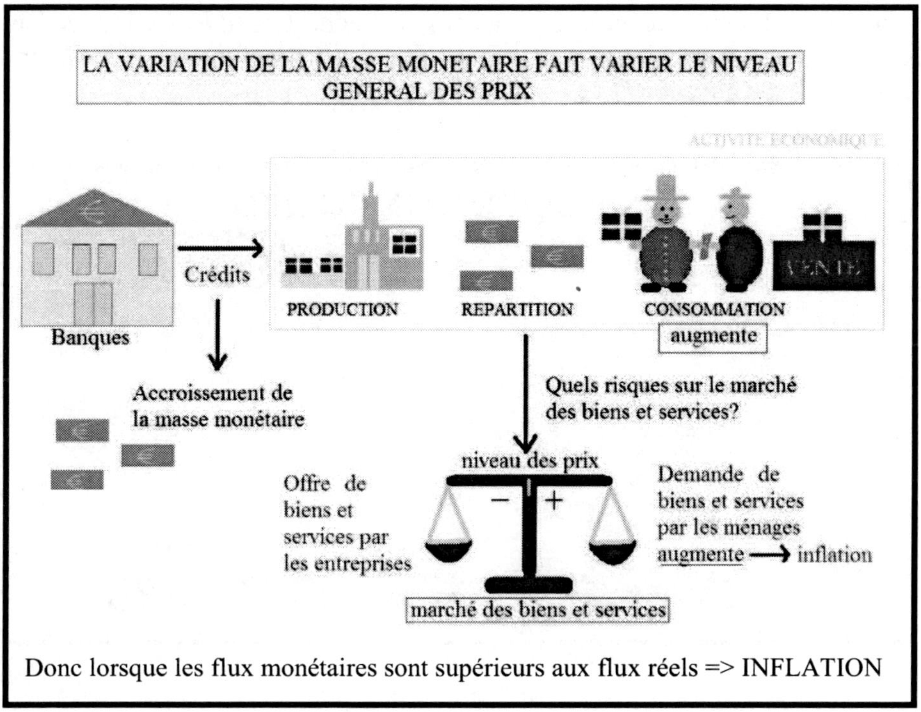

(fig.46)

b) La monnaie agit par sa qualité sur l'activité économique

La valeur de la monnaie agit sur l'activité économique. L'appréciation ou la dépréciation monétaire influencent le niveau de l'activité économique.
Mais quels sont les effets d'une variation du taux de change de la monnaie sur l'économie réelle ?

1. Les effets d'une appréciation de la monnaie

Une monnaie s'apprécie lorsqu'elle est plus demandée qu'offerte sur le marché des changes. Sa valeur s'accroît (c'était le cas de l'euro en 2008).

Son appréciation dépend de plusieurs facteurs tels que : un excédent commercial (exportations > importations), des taux d'intérêt élevés, une fiscalité faible qui attirent des capitaux étrangers.

AVANTAGES :

•Réduit le prix des importations (notamment la facture pétrolière), donc atténue le déficit du commerce extérieur si taux de couverture (exportations/importations x 100) est faible.

•Diminue l'inflation.

•Incite les entreprises à faire des efforts de compétitivité (innovation, productivité...).

INCONVENIENTS :

•Réduit les exportations car les produits exportés sont plus chers, donc risque de perte de marchés à l'étranger.

•Peut provoquer une aggravation du déficit du commerce extérieur si le taux de couverture diminue.

•Freine à la croissance si les exportations tirent la croissance (ce fût le cas de la France avant 2005 les exportations tiraient la croissance grâce à un euro plus faible que le dollar).

AVANTAGES :

- Attire les investisseurs étrangers (entrées des devises) donc favorise la croissance et l'emploi.

INCONVENIENTS :

- Diminue la compétitivité des entreprises exportatrices.
- Favorise les délocalisations, afin de rechercher des gains de productivité meilleurs.
- Accélère la montée du chômage.
- Entretient un taux d'intérêt directeur élevé au niveau des quinze pays européens de la zone euro, ce qui peut freiner l'activité économique.

2. Les effets d'une dépréciation de la monnaie

Une monnaie se déprécie lorsqu'elle est plus offerte que demandée sur le marché des changes. Sa valeur baisse (c'était le cas de l'euro en 2010). Sa dépréciation dépend de plusieurs facteurs tels que : un déficit commercial (exportations < importations), taux d'intérêt faibles, fiscalité forte, dette publique élevée, faible croissance.

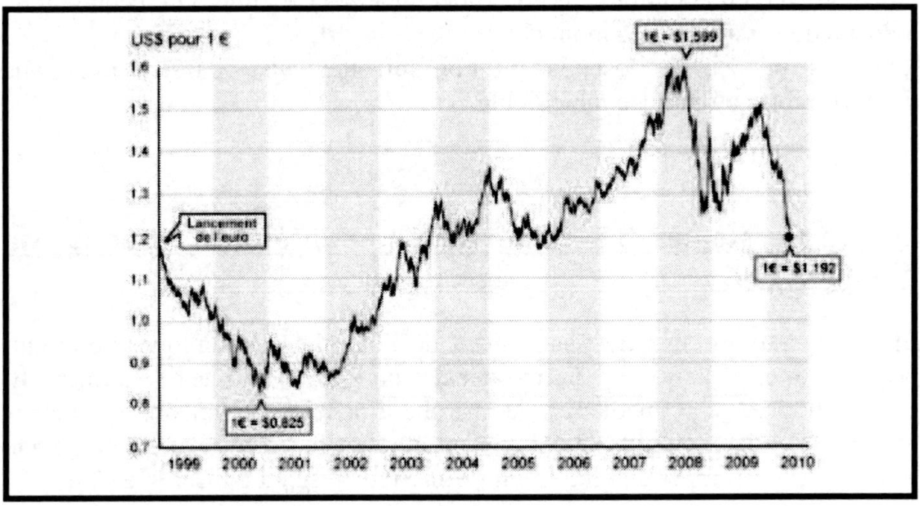

AVANTAGES :	INCONVENIENTS :
•Réduit le prix des exportations donc atténue le déficit du commerce extérieur car les exportations son dynamisées.	•Renchérit les importations car les produits importés sont plus chers.
•Améliore la compétitivité des entreprises.	•Peut provoquer une aggravation du déficit du commerce extérieur si le taux de couverture est faible.
•Freine les délocalisations.	•Favorise l'inflation, et contribue à la dégradation du pouvoir d'achat.
• Développe la balance des services (tourisme).	•Encourage la spéculation à la baisse.
•Favorise la croissance grâce aux exportations plus soutenues et fait baisser le chômage.	•Peut provoquer la mise en place des plans de rigueur afin d'enrayer la baisse de la monnaie.
	•Aggrave les inégalités de revenus entre les ménages.

Le bon fonctionnement d'un moteur dépend de la qualité du carburant. Il en est de même en économie, le bon fonctionnement de l'activité économique dépend de la valeur de la monnaie.
Dés lors, on peut se poser la question suivante : vaut-il mieux avoir une monnaie forte ou une monnaie faible ?

II- Le système financier et ses différents modes de financement

Il existe deux circuits de financement de l'activité économique. Le circuit avec un intermédiaire : le circuit bancaire ou encore la finance indirecte. Et le circuit sans intermédiaire : le marché financier ou encore la finance directe. Ces deux circuits se complètent aujourd'hui, mais la finance directe semble se développer de plus en plus voire même se globaliser (fig.47).

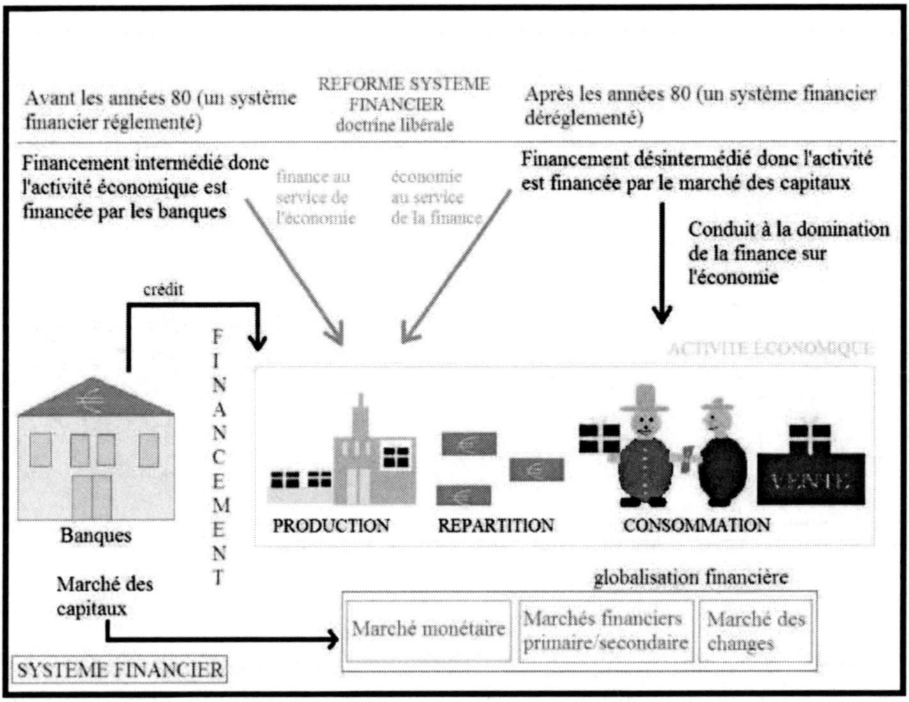

(fig.47)

1) Le financement indirect : l'intermédiation financière

« La finance est-elle au service de l'économie ? »

a) le mécanisme de ce financement

Les banques transforment l'épargne en prêts en prenant des risques sous le contrôle de la Banque Centrale Européenne (les dépôts font les crédits) et créent la monnaie qu'elles prêtent grâce au crédit (les crédits font les dépôts). (fig.48)

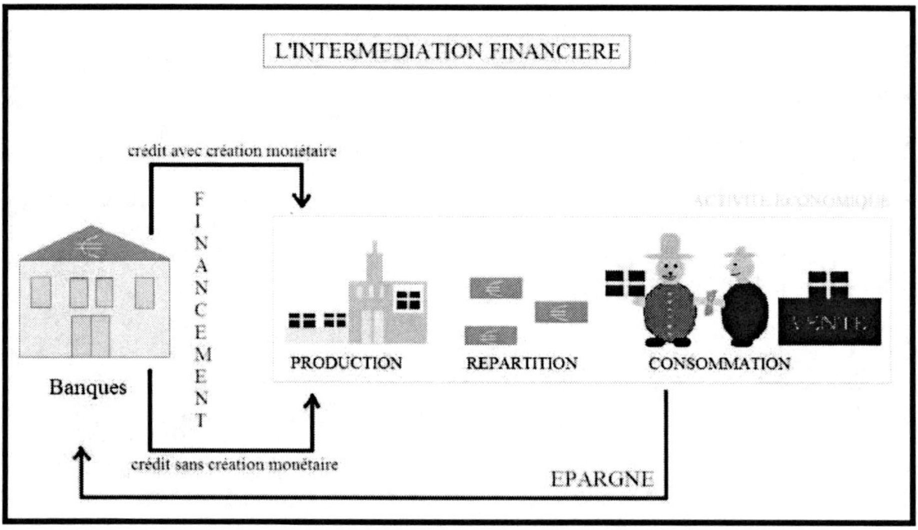

(fig.48)

L'activité économique dépend du dynamisme du système financier et plus particulièrement de celui des banques. Les banques assurent une grande partie du financement de l'activité économique. Elles sont les intermédiaires entre les agents économiques ayant des capacités de financement et ceux ayant des besoins de financement. C'est en cherchant à les concilier qu'elles vont exercer leurs rôles financiers. Lesquels et comment ? Elles exercent deux rôles.

1. Un rôle de transformation financière (fig.49)

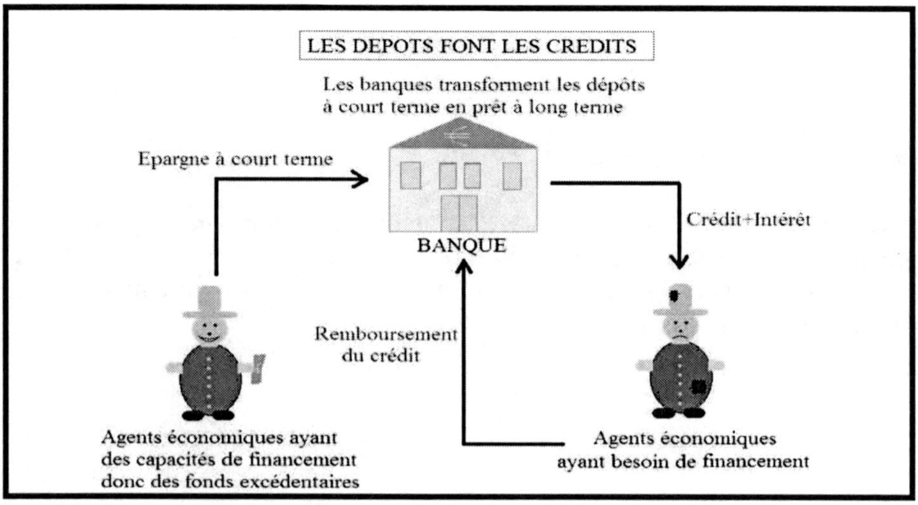

(fig.49)

Les banques transforment l'épargne à court terme qu'elles ont collectée en crédit à moyen terme ou long terme.
En transformant de l'épargne à court terme en prêt en moyen ou long terme, elles prennent des risques plus ou moins maîtrisés, sachant que les épargnants ne retireront pas leurs fonds tous en même temps s'ils ont confiance. Si ce n'était pas le cas, les banques seraient dans l'impossibilité de faire face aux retraits et seraient en faillite. Il y aurait une crise de liquidité.
Lorsque les besoins de financement dépassent les capacités de financement, les banques exercent leur deuxième rôle : celui de la création de monnaie.

2. Un rôle de création de monnaie

Les banques ne se contentent pas de recycler ou de transformer des ressources financières qu'elles ont préalablement collectées. Elles vont créer de la monnaie grâce à leurs crédits octroyés aux agents économiques. Elles seules ont ce pouvoir quasi infini de créer de la monnaie en fonction de la demande des agents économiques qui ont des besoins de financement.
L'octroi de crédit bancaire ne se fait pas sur la base de ressources préexistantes. Les banques prêtent de la monnaie qu'elles ont créée et comptent sur les remboursements pour prêter de nouveau en plus grande quantité (fig.50).
Elles prennent ainsi des risques et font des paris sur des projets d'investissements des agents économiques (PME), et anticipent les profits escomptés. Plus les risques sont élevés, plus les intérêts exigés le sont, ainsi que les garanties réelles (hypothèques).
Le crédit accordé devient une monnaie nouvelle qui va enclencher une dépense supplémentaire sous forme d'investissement ou de consommation, qui à son tour va stimuler le rouage de la production et générer de la croissance.
Les banques jouent donc un rôle primordial car elles fournissent les liquidités nécessaires aux moteurs de l'économie sans l'obligation d'une épargne préalable.

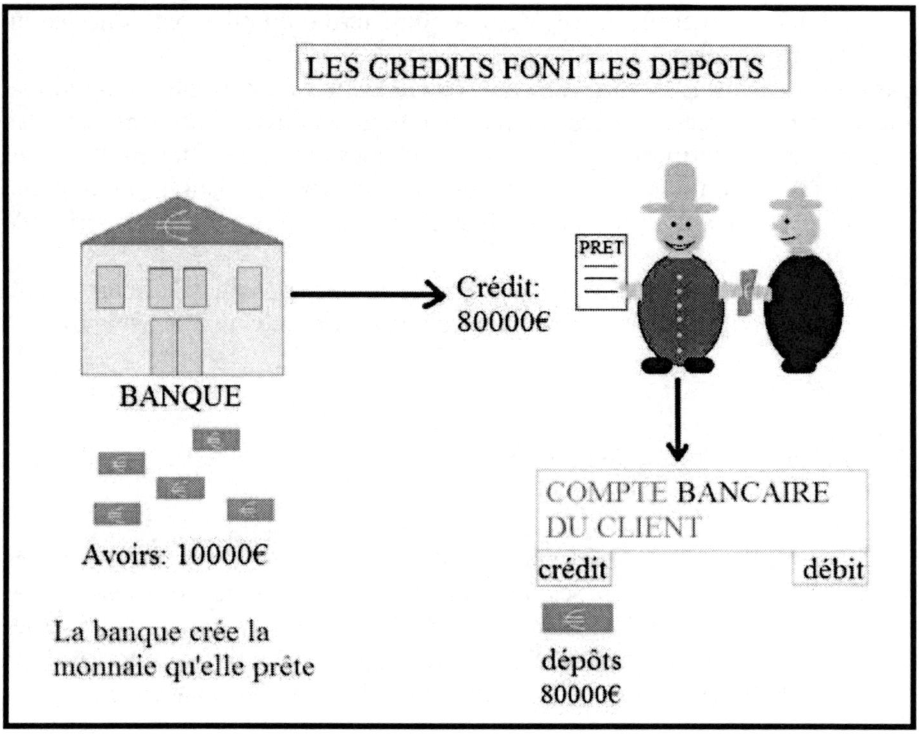

(fig.50)

b) Les effets de l'intermédiation financière

1. Les atouts de l'intermédiation bancaire

- Elle facilite les échanges grâce à sa gestion des moyens de paiements.
- Elle pallie les imperfections du marché financier car les banques ont une meilleure connaissance de la qualité des emprunteurs, de meilleures informations sur leur situation.
- Elle facilite les transactions grâce au gain de temps réalisé pour mettre les fonds prêtés à la disposition des demandeurs. De plus, elle fournit des liquidités en transformant au moindre coût les dépôts à court terme en crédit à long terme. Elle réduit ainsi les coûts de transaction.
- Elle prend les risques elle-même à la place de l'épargnant et a une meilleure connaissance de la solvabilité de ses clients que le marché lui-même.

- Elle amoindrit les risques en diversifiant son portefeuille d'actifs car les prêts risqués sont compensés par des prêts à faible risque.
- Elle regroupe des capitaux importants en transformant et en créant de la monnaie et réalise ainsi des économies d'échelle. De ce fait, les investisseurs peuvent acquérir des liquidités à un coût inférieur à celui du marché.
- Elle fournit les liquidités à certains agents économiques ne pouvant pas accéder au marché financier (PME, les ménages).

2. Les limites de l'intermédiation bancaire

- Elle accroît la dépendance des agents économiques à son égard, ce qui peut freiner la croissance (« *je finance donc je commande* »).
- Elle peut provoquer un risque d'excès de liquidités dû à trop de crédits et de risques mal appréciés, pouvant conduire à l'inflation ou à une crise de confiance.
- Elle peut, au contraire, provoquer un manque de liquidité à cause d'un rationnement du crédit suite à un refinancement sur le marché monétaire trop coûteux (crédit crunch) et une crise de confiance interbancaire.

CONCLUSION

Le financement indirect est indispensable pour que les moteurs de l'économie produisent de la croissance. Le recours au crédit permet aux entreprises de s'affranchir de leur épargne préalable pour réaliser leurs investissements. Ce pouvoir de création monétaire attribué aux banques peut parfois dérégler les moteurs de l'économie en provoquant leur emballement ou leur panne sèche. En effet, depuis la fin des années 80, la libéralisation financière a transféré ce pouvoir bancaire sur le marché financier grâce à la titrisation de leurs crédits.
Par ce mécanisme, les banques transforment sur le marché financier des crédits bancaires en titres négociables cessibles à des tiers. En les vendant, elles obtiennent des liquidités et transfèrent les risques d'insolvabilité aux tiers et peuvent ainsi distribuer davantage de crédit. La crise des *subprimes* de 2007 a mis en lumière les risques de l'utilisation de la titrisation des créances immobilières. Les banques font désormais de plus en plus souvent appel au marché financier pour se procurer des ressources dont elles ont besoin. Comment se caractérise ce deuxième circuit de financement ?

2) Le financement direct : le marché financier

« L'économie est au service de la finance »

Le marché financier draine une partie de l'épargne et permet le financement sans intermédiaire et à long terme de l'activité économique. Sur ce marché s'échangent une multitude de titres contre de la monnaie. Depuis la fin des années 80, ce circuit de financement direct s'est fortement développé. La finance s'est *« désintermédiée »* progressivement c'est pourquoi on parle d'économie de marchés financiers. De quelle manière ce marché est organisé et quel est son rôle économique ? Mais comment est-on passé d'une économie d'endettement à une économie de marchés financiers ?

a) Organisation et rôle du marché financier

1. L'organisation du marché financier (fig.51)

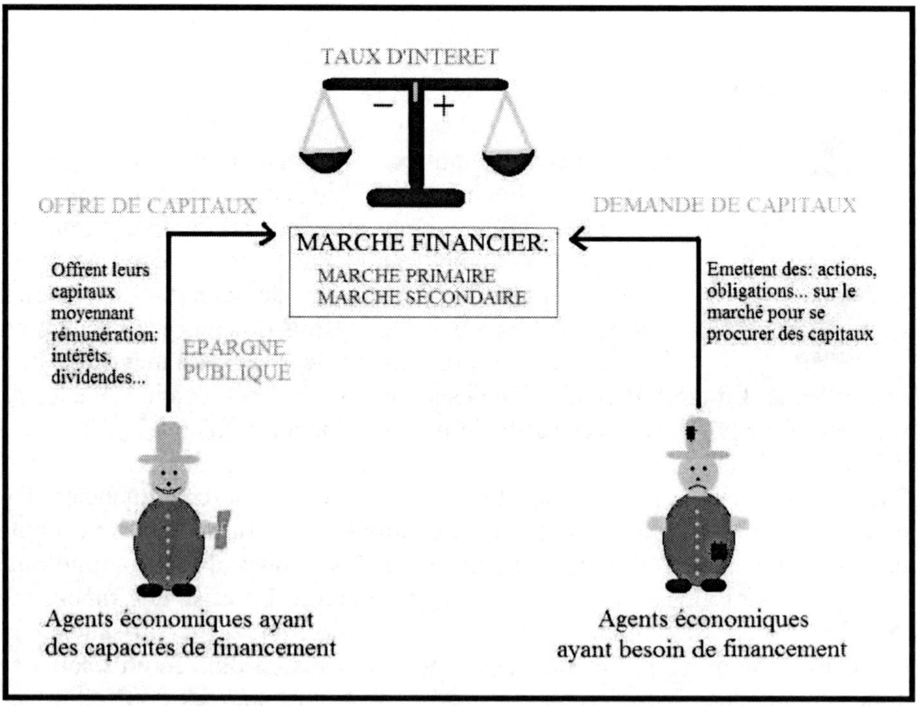

(fig.51)

On place, on n'investit pas, la finance se détourne de l'économie réelle pour rechercher une rentabilité à court terme.

- **Marché financier : définition et composition**

- **Définition**

C'est un marché où s'effectue l'ensemble des opérations financières, c'est le lieu où se confrontent les demandes de capitaux émanant des agents économiques ayant des besoins de financement (entreprises, Etat) et les offres de capitaux émanant des agents économiques ayant des capacités de financement (entreprises, ménages), moyennant un prix (taux d'intérêt) fixé librement à partir de cette confrontation.

- **Composition :** (fig.52)

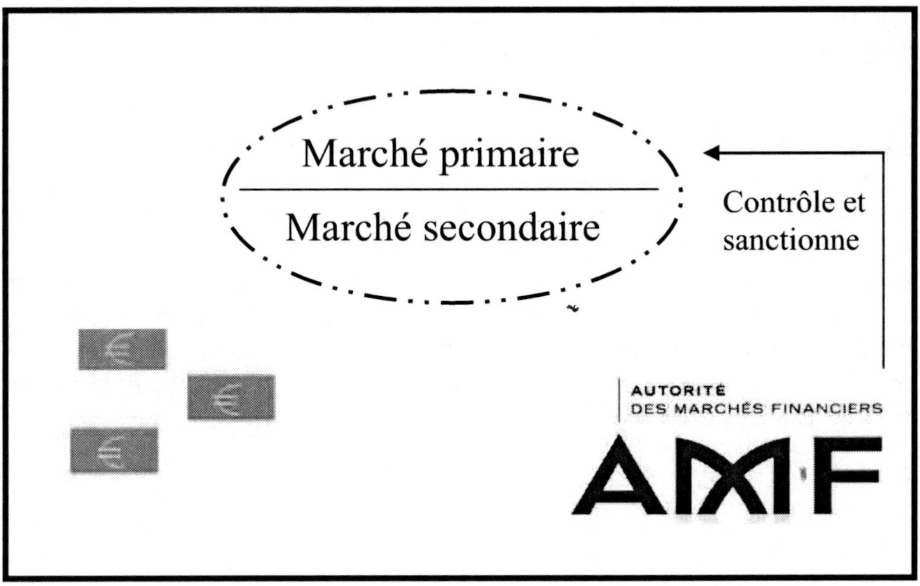

(fig.52)

Le marché primaire : est le marché du « neuf », celui des émissions de titres. Il met en relation ceux qui ont des capacités de financement et ceux qui ont des besoins de financement. Cette relation s'effectue par l'intermédiaire des banques et des agents de change. C'est donc sur ce marché que sont émis pour la première fois les titres financiers (émissions d'actions de la part d'une entreprise, ou émission d'un emprunt par l'Etat par exemple). Ce compartiment remplit la fonction de financement de l'activité économique.

Le marché secondaire : est le marché de « l'occasion », celui de l'échange (achat/vente) de titres déjà existants ou déjà émis. Ce marché est représenté par la Bourse. C'est sur ce marché que s'effectue la cotation des titres donc l'évaluation des titres. Il permet de transformer les titres en monnaie. Il assure ainsi la liquidité des actifs financiers (titres). Les détenteurs de titres peuvent, en les vendant sur le marché boursier (secondaire), se procurer des liquidités. C'est donc sur ce marché que s'opère la spéculation en fonction du prix des produits financiers qui s'échangent. De plus, des produits dérivés (assurances) s'échangent sur ce marché pour venir couvrir les risques des capitaux émis sur le marché primaire.
L'A.M.F. (Autorité des Marchés Financiers) : Organisme public indépendant qui surveille le bon fonctionnement du marché financier et protège les épargnants. Elle dispose d'un pouvoir de sanction (E.A.D.S).

Le marché de gré à gré : à côté de ces marchés organisés et plus ou moins contrôlés à la fois par des autorités privées (Euronext : fusion des bourses de Paris-Bruxelles-Amsterdam) et par des autorités publiques (A.M.F.), se sont développés des marchés de gré à gré sur lesquels sont effectuées des transactions entre les opérateurs qui définissent entre eux les conditions de leurs échanges. On les appelle les « *dark pools* ». Ils captent depuis les années 2000 une grande partie des transactions sur valeurs mobilières. Ces marchés sont opaques et surtout très spéculatifs où les paris portent exclusivement sur les produits dérivés (CDS).

2. Le rôle du marché financier (fig.53)

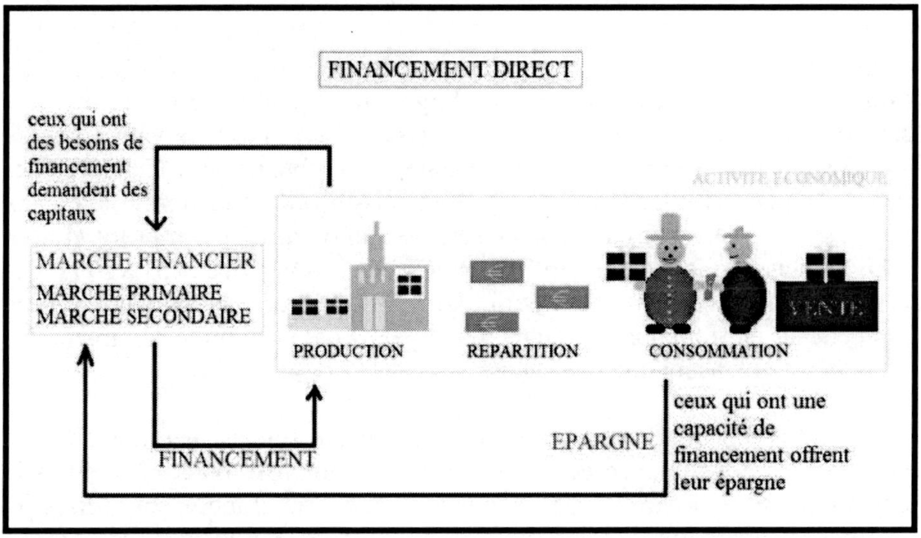

(fig.53)

- **<u>Il contribue au financement de l'activité économique</u>**

C'est sur le marché financier primaire que les entreprises et l'Etat trouvent directement les capitaux nécessaires pour financer leurs projets. Les entreprises sociétaires n'ayant pas suffisamment de capacités d'autofinancement trouvent sur ce marché les capitaux leur permettant de financer leur croissance en émettant des actions. En contrepartie de leurs émissions d'actions, elles reçoivent de la monnaie. Elles peuvent également émettre des emprunts à long terme sous la forme d'obligations, tout comme l'Etat ou les collectivités locales qui y trouvent les capitaux nécessaires pour financer leur budget.
Les entreprises et l'Etat sont ainsi des demandeurs (acheteurs de capitaux) à partir d'un prix, ici le taux d'intérêt. C'est ce taux d'intérêt, avec le niveau de risque plus ou moins évalué par les agences de notations, qui vont inciter les investisseurs à épargner et à placer leurs capitaux en fonction de la rentabilité sur le marché.
En l'absence du marché, ces deux agents (offreurs et demandeurs) ne pourraient pas réaliser leurs transactions, ou alors seraient obligés de recourir à l'emprunt bancaire plus long à obtenir, plus faible et plus coûteux. On comprend ainsi la fonction du marché financier pour l'économie. Mais la bourse et la spéculation pourraient détourner les capitaux vers la création de richesses financières plutôt que vers la création de richesses réelles (crise financière de 2008).

- **<u>Il assure la liquidité des titres financiers</u>**

Cette fonction s'exerce sur le marché secondaire, c'est-à-dire à la Bourse. Le titulaire d'un titre financier (action, obligation…) peut donc à tout moment sur ce marché, en cas de besoin ou de recherche d'une plus-value, vendre son titre contre de la monnaie en échange, donc obtenir de la liquidité. Les valeurs mobilières cessibles et transmissibles permettent soit aux investisseurs d'investir dans une entreprise afin d'en retirer un profit et d'en prendre plus ou moins le contrôle (pouvoir des actionnaires dans les grandes entreprises), soit dans une optique de court terme, de pouvoir vendre rapidement en fonction de leurs cours et d'obtenir immédiatement des liquidités en réalisant une plus-value.

Outre cette fonction, le marché financier secondaire permet d'évaluer la valeur ou la performance économique d'une entreprise cotée. A travers le cours des titres, il exprime la valeur du capital des grandes entreprises, et favorise les opérations de croissance externe : *fusions d'entreprises, prise de participation, restructuration*. Cette fonction d'évaluation de la performance de l'entreprise par le marché reste toutefois très aléatoire et peu réelle car le marché n'est pas efficient, et n'exprime jamais la véritable représentation de la situation à cause de la spéculation qui fausse la réalité par l'effet mimétisme des spéculateurs.

C'est un marché qui finalement est devenu complexe par la composition de ses titres, car de nombreux produits y circulent (produits dérivés créés pour gérer les risques), mais aussi parce que ce marché s'est globalisé à l'échelle planétaire sans la mise ne place d'une régulation mondiale.

b) La globalisation financière

Avec la mondialisation de l'économie, la finance s'est mondialisée depuis la fin des années 80. On est passé d'une économie d'endettement (intermédiée) à une économie de marché financier (désintermédiée). Comment s'est fait ce passage, et quels en sont les risques ? Nous reviendrons plus longuement sur ce sujet dans le **thème 7 : la mondialisation de l'économie**.

1. Le passage d'une économie d'endettement à une économie de marchés financiers

- **<u>Une économie d'endettement jusqu'à la fin des années 80</u>**

On parle d'économie d'endettement car l'économie était financée par le système bancaire. Les banques assuraient le financement des activités des agents économiques.
Cette économie était caractérisée par :

- Un autofinancement faible des entreprises, ce qui les obligeait à recourir au crédit pour financer leurs investissements.
- Le financement se faisait principalement par le crédit, donc par la création de monnaie avec de gros risques inflationnistes.
- Ce type de financement était sous le contrôle de la Banque de France qui pouvait agir sur la quantité de monnaie grâce aux taux de réescompte, aux réserves obligatoires et à l'encadrement du crédit.

Or, les politiques de lutte contre l'inflation pendant ces années là, ont modifié petit à petit le financement de l'activité économique. Plusieurs facteurs ont contribué à ce passage vers une finance directe.
En effet, la hausse des taux d'intérêt pratiqué pour lutter contre l'inflation a favorisé les placements financiers plutôt que l'investissement. Les déficits budgétaires récurrents devenaient de plus en plus difficiles à être financés par la création de monnaie à cause de l'inflation et de la politique monétaire restrictive de la banque centrale. Il devenait donc indispensable de pouvoir drainer davantage d'épargne grâce au marché financier, afin de financer les déficits sans aggraver l'inflation. Pour mobiliser cette épargne, les gouvernements ont progressivement libéralisé le marché financier afin de faciliter la libre circulation des capitaux entre les pays. Cette libéralisation a conduit à la formation d'un marché financier mondial, globalisé fonctionnant en continu grâce aux nouvelles technologies.

- **<u>Depuis la fin des années 80 : essor du marché financier</u>**

On parle d'économie de marchés financiers car l'activité économique est financée directement par l'épargne qui circule librement entre tous les pays à la recherche des meilleurs rendements. Cette économie est caractérisée par :

- La libéralisation de la finance par l'application de la règle des **3 « D »** (Henri Bourguinat) :

Le Décloisonnement : déspécialisation des opérateurs financiers (banques de dépôts et d'affaires) et la fin de la séparation des trois marchés (monétaire, financier, change) pour en faire un marché global et mondial. Toutes les places financières sont interconnectées.

La Déréglementation financière : suppression de la réglementation qui limitait la liberté des transactions financières (encadrement du crédit ou des taux administrés/bonifiés qui favorisaient certaines activités), suppression du contrôle des changes. La libre circulation des capitaux devient la règle, c'est-à-dire que tout agent peut accéder à n'importe quelle place financière dans le monde par internet et passer d'un titre à un autre, un procédé de couverture à un autre, en euros puis en dollars.

La Désintermédiation financière : marque la fin de l'intermédiation bancaire. Désormais c'est le marché financier qui prévaut.

- Une augmentation de l'autofinancement grâce au nouveau partage de la valeur ajoutée devenue plus favorable aux profits depuis la désindexation des salaires sur les prix en 1982.
- Une mondialisation du marché financier : libre circulation des capitaux selon les principes du libre échange.
- Une perte de contrôle de l'Etat sur la finance. La loi du marché devient la règle.

2. La globalisation financière

Elle est liée à la mondialisation de l'économie. Les échanges commerciaux ont, durant des siècles, reliés les Etats entre eux et se sont mondialisés, provoquant un renforcement de l'intensité concurrentielle entre les pays. Cette concurrence de plus en plus vive a poussé les Etats à investir de plus en plus à l'étranger, à délocaliser une partie de leur industrie, à fragmenter leurs processus de production à l'échelle planétaire (Adidas, Nike, Mattel avec ses poupées Barbie par exemple), afin de réaliser des gains de productivité et donc d'être plus concurrentiels. Des liens de production se sont donc formés entre les différents pays et la production s'est mondialisée aussi.
Ces investissements ont mobilisé des capitaux importants et ont développé les transactions financières au niveau mondial. Le processus de globalisation a franchi un pas supplémentaire avec la mondialisation de la finance qui a

conduit à l'émergence d'un marché financier unifié à l'échelle planétaire. Cette intégration financière marquée par la règle des trois « D », est également caractérisée par les trois « **U** » : **unité de temps** (les marchés fonctionnent 24 heures sur 24), **unité de lieu** (les places sont interconnectées), **unité d'action** (fonctionnement en temps réel).

- **Les cinq facteurs qui caractérisent la globalisation financière**

- **Le facteur temps :** le *court terme* prime sur le long terme, ce qui est contradictoire avec les besoins de l'économie réelle (la meilleure protection contre le risque est la liquidité), donc cette dérive court-termiste renforce le pouvoir des **actionnaires** (share holders).

- **Le facteur économique :** Pour mobiliser l'épargne il faut de la rentabilité élevée donc des taux d'intérêt forts.

- **Le facteur institutionnel :** Pour que cette épargne, attirée par les rendements, puisse se mobiliser elle doit pouvoir circuler librement. Il faut donc libérer le marché et élargir son espace. La règle des **trois D** a renforcé le pouvoir des marchés.

- **Le facteur psychologique (cupidité) :** Ce pouvoir des marchés a contribué au développement de la spéculation et les anticipations sur les valeurs des actifs (économie casino, bulles, Hedge Funds…) et a donné naissance à la « Finance casino » celle des parieurs.

- **Le facteur financier :** Cette finance casino fait courir de gros risques, donc il a fallu innover pour les réduire : création des produits dérivés (assurance), essor de la titrisation (transformation d'une créance en actif financier et donc transfert du risque à l'acheteur), apparition de la « *Finance Frankenstein* ».

Ces cinq facteurs qui caractérisent les mécanismes de la globalisation financière étaient porteurs des germes de la crise financière de 2008.

- **<u>Les risques de cette globalisation financière</u>**

- L'économie est au service de la Finance. Elle favorise les investissements financiers au détriment des investissements productifs.
- Risque de contagion car les marchés de tous les pays sont interconnectés (effet domino).
- Forte mobilité des capitaux donc perte du pouvoir de régulation monétaire des Etats.
- Déconnexion de la finance de l'économie réelle, ce qui freine la croissance économique.
- Accroissement de la spéculation internationale et renforcement du pouvoir des spéculateurs (rigueur imposée en Europe sous la pression des spéculateurs).
- Déclenchement de crises financières avec des effets pervers sur l'économie réelle : récession de 2009 en France et dans le monde.

<u>CONCLUSION:</u>

« La monnaie n'est pas ce qu'elle est, mais ce que l'on en fait »

Depuis la fin des années 80, on assiste à une financiarisation de l'économie.
En effet, le système financier s'est fortement développé et mondialisé.
Un tel essor présente certains risques qui ont provoqué des crises financières (1997/1998 en Asie du Sud-Est et 2007/2008 la crise des « subprimes » crédits hypothécaires). Lorsque la sphère financière, de plus en plus virtuelle et régulée par les marchés, s'accroît trop vite par rapport à la sphère réelle, les risques d'effondrement des cours sont grands.
Alors dans ce cas l'Etat devrait-il contrôler, réguler l'économie ? Si oui, comment ? Sinon le marché peut-il être un meilleur régulateur ? Mais qu'est-ce que la régulation de l'économie ?

Réflexion et Débat :

Interview fictive : la monnaie un sujet controversé : neutre ou active ?

Les économistes orthodoxes « libéraux »
(Ricardo, Friedman…).

- Existe –il une relation entre la monnaie et l'activité économique ?

Les libéraux : Non, car la monnaie n'est qu'un voile, un intermédiaire d'échanges.
Elle est neutre. Elle ne sert qu'à acheter des produits.
Elle n'a pas d'effet sur l'économie réelle donc sur l'activité économique.

-Et pourtant la monnaie, c'est comme « l'eau et la fleur ». Si on arrose trop la fleur, elle meurt, et si on ne l'arrose pas suffisamment, elle meurt aussi. La monnaie ne serait-elle pas finalement comme l'eau, et dans ce cas elle agirait bien sur l'économie ?

Les libéraux : Non, la quantité de monnaie n'a pas d'effet direct sur l'activité économique, sur la quantité de biens et de services. Elle n'a aucune incidence sur la production. Par contre, elle a une incidence sur le niveau des prix.
Plus la quantité de monnaie en circulation augmente, plus les prix s'élèvent.
Seul l'essor de la quantité de monnaie génère de l'inflation. L'inflation n'est qu'un phénomène monétaire. Donc la monnaie agit sur le niveau des prix et non sur celui des biens. Dans ce cas on peut dire c'est seulement par le niveau des prix que la monnaie va agir indirectement sur le niveau de la production.

J.M. Keynes :

- Existe –il une relation entre la monnaie et l'activité économique ?

J.M. Keynes : Oui, la monnaie agit sur l'activité économique. Elle est active car c'est elle qui finance les investissements et de fait la production.
De plus, elle contribue à la distribution des revenus qui sont de nature numéraire.
La monnaie stimule la croissance économique grâce au crédit accordé par les banques. Elles contrôlent l'offre de monnaie et peuvent ainsi, par leurs taux d'intérêt, réguler la quantité de monnaie mise en circulation.

-La monnaie peut-elle être demandée pour elle-même ?

J.M. Keynes : Oui, car elle n'est pas seulement un moyen d'échange comme l'affirment les économistes libéraux et les monétaristes. Elle peut être demandée à des fins spéculatives. En période d'incertitude, les agents économiques préfèrent la liquidité. Ils placent plutôt qu'investissent car c'est plus rentable à court terme. En plus, on peut transformer immédiatement un titre financier en monnaie contrairement à un investissement.
Il y a une déconnexion de la sphère réelle de la sphère financière et la création de bulles financières. La monnaie permet de s'enrichir sans créer de la richesse réelle.

Pour en savoir plus…

LIVRES	SITES INTERNET
• Les théories de la monnaie, Anne Lavigne et Jean Paul Pollin coll. Repères Ed. La découverte. • La monnaie et ses mécanismes, Monique Bézoard coll. Repères Ed. La découverte. • Macroéconomie financière, Michel Aglietta coll. Repères Ed. La découverte. • L'économie de A à Z, Denis Clerc, Alternatives économiques n°40. • Monnaie et financement de l'économie, M. Delaplace Ed. Dunod 2009	www.economie2000.com www.insee.fr www.alternatives-economiques.fr http://www.pauljorion.com/blog

THEME 3 :

La régulation de l'activité économique

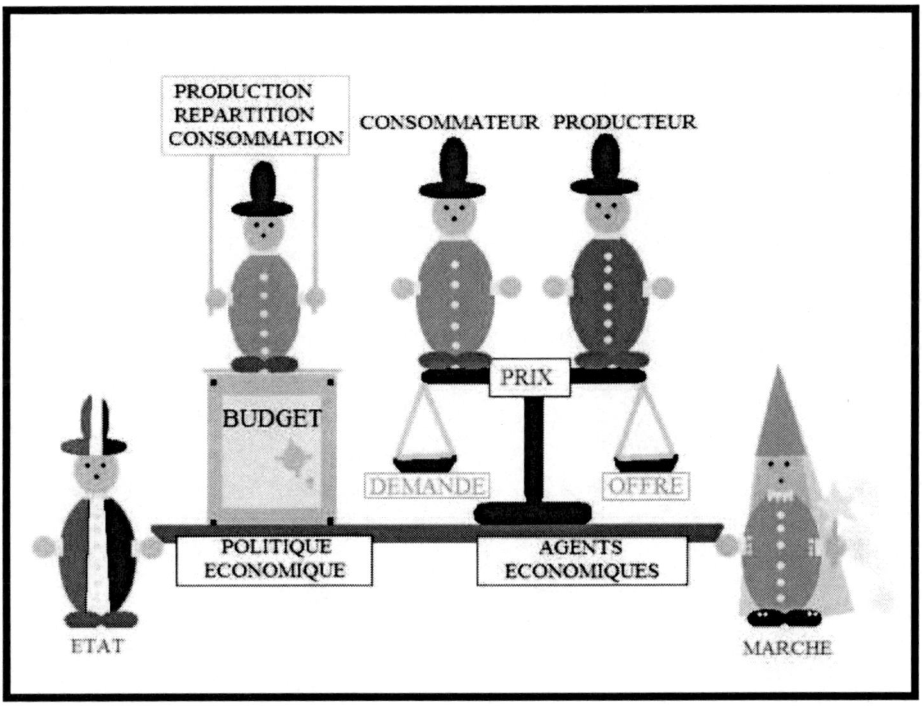

L'activité économique repose sur les trois rouages suivants : **Production – Répartition - Consommation**. Ce sont les trois moteurs de notre économie. Parfois ils se dérèglent et peuvent être en panne. Très souvent il faut effectuer leur réglage. (fig.54)

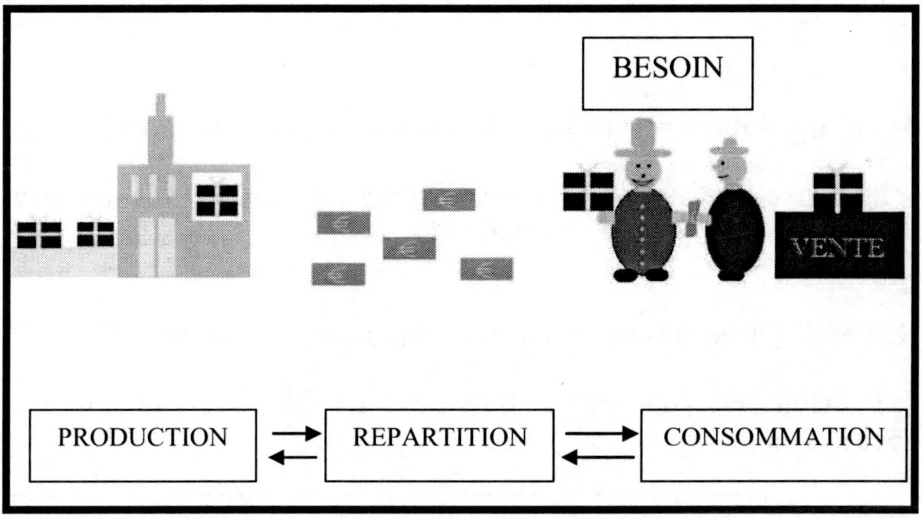

(fig. 54)

Régulation de l'économie = Le réglage de l'activité économique pour atteindre l'équilibre économique. C'est l'ensemble des mécanismes qui stabilisent les trois rouages de l'économie par rapport à quatre indicateurs : taux de croissance, commerce extérieur, taux de chômage et taux d'inflation.

Mais qui peut faire ce réglage de l'activité économique ?

- **L'Etat**
- **La main invisible : le marché**

Pour les économistes libéraux, ces trois rouages s'autorégulent par la main invisible : **le Marché**. Les déséquilibres ne sont pas durables, ils finissent finalement par se corriger eux-mêmes grâce à la concurrence et à la flexibilité des prix. Mais la réalité économique nous démontre que cette régulation par le marché n'est pas suffisante et reste purement théorique. D'où l'intervention de l'Etat pour régler les moteurs de notre économie. Pour les économistes Keynésiens, l'Etat doit intervenir dans les domaines économiques et sociaux. Cette intervention se fait par la politique économique.

I- La régulation par l'Etat à travers sa politique économique

« L'Etat est devenu trop grand pour les petits problèmes et trop petit pour les grands problèmes ». (Formule de Bell).

1) Les différentes conceptions théoriques de cette intervention

a) Selon la conception libérale : théorie «classique » et » néoclassique »

Adam SMITH (1723-1790) : explique le fonctionnement de l'économie à partir des lois naturelles (celles du marché) et de l'initiative individuelle (l'intérêt individuel prime sur l'intérêt général) et donc condamne l'intervention de l'Etat en économie.

Milton FRIEDMAN (1912-2006) : économiste américain, prix Nobel d'économie en 1976.Il a été à l'origine du courant monétariste. Il a été aussi un fervent défenseur du libéralisme. Dans capitalisme et liberté, il explique la nécessité du désengagement de l'Etat de l'économie pour laisser faire le marché. Sa doctrine libérale a été le fondement des politiques économiques libérales de M. Reagan et Mme Thatcher durant les années 80.

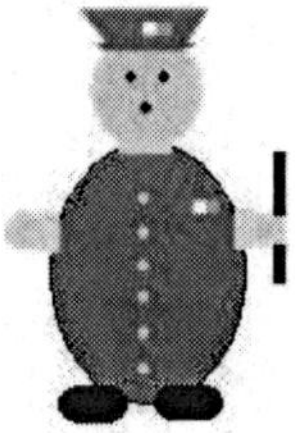

- L'état exerce un rôle de gendarme.
- Il n'intervient pas directement en économie.
- Il veille au bon fonctionnement de l'activité économique selon les lois du marché et assure les fonctions régaliennes.

b) Selon la conception Keynésienne

J.M. KEYNES (1883-1946) : économiste britannique de notoriété mondiale, reconnu comme le fondateur de la macroéconomie et du rôle majeur de la demande et de l'intervention de l'Etat.

L'Etat exerce trois fonctions principales :

- **Fonction de production** : il est producteur de services publics.
- **Fonction de redistribution** : il est « ***redistributeur*** » de richesses grâce aux prélèvements sociaux effectués sur les agents économiques (cotisations sociales, impôts) et aux dépenses sociales et publiques versées aux agents économiques (prestations sociales…). Il devient ainsi Etat Providence.
- **Fonction de régulation** : il règle l'activité économique, corrige les déséquilibres.

Son intervention se traduit par l'élaboration et la conduite d'une politique économique pour régler l'activité économique. (fig.55)

LA CONCEPTION KEYNESIENNE

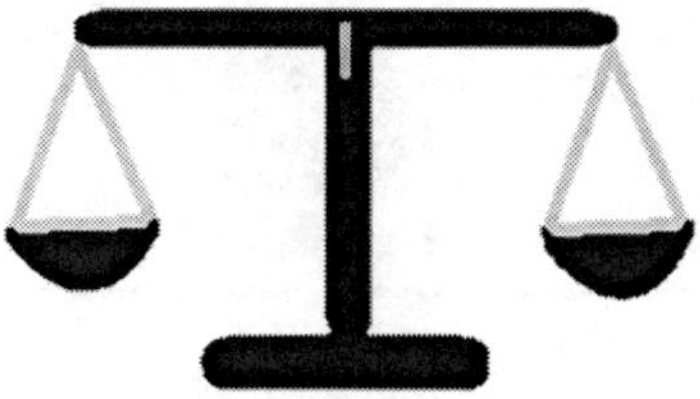

L'Etat doit intervenir en économie pour assurer le bon fonctionnement de l'activité économique et donc pallier l'insuffisance du marché et rétablir les quatre équilibres économiques :

- Chômage
- Inflation
- Croissance
- Commerce extérieur

(fig.55)

2) La politique économique de l'Etat

a) Définition et objectifs de la politique économique

La politique économique est l'ensemble des décisions ou mesures prises par les pouvoirs publics (Gouvernement) pour orienter, influencer l'activité économique en vue d'atteindre certains objectifs.
Ces objectifs peuvent être des objectifs économiques à court terme ou long terme, mais aussi des objectifs sociaux. (fig.56)

QUELS OBJECTIFS ?

- **Objectifs économiques :** affectent les grands équilibres
  - **Chômage**
  - **Inflation**
  - **PIB**
  - **Commerce extérieur**
- **Objectifs sociaux :** affectent le bien être individuel et collectif
  - **Retraites**
  - **Ecole**
  - **Santé**

  …

(fig.56)

b) Les différentes formes de la politique économique

La politique économique se compose d'une dimension conjoncturelle et d'une dimension structurelle.

1. La politique conjoncturelle

C'est une politique à court terme visant à orienter l'activité économique vers le carré magique (Nicolas KALDOR) : résumant la situation conjoncturelle d'un pays à partir de quatre indicateurs : **le taux de croissance du PIB, le taux d'inflation, le taux de chômage et le solde de la balance des transactions courantes en % du PIB (commerce extérieur)**. Ces quatre indicateurs, dont la représentation graphique constitue les quatre côtés d'un carré, correspondent aux quatre objectifs fondamentaux de la politique économique conjoncturelle.

- **<u>La traduction chiffrée des objectifs économiques : le carré magique</u>** (fig.57)

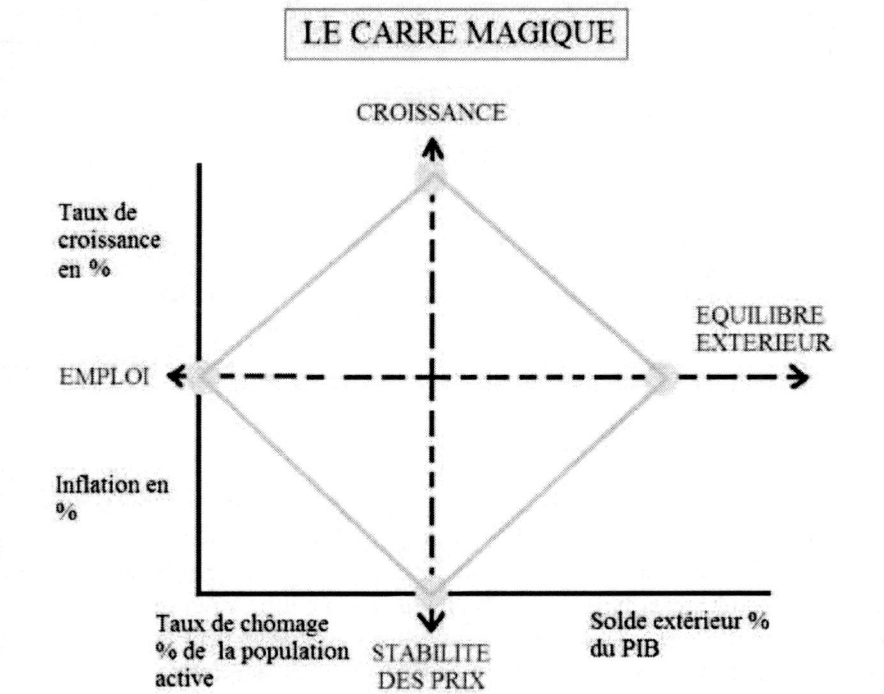

Trois indicateurs de notre économie restent dans le rouge en 2011 : la croissance qui est très faible, un taux de chômage élevé et un déficit extérieur toujours élevé.

(fig.57)

La représentation des résultats de la politique économique conjoncturelle de la France en 2008 : un carré magique déformé : (fig.58)

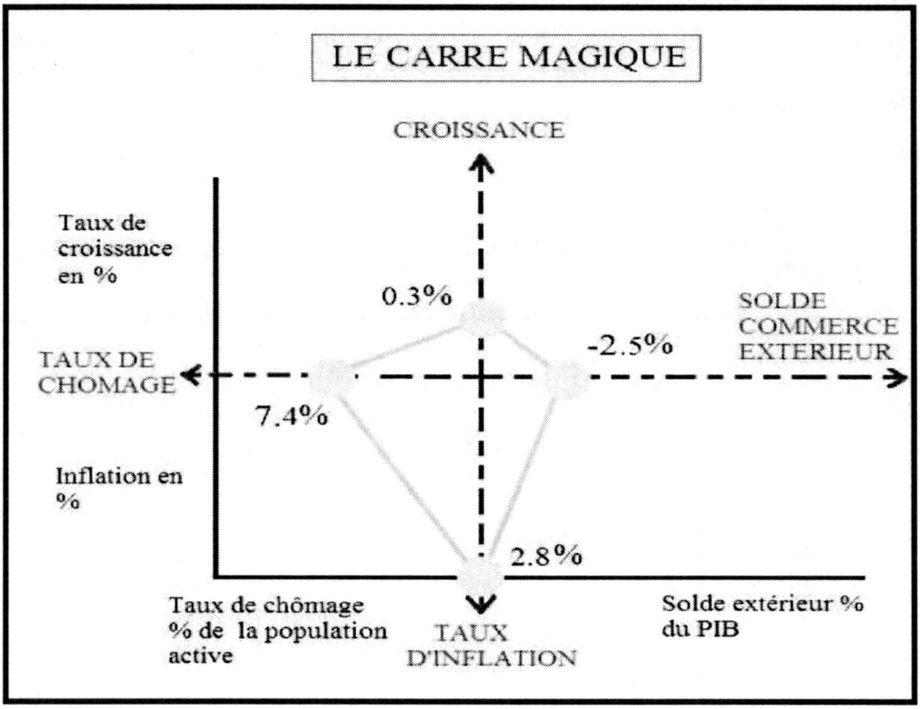

(fig.58)

Ce carré est qualifié de magique car l'expérience et les faits économiques prouvent qu'il est très difficile d'atteindre simultanément les quatre objectifs. Certains objectifs s'opposent comme l'inflation et le chômage par exemple : une baisse de l'inflation provoque une hausse du chômage et inversement. La baisse de l'inflation est liée généralement à une compression des salaires et une hausse des taux d'intérêt ce qui freine la demande et ralentit la croissance et accentue la montée du chômage.

- **<u>Définition de cette politique</u>**

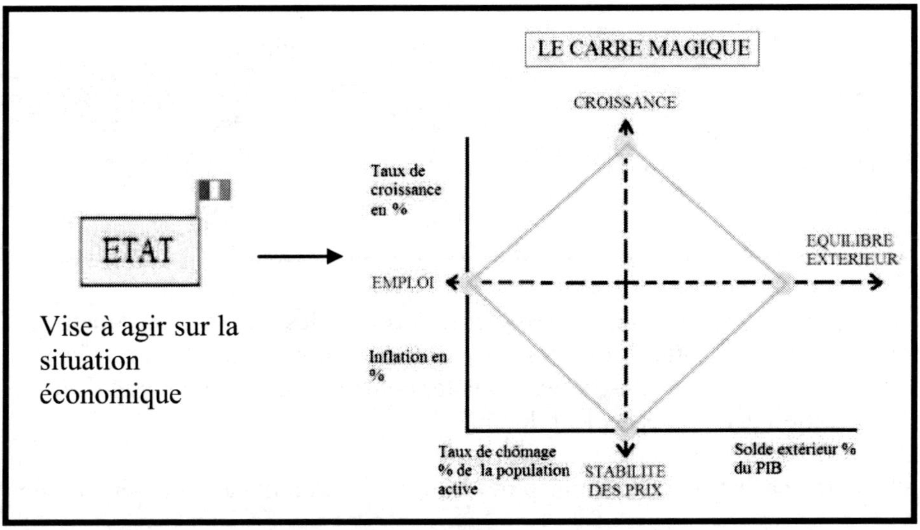

<u>Exemples</u> : baisse des impôts, aides à l'emploi, allégement des charges sociales, augmentation des prestations sociales et hausse du SMIC (salaire minimum interprofessionnel de croissance).

La conjoncture désigne l'état de santé de l'économie. Une politique conjoncturelle a pour objet de corriger les déséquilibres macroéconomiques (globaux) qui peuvent apparaître à court terme. Elle cherche à rétablir ou maintenir les quatre indicateurs dans le « vert ».

2. La politique structurelle

C'est au contraire une politique économique au long terme visant à modifier durablement la structure ou l'organisation de l'économie d'un pays (comme la politique industrielle, la recherche, politique de la concurrence, la réforme du contrat de travail, privatisations...).

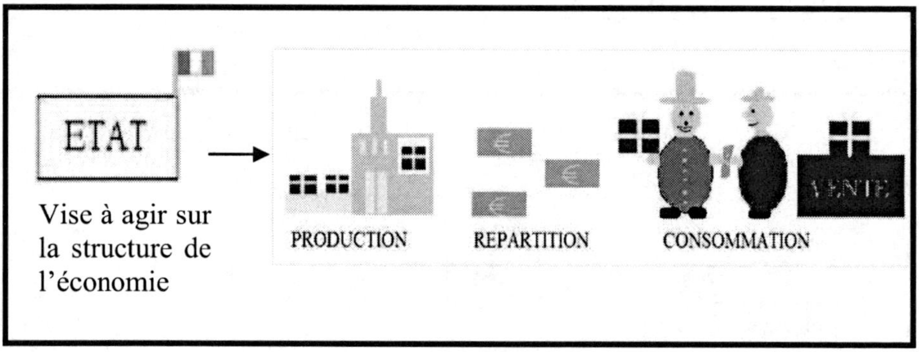

Exemples : privatisation, déréglementation des marchés financiers, déréglementation du droit du travail, politique européenne (mise en place de l'euro), politique industrielle, développement de la recherche et de l'innovation et développement durable.

C'est une politique qui cherche à modifier le fonctionnement de l'économie.

Donc, il existe deux grands types de politique économique conjoncturelle : une **politique de relance** (France en 1982 relance par la consommation et en 2009 relance par l'investissement) et une **politique de rigueur**. La politique de relance, d'inspiration Keynésienne, privilégie les objectifs de lutte contre le chômage et de stimulation de la croissance grâce à une politique budgétaire visant à soutenir la demande au prix d'un déficit budgétaire.

Cependant, en voulant atteindre ces deux objectifs, cette politique déforme le "carré" car elle favorise l'inflation et détériore le commerce extérieur. La politique de rigueur, quant à elle, privilégie la lutte contre l'inflation (politique monétaire de la Banque Centrale Européenne), l'équilibre budgétaire et la réduction du déficit de la balance commerciale. En voulant atteindre ces deux objectifs, cette politique freine la croissance ainsi que les emplois durables et donc modifie ce "carré". ***Mais dans un contexte de mondialisation de l'économie les gouvernements ont-ils encore suffisamment de marges de manœuvre pour conduire la politique économique grâce à leur politique budgétaire ?***

CONCLUSION

La frontière est floue entre politique économique conjoncturelle et structurelle. Mais la différence reste importante car elle va déterminer les moyens mis en œuvre par l'Etat pour réaliser ses objectifs. Avec quels instruments ?

c) Le budget de l'Etat : instrument de la politique économique

1. Définition

Le budget se traduit par une loi des finances, votée chaque année par le Parlement (Assemblée Nationale + Sénat) en automne, qui prévoit et autorise pour une année civile n+1 les dépenses et les recettes de l'Etat. Il représente donc la traduction chiffrée des objectifs économiques et sociaux de l'Etat.
C'est en cela qu'il constitue un instrument pour conduire sa politique économique et réguler l'activité économique. (fig.59)

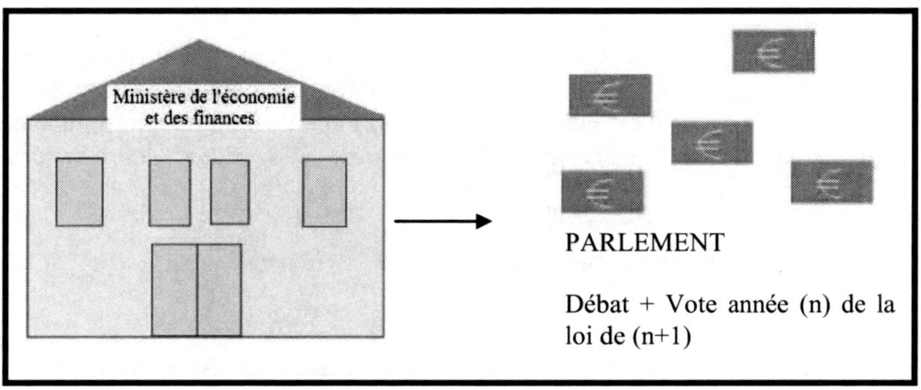

(fig.59)

2. Ses caractéristiques (fig.60)

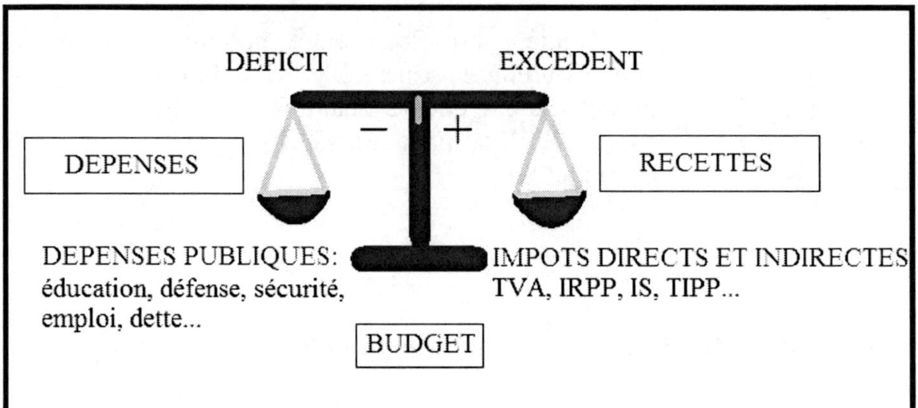

Les recettes fiscales financent les dépenses

(fig.60)

TVA : taxe sur la valeur ajoutée
IRPP : impôt sur le revenu des personnes physiques
IS : impôt sur les sociétés
TIPP : taxe intérieure sur les produits pétroliers

- Si les dépenses sont supérieures aux recettes : le budget est déficitaire. L'Etat doit financer le déficit soit en augmentant les recettes donc les impôts, soit en empruntant sur le marché financier ce qui accroît la dette publique. Il peut aussi réduire les dépenses publiques (politique de rigueur).

- Si les recettes sont supérieures aux dépenses : le budget est excédentaire.

- Si les recettes sont égales aux dépenses : le budget est en équilibre.

3. Les différentes politiques budgétaires

- **<u>La politique de relance</u>**

Pour stimuler l'activité économique l'Etat agit sur les dépenses publiques ou sur les recettes.
Comment ?

- **Action sur les dépenses**

Elle consiste à augmenter les dépenses publiques : investissement de l'Etat, aides sociales, prestations sociales dans le but d'accroître le niveau de la demande pour stimuler l'activité économique ou sortir d'une récession (France 1982 et 2009).

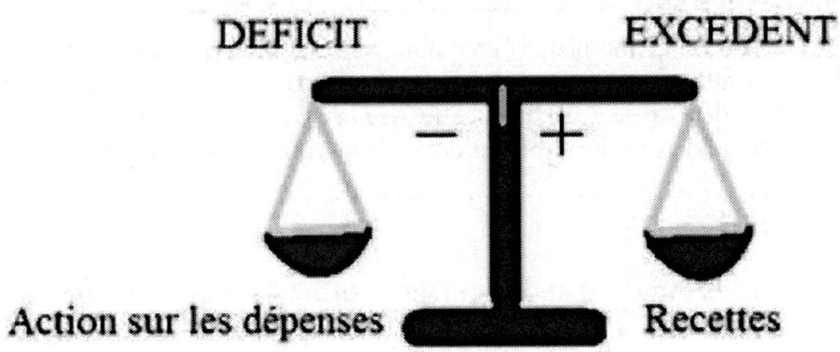

L'Etat va augmenter les dépenses publiques pour relancer l'activité économique (plan de relance en 1982 par la consommation et plan de relance en 2009 par l'investissement public).

- Les effets négatifs :
Augmentation du déficit budgétaire (8.3% en 2009, 8.2% en 2010), problème de financement du déficit, risque d'éviction sur le marché financier

car l'Etat capte une partie des capitaux pour financer son déficit, hausse des taux d'intérêt, alourdissement de la dette publique, accentue la spéculation, dépendance de l'Etat à l'égard des marchés financiers (des créanciers) et aggrave la défiance des investisseurs financiers car tout déficit implique une hausse potentielle des impôts.

- Les effets positifs :
Relance de l'activité économique par la demande et par l'effet multiplicateur de l'investissement public, facilite la reprise économique donc le retour de la croissance, augmente la création d'emplois, réduit les inégalités sociales, et améliore le pouvoir d'achat des ménages. Améliore les services publics (école, santé, sécurité…).

- **Action sur les recettes**

Elle consiste à diminuer les impôts directs (impôts sur les revenus) afin de favoriser davantage **l'offre** que la demande en s'inspirant de la courbe de Laffer.

LAFFER : économiste contemporain démontrant par une courbe que les recettes fiscales diminuent à partir d'un certain seuil d'imposition, car au-delà de ce seuil, la fiscalité décourage l'esprit d'entreprendre et la croissance car le surplus produit est confisqué par l'Impôt.

L'Etat va réduire les impôts pour encourager l'offre. On parle dans ce cas de politique de l'offre car l'Etat cherche à stimuler l'offre plutôt que la demande. Cela se traduit par un désengagement de l'Etat de la vie économique. (**Politiques dites libérales** : Politique de Reagan aux USA, de Thatcher en Grande Bretagne durant les années 80 et en France à partir de 2007). (fig.61)

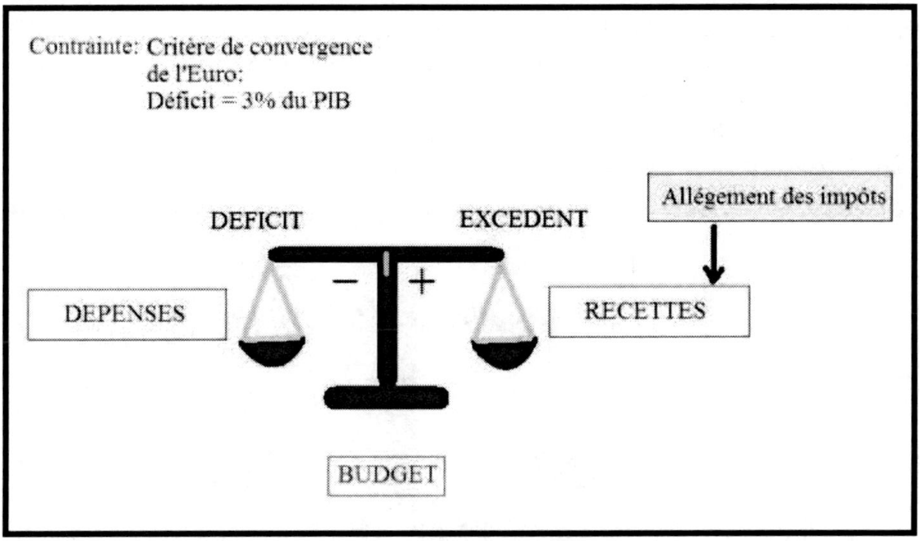

(fig.61)

- Les effets négatifs :

Diminution des dépenses afin d'éviter une aggravation du déficit, cela encourage plus l'épargne que la consommation (notamment celle des ménages les plus aisés) et freine la croissance à cause d'une demande poussive, et cela aggrave les inégalités sociales, accentue la précarité, réduit les moyens des services publics.

- Les effets positifs :

Augmentation des profits, stimule l'investissement et l'innovation des entreprises, encourage l'offre et l'esprit d'entreprendre. Améliore la compétitivité. Les profits d'aujourd'hui ainsi rétablis et gonflés devraient faire les investissements de demain et les emplois d'après demain. Renforce la confiance des investisseurs financiers et attire les capitaux.

- **<u>La politique de rigueur ou d'austérité</u>**

La politique budgétaire se donne pour objectif de réduire les dépenses publiques afin de diminuer le déficit budgétaire et la dette publique.
Les derniers plans s'affichant comme des politiques de rigueur ont été mis en œuvre au sein de l'Europe en 2010 par l'ensemble des pays de la zone

euro à la suite de l'explosion des dettes publiques liées à la crise financière de 2008 et à la spéculation sur l'euro en 2010 mettant en difficulté certains pays européens comme par exemple : la Grèce, l'Irlande.
Le plan de rigueur budgétaire pour la France en 2010 s'élevait à 45 milliards d'euros de réduction des dépenses publiques sur trois ans, celui de l'Allemagne à 80 milliards d'euros sur quatre ans.

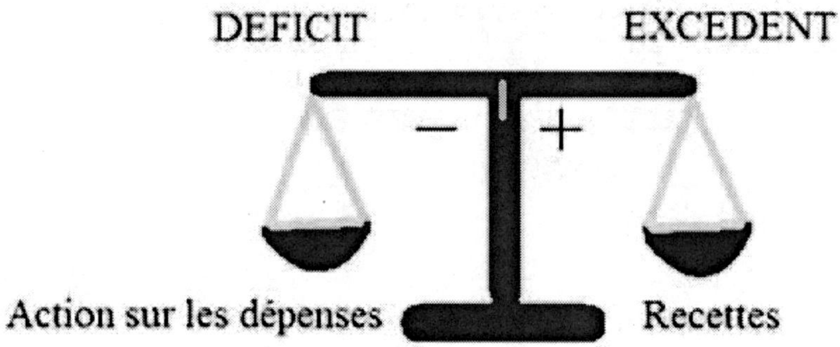

- **Les effets négatifs :**

Diminution de la demande, modération des revenus, ralentissement de la croissance économique et aggravation du chômage, moins de recettes fiscales du fait d'une croissance faible donc problème de financement de la protection sociale. Aggrave les inégalités sociales entre les ménages les plus riches et les plus modestes. Affaiblit les services publics.

- **Les effets positifs :**

Diminution de la dette publique, retour progressif à l'équilibre budgétaire, affaiblissement de l'effet d'éviction sur le marché financier donc tendance à faire baisser les taux d'intérêt, pas d'augmentation des impôts. Regain de confiance des investisseurs financiers.

On peut s'interroger sur l'efficacité de la politique budgétaire, qu'elle soit une politique de relance ou de rigueur.
La politique de relance se heurte à la contrainte européenne, qui impose aux Etats européens de la zone euro à travers le Pacte de Stabilité de Croissance :

un seuil de déficit budgétaire ne pouvant dépasser 3% du PIB et une dette publique limitée à 60% du PIB.
De plus, les critères de convergence de l'euro, en imposant une harmonisation des politiques économiques des Etats européens de l'union monétaire, réduisent les marges de manœuvre de chaque Etat membre. L'efficacité d'une politique de relance dépend d'une coordination collective de tous les pays européens. Ce qui malheureusement n'est pas le cas.
Or, cette absence de politique unique de relance, afin de faire face à l'insoutenabilité de la dette publique, a conduit à la mise en place d'une politique de rigueur unique qui pourrait accroître la défiance des ménages et donc ralentir le rouage de la consommation.
Tant que la politique budgétaire, relevant des Etats membres, cohabitera avec une politique monétaire unique menée par une autorité monétaire indépendante, l'instrument budgétaire restera toujours limité. C'est pourquoi la question d'une gouvernance économique européenne reste toujours posée.

CONCLUSION

Le débat autour de la régulation de l'économie par l'Etat s'avère toujours passionné.
Faut-il plus ou moins d'Etat ? Les doctrines s'affrontent.
La période allant de 1945 à la fin des années 70, a été marquée par un interventionnisme de l'Etat en économie, aussi bien dans les domaines économiques que sociaux (période de reconstruction d'après-guerre et période des trente glorieuses).
Au cours des années 80, l'intervention de l'Etat a été jugée néfaste provoquant de nombreux déficits sociaux (déficit budgétaire, déficit de la sécurité sociale…) et des rigidités sociales.
Le discours libéral porte sur le désengagement de l'Etat et de la réduction de la pression fiscale (politique de Mme Thatcher, politique de Ronald Reagan).
Depuis 20 ans, les gouvernements ont donc réduit les recettes publiques tout en maintenant des dépenses publiques soutenues, ce qui a entraîné d'importants déficits budgétaires. Cette accumulation régulière des déficits publics atteint depuis 2008 (période de crise financière et de récession) des niveaux très élevés, et alourdit la dette publique.
Faut-il pour autant pour réduire la dette publique, diminuer sévèrement les dépenses publiques sans augmenter les recettes fiscales ?
Ne serait-ce pas là, un moyen détourné de diminuer l'intervention de l'Etat au profit du Marché ? La régulation de l'économie par le Marché serait-elle plus efficace ?

II- La régulation par le Marché

« *Le marché est une réalité que personne ne voit mais que tout le monde vit* » Denis Clerc.

1) Le fonctionnement du marché

Nous nous intéresserons principalement au marché des biens et services. Notons tout de même que les autres marchés fonctionnent selon les mêmes mécanismes que celui des biens et services.

Le marché va concilier les intérêts contradictoires entre les agents économiques, ici entre les consommateurs et producteurs, grâce à la concurrence et aux prix. (fig.62). Ils permettent d'ajuster librement l'offre et la demande à condition que la concurrence soit pure et parfaite et que les prix soient flexibles.
La régulation ne peut se faire que si la concurrence remplie certaines conditions. Lesquelles ?

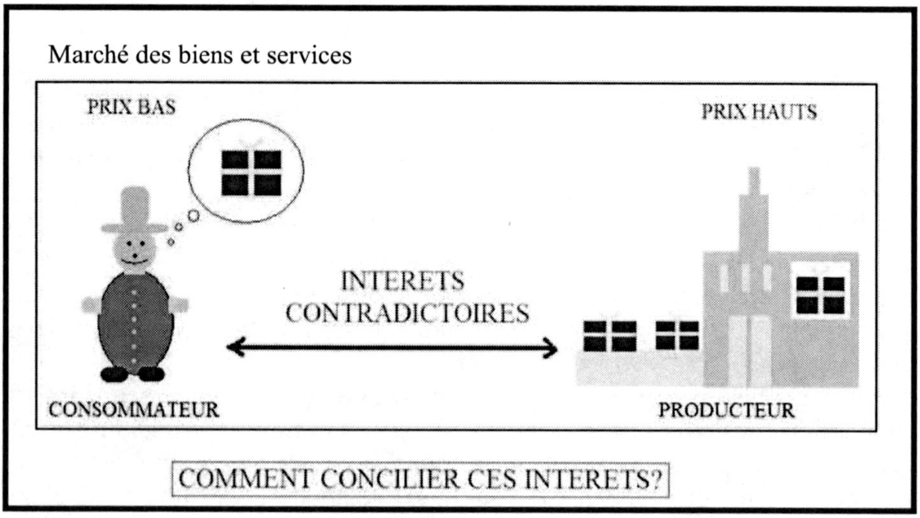

(fig.62)

a) Les conditions de la concurrence : mythe ou réalité ?

Cinq conditions caractérisent la concurrence pure et parfaite. Il suffit que l'une d'entre elle ne soit pas remplie pour que la concurrence devienne imparfaite. Dans ce cas le marché est dans l'impossibilité d'exercer pleinement son rôle de régulateur de l'économie.

Voici les 5 conditions :

- **H..............Homogénéité** des produits (produits similaires)
- **A..............Atomicité** du marché (multitude de producteurs)
- **M..............Mobilité** des facteurs de production (travail…)
- **L** ┐
- **E..}..... ....Libre Entrée** (des marchandises donc libre échange)
- **T...............Transparence** du marché (informations des agents économiques)

Ces conditions ne correspondent pas à la réalité et ne sont jamais remplies dans la vie économique. Le marché est purement théorique et reste une idéologie sur laquelle s'appuie le libéralisme économique pour justifier la non intervention de l'Etat en économie et la recherche de l'intérêt individuel rationnel comme seul moteur de l'économie.

La concurrence, qui est un des fondements de notre système économique capitaliste, reste le rouage substantiel de la régulation par le marché. C'est grâce à la compétition que nos entreprises innovent, améliorent la qualité de leurs produits et baissent leurs prix. Pour les partisans de cette doctrine, la concurrence, en éliminant les entreprises les plus vulnérables, oblige les firmes à développer leur avantage concurrentiel pour mieux satisfaire les consommateurs et s'enrichir. Elle profite ainsi au client qui peut faire ses choix librement. C'est la loi du marché. Mais nous verrons par la suite que cette loi n'est pas vérifiée et parfois très dangereuse. « Trop de concurrence tue la concurrence ». La loi du plus fort n'est pas toujours la meilleure en économie.

b) Le rôle des prix

« Tout ce qui a un prix n'a pas de valeur » KANT

Le prix est une variable essentielle du marché concurrentiel. Il joue son rôle de régulateur lorsque le marché est en situation de concurrence pure et parfaite. Il accorde consommateur et producteur en ajustant l'offre et la demande.

1. Le rôle du prix sur le marché des biens et services

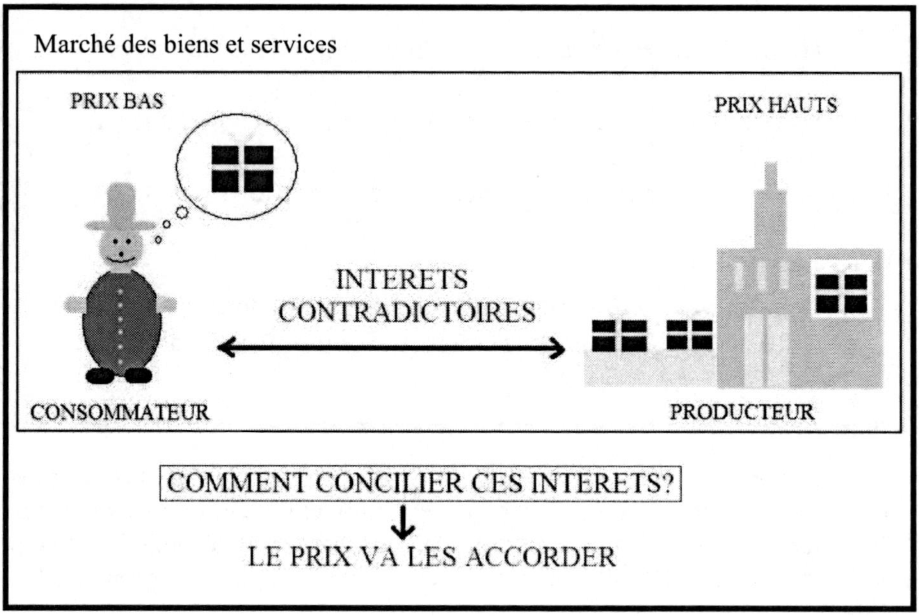

- **<u>C'est un indicateur sur</u>** :

- La rareté ou l'abondance des biens

- La valeur des biens

- La qualité et sur l'image du bien.

Il transmet des signes, des informations qui influencent les comportements, les décisions des producteurs et des consommateurs mais aussi de tous les agents économiques.

- **Il agit sur le niveau de la demande et de l'offre**

- Sur la demande : (fig.63)

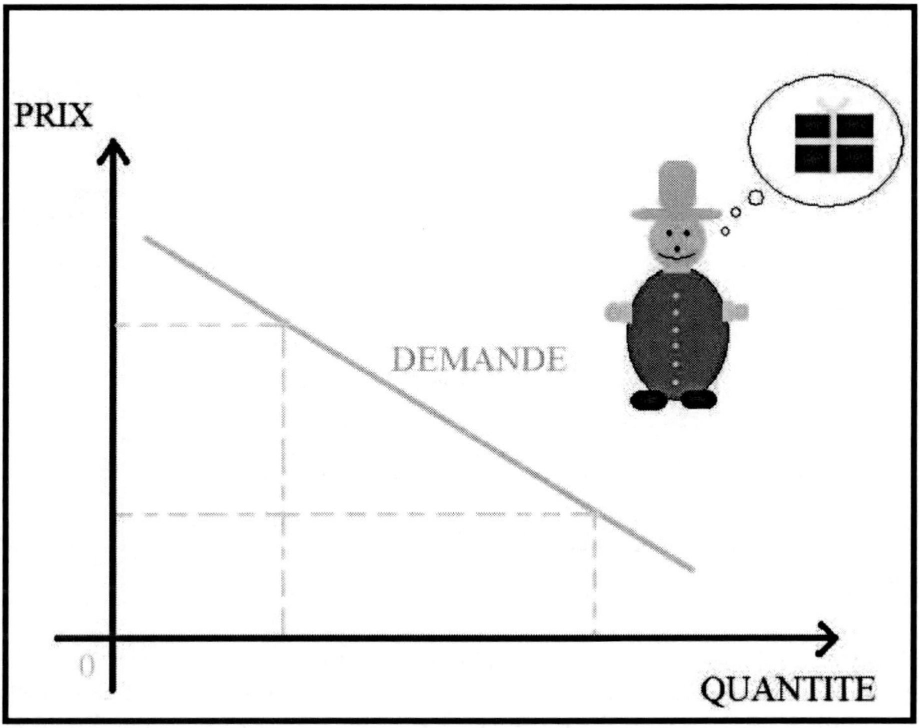

(fig.63)

La demande sur le marché indique la quantité de biens ou services que le consommateur désire se procurer en fonction du niveau des prix et de son revenu. Elle est représentée ici par une droite. Elle est une fonction décroissante par rapport aux prix. Si les prix montent, la quantité demandée (achetée) diminue et inversement car le consommateur est un être rationnel qui fait un calcul économique, c'est-à-dire coûts/avantages en recherchant à maximiser son intérêt.

- Sur l'offre : (fig.64)

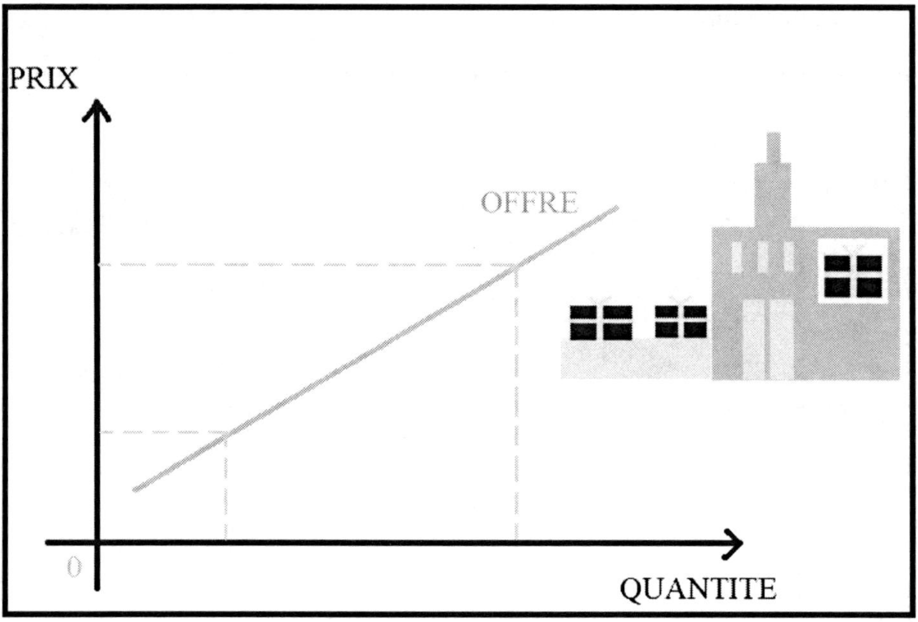

(fig.64)

L'offre sur le marché indique la quantité de biens ou de services que le producteur (offreur) ou vendeur désire fabriquer et vendre en fonction du niveau des prix. Elle est représentée ici par une droite. Elle est une fonction croissante par rapport au niveau des prix. Plus les prix montent plus les entreprises seront incitées à augmenter leur production (offre) car leurs profits seront plus élevés. Le producteur est lui aussi un être rationnel qui fait son calcul économique coûts/avantages en recherchant son meilleur intérêt.

Face à une perturbation, le marché retrouve automatiquement son équilibre grâce aux prix agissant sur le comportement des demandeurs et des offreurs considérés comme des êtres rationnels. La régulation s'effectuera toute seule, il suffit d'attendre.

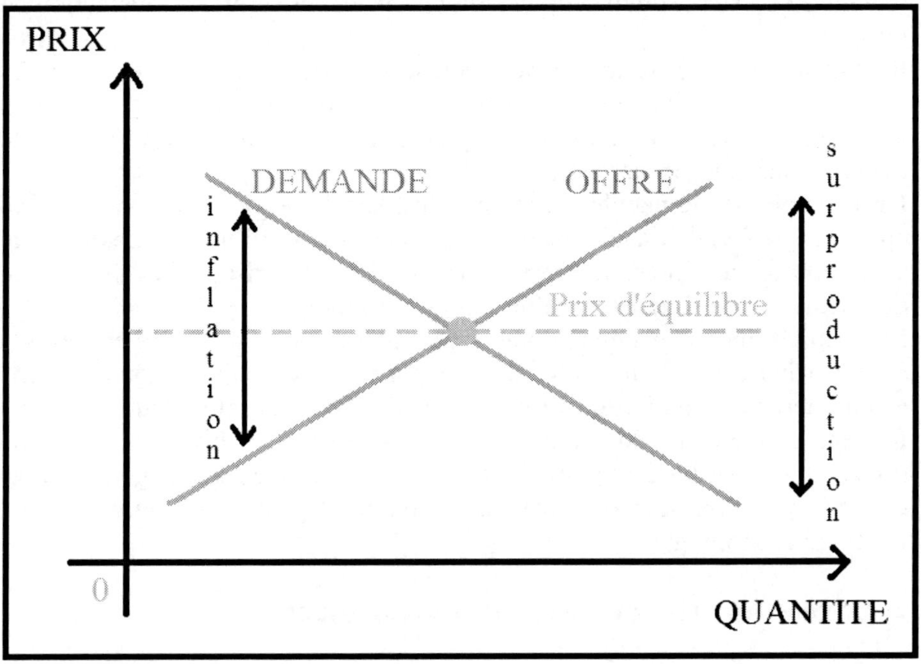

(fig.65)

- Si Demande > Offre : les prix montent, il y a un déséquilibre sur le marché (inflation), les producteurs vont rechercher à produire plus car ils y ont intérêt, ainsi l'offre va monter jusqu'à ce qu'elle soit égale à la demande qui elle va diminuer car les consommateurs perdent du pouvoir d'achat. L'équilibre économique se rétablit.
- Si Offre > Demande : il y a un déséquilibre qui se traduit par une surproduction, les prix baissent ce qui va attirer plus de demande car les consommateurs ont intérêt à consommer, la demande va monter jusqu'à ce qu'elle soit égale à l'offre. Retour à l'équilibre.
- Donc les prix ajustent l'offre et la demande, ils régulent les échanges selon la « ***loi de l'offre et de la demande*** ». (fig.65)

Le point de rencontre en l'offre et la demande représente l'optimum c'est à dire qu'à ce prix d'équilibre il n'est plus possible d'augmenter la satisfaction d'un individu sans détériorer celle des autres. C'est donc la *main invisible qui opère par strangulation (loi offre et demande)* et ajuste les offres et les demandes (en les étranglant fait disparaître les producteurs les moins

rentables et les consommateurs les moins riches) et assure la satisfaction de tous.
Il en est de même pour le fonctionnement du marché du travail et les autres marchés qui coordonnent les rouages de l'économie. En effet, selon la logique du marché, la flexibilité des prix assure l'équilibre entre l'offre et la demande sur tous les marchés.
Par exemple, sur le marché du travail c'est le salaire (prix du travail) qui va ajuster les offres de travail émanant des salariés (ils offrent leur travail ou le vendent) aux demandes de travail émanant des entreprises (elles demandent du travail ou elles l'achètent selon son prix (salaire).
La doctrine libérale évoque la baisse des salaires pour inciter les entreprises à embaucher car c'est rentable, ce qui signifie qu'une suppression du SMIC et une déréglementation du droit du travail favorisant ainsi leur flexibilité feraient diminuer le chômage. Le chômage résulte du niveau du coût du travail. Laissons faire le marché et il n'y aura plus de chômage. Ce n'est qu'une hypothèse, car le niveau de l'emploi dépend aussi du niveau de l'activité économique.

2. Le rôle des prix sur les agents économiques

Le prix joue son rôle de régulateur car il influence le choix ou les décisions des producteurs et des consommateurs.

- **<u>Le prix et les décisions des producteurs</u>** (fig.66)

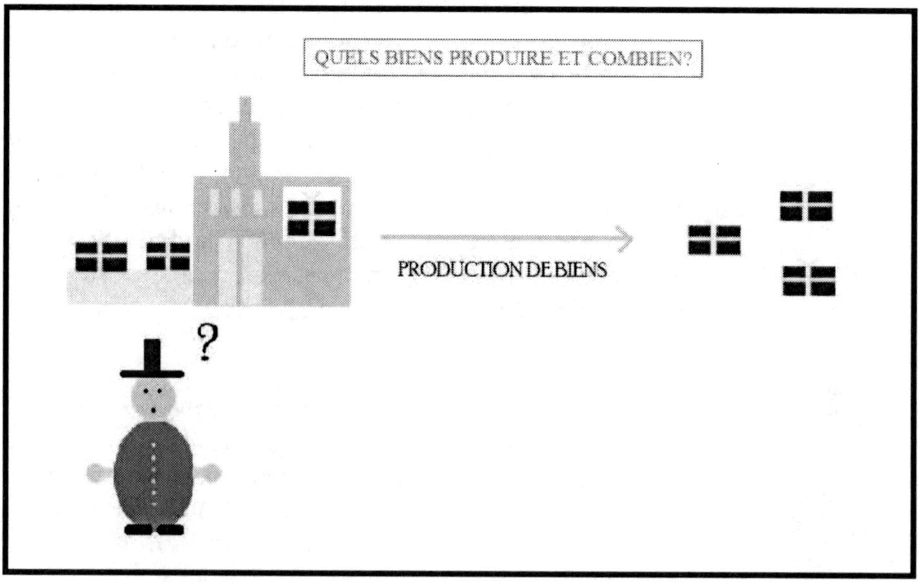

(fig.66)

- **Dans le cas d'une hausse des prix**

Cela signifie que la demande est supérieure à l'offre à un moment donné. Les entreprises vont donc orienter leur production vers ce bien car c'est rentable et rare. Le prix détermine les choix stratégiques des producteurs, les choix d'investissement et commerciaux (positionnement, qualité, image...).

- **Dans le cas d'une baisse des prix**

Cela signifie qu'il existe une surproduction du bien sur le marché. Certaines entreprises risquent de ne plus être rentables et donc peuvent disparaître. Les producteurs vont abandonner cette production ou la délocaliser. (fig.67)

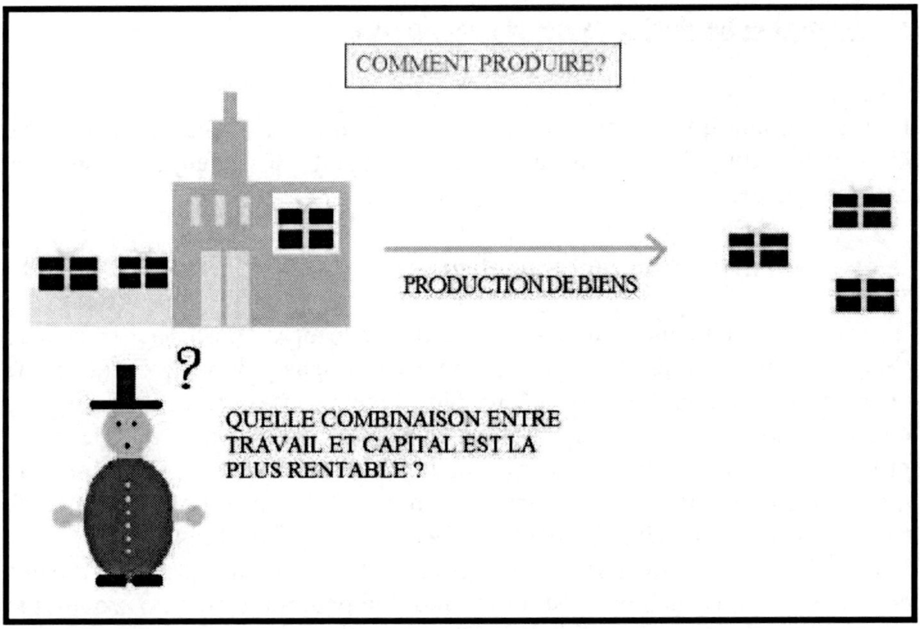

(fig.67)

Il va choisir, en fonction du prix du travail (salaire+cotisations sociales) et du capital, la combinaison la plus avantageuse, c'est-à-dire la moins coûteuse et la plus rentable pour produire. Son choix va se faire sur celle qui lui permet de dégager le maximum de profit.

- **Dans le cas d'une hausse de salaire**

L'entrepreneur va choisir d'utiliser moins de travail et davantage de capital si le coût du travail est supérieur au coût du capital. Il substitue du travail au capital ce qui provoque une suppression d'emploi.

- **Dans le cas d'une baisse de salaire**

C'est l'inverse qui se produira. Exemple de la Chine qui utilise beaucoup de main d'œuvre dans sa production car elle est abondante et peu coûteuse.

- **<u>Le prix et les décisions des consommateurs</u>**

Le prix, en tant que variable du pouvoir d'achat et expression monétaire de la valeur des biens, influencent fortement le comportement du consommateur.

- **Les effets sur le consommateur**

Il fait varier la demande du consommateur. En effet, si le prix baisse cela va l'inciter à acheter car il gagne en pouvoir d'achat, donc avec la même quantité de monnaie il pourra acheter plus de biens. Mais cela suppose que la demande soit élastique par rapport aux prix, c'est-à-dire qu'elle varie proportionnellement à la hausse lorsqu'il y a une baisse du prix et inversement. Toutefois, l'impact des marques à forte notoriété atténue fortement cette élasticité (*la rareté fait le prix, n'oublions pas*).
Il modifie le choix de consommation entre les différents produits lorsque ceux-ci sont substituables, c'est-à-dire que l'on peut remplacer un produit par un autre pour satisfaire un même besoin. Il peut être aussi un moyen d'affirmer sa distinction sociale (produits de luxe ou de marque à forte notoriété).
Il influence aussi le choix entre l'épargne et la consommation (prix élevé diffère l'achat à plus tard et incite à épargner pour se le procurer par la suite).

CONCLUSION

Le prix véhicule une information qui permet à chaque agent économique d'opérer des choix car il mesure monétairement la valeur des biens ou services. Ainsi les entreprises déterminent la quantité de biens et de services à produire en fonction du prix de vente, du coût du facteur de production (travail et capital) qu'elle utilise.
Les consommateurs fixent leur niveau de consommation et donc d'épargne en fonction du prix des biens, du prix de leur travail (revenu) et du prix du crédit (taux d'intérêt). Il détermine ainsi la loi de l'offre et de la demande, qui assure la régulation de l'ensemble des marchés à condition que la concurrence soit non faussée.

Mais une telle régulation comporte des limites. Lesquelles ?

2) Les limites de la régulation par le marché

a) Une concurrence imparfaite et souvent faussée

Le marché de concurrence pure et parfaite reste l'idéal de la pensée économique libérale qui condamne l'intervention de l'Etat en économie au profit de la règle du chacun pour soi.

1. Les limites liées au marché

Le marché de concurrence pure et parfaite est un marché théorique, donc ne correspond pas à la réalité. L'hypothèse d'atomicité n'est pas respectée car les entreprises s'efforcent d'acquérir sur le marché des positions leur permettant d'imposer leurs prix ou de retarder l'arrivée de nouveaux concurrents (fusions, alliances dans le secteur bancaire, automobile, informatique, le cinéma...).
L'homogénéité est de moins en moins vérifiée car les entreprises sont incitées à contourner la concurrence par des stratégies de différenciation.

Le non-respect des hypothèses de transparence et de mobilité des facteurs : le marché est difficilement transparent car obtenir l'information sur les produits et leurs prix à un coût, donc l'information est imparfaite.

2. Les limites liées aux salariés et aux entreprises

La mobilité du travail reste peu importante : les salariés sont peu mobiles sur le plan professionnel et sur le plan géographique.
Les entreprises présentes sur un marché cherchent à empêcher l'arrivée de concurrents supplémentaires : par des prix faibles ce qui décourage les concurrents ne pouvant pas s'aligner, par des normes, des brevets…

Dans la réalité la concurrence est plus souvent imparfaite.
Comme nous venons de le voir, les hypothèses de concurrence pure et parfaite ne sont jamais respectées. Les entreprises s'efforcent d'acquérir sur le marché des positions leur permettant d'imposer leurs prix ou de retarder l'arrivée de nouveaux concurrents (*exemple : le marché de la téléphonie mobile dominé essentiellement par trois opérateurs, le quatrième a du mal à pénétrer ce marché, et la situation de Microsoft*). Elles se regroupent ou fusionnent (c'est le cas des banques en France) pour maintenir leur avantage concurrentiel ou encore élargissent leur réseau avec des formats de magasins différents (les grandes enseignes de la grande distribution comme Carrefour, Intermarché, Leclerc verrouillent le marché avec leur gamme de points de vente).
Finalement le marché est le plus souvent de type oligopole que de concurrence. De plus, il est rarement transparent car les entreprises brouillent très souvent l'information du consommateur. La multiplication des références des produits, le mélange des marques (marques du producteur et marques du distributeur), rend les comparaisons impossibles et donc fausse le choix rationnel du consommateur qui en plus manque de temps pour élaborer le meilleur choix en faisant jouer la concurrence.

b) la concurrence n'est pas l'intérêt de tous

La théorie libérale affirme que c'est par notre comportement égoïste que nous arrivons à une harmonie sociale représentée par l'équilibre (l'intérêt de tous), or le marché qui s'autorégule est inefficace lorsque chacun poursuit son propre intérêt. En effet, la somme des intérêts individuels ne tend pas vers l'intérêt général (*exemple : dérèglement de la planète, la disparition de certaines espèces animales et végétales pour satisfaire notre propre intérêt menace l'intérêt de tous*). La concurrence ne conduit pas toujours à l'harmonie optimale, c'est ce qu'a démontré NASH.

John NASH : mathématicien devenu fou, prix Nobel d'économie en 1994 avec d'autres économistes pour ses travaux sur la théorie des jeux qui remet en cause l'efficacité du marché et sa concurrence.

Voici un extrait et une illustration de cette théorie d'après l'ouvrage de Bernard MARIS (antimanuel d'économie tome 1 Ed. Bréal) : le dilemme du prisonnier.

Deux prisonniers sont enfermés séparément. L'un d'eux a commis un crime mais on ne sait pas lequel. Ils sont totalement coupés l'un de l'autre, aucune communication n'est possible entre eux. Le juge va les voir l'un après l'autre et leur fait la proposition suivante :
« Tu avoues le crime, et l'autre que je vais aller voir après, n'avoue pas. Dans ce cas, tu prendras la perpétuité, l'autre sera libre. Ou bien tu n'avoues pas, tu jures être innocent, et l'autre que je vais aller voir après toi, n'avoue pas non plus. Dans ce cas, vous prenez tous les deux 20 ans. Ou tu avoues et l'autre aussi avoue. Dans ce cas bien que je ne sache toujours pas qui est le coupable, vous prenez 10 ans tous les deux. »

A	B	PEINES
AVOUE	AVOUE	10 ANS CHACUN
N'AVOUE PAS	AVOUE	B=PERPETUITE, A=LIBRE
AVOUE	N'AVOUE PAS	A=PERPETUITE, B=LIBRE
N'AVOUE PAS	N'AVOUE PAS	A ET B=20ANS CHACUN

Si chacun joue pour soi selon la loi de la concurrence la peine sera de 20 ans, si au lieu de jouer seul, les deux jouent collectif ou coopèrent sachant que A est sûr que B jouera aussi collectif, la peine sera de 10 ans. ***L'harmonie ne vient pas de l'égoïsme mais au contraire de la bienveillance de chacun !***

Le marché, grâce à la concurrence libre, pure et parfaite, conduit à l'harmonie, c'est-à-dire à l'équilibre (optimum, intérêt général). Mais ce dilemme du prisonnier démontre l'inefficacité du marché.
La concurrence qui pousse chacun à rechercher sa propre utilité, son intérêt personnel, est ici remise en cause. Cette recherche de son propre intérêt ne permet pas de satisfaire l'intérêt de tous. En effet, si chacun joue personnel comme le veut la concurrence, tout le monde y perd. **Alors la coopération est plus profitable que la concurrence.**

« Mieux vaut une réussite solidaire qu'un exploit solitaire » ! (Albert Jacquard)

CONCLUSION

La concurrence est la loi de la jungle dans laquelle règne la loi du plus fort. Elle instaure la compétition entre les agents économiques et conduit finalement à une sélection naturelle en éliminant les entreprises les plus vulnérables et réduit ainsi la concurrence.

De plus, elle tire le plus souvent vers le bas : baisse des prix, baisse des salaires, baisse des coûts, baisse de la qualité des produits et baisse de la sécurité des consommateurs (*exemple de certaines compagnies aériennes, chemins de fer privés...).* Un libéralisme économique prônant « le tout marché » laisse face à face, au nom de l'efficacité économique, les forts et les faibles (*cf. fable de J. de La Fontaine : le pot de terre contre le pot de fer*).
L'histoire économique nous a démontré que le marché livré à lui-même et guidé par la loi naturelle de l'offre et de la demande ne peut fonctionner que si l'Etat lui fixe un cadre institutionnel afin de le rendre plus transparent et plus concurrentiel.
Voilà le paradoxe du libéralisme économique : le marché a besoin d'être réglementé pour être efficace car sans règle il s'autodétruit. La crise financière de 2008 nous en a fourni la preuve.
L'intervention de l'Etat a permis de sauver tout notre système bancaire acculé aux dures lois du marché financier.

« *Entre le fort et le faible, c'est la liberté qui opprime et la loi qui libère* » !

Réflexion et Débat :

La dette publique explose et la rigueur s'impose !

Les dépenses publiques ne sont pas ce qu'elles sont, mais ce que l'Etat en fait. Les réduire, qui s'en plaindrait ? Mais est-ce là la garantie d'un Etat plus efficient et moins endetté ?
Sous la pression du marché financier obligataire qui sème la panique dans l'Union Economique Monétaire, les Etats européens pourraient se lancer dans une surenchère des plans de rigueur budgétaire afin d'obtenir la meilleure note des agences de notation et de pouvoir bénéficier des taux d'intérêt les plus avantageux possibles pour financer ainsi leur déficit public.
Les détenteurs de capitaux poussent alors les Etats à imposer l'austérité ou à augmenter leurs taux d'intérêt, moyen le plus adéquat pour eux, de maximiser la rentabilité de leurs investissements.
Mais comment se peut-il, qu'à la veille de la reprise économique, ces investisseurs financiers jadis sauvés de la panique de 2008 par des gouvernements obligés pour cela d'alourdir leur dette publique, se permettent aujourd'hui de les défier de la sorte, en leur imposant autant de sacrifices en si peu de temps ?

Devant un tel chantage économique, les Etats n'ont pas d'autre choix que de se résigner à la rigueur s'ils veulent éviter une hausse des taux d'intérêt à long terme. Car si elle survenait, une telle hausse alourdirait non seulement le coût de leur dette, mais surtout renchérirait le coût du crédit pour les agents économiques, ce qui déprimerait l'investissement, ralentirait la reprise économique et aggraverait le chômage. C'est bien la crainte de cette spirale économique liée à la hausse accélérée de la dette publique (77.7% du PIB en moyenne dans la zone euro) qui justifie la réduction des dépenses publiques ; et notre économie n'y échappe pas.

En période de crise on assiste à une dégradation des comptes publics liée à la fois à des dépenses publiques en augmentation et à des recettes fiscales en diminution. Le déficit public en France est passé de 3.4% du PIB en 2008 à 8% du PIB en 2009, année où la dette publique a atteint un record de 78% du PIB.
Dans ce contexte, l'assainissement des finances publiques s'impose inévitablement à moyen terme, mais n'est pas sans risque pour notre économie et, par extension, celle de l'Europe. Car la réduction des dépenses publiques risque de freiner la reprise, à défaut d'un soutien durable de l'investissement et de la consommation encore trop fragiles. La rigueur, parce qu'elle limite la portée de l'effet multiplicateur des dépenses publiques, pourrait casser l'élan de la croissance et provoquer une crise

sociale. Est-ce alors si urgent de ramener le déficit budgétaire à 3% du PIB d'ici 2012/2013 ?

Mais ces dépenses qui représentent plus de la moitié des richesses créées en France et qui ont pourtant permis d'éviter le pire, sont aujourd'hui jugées trop coûteuses en impôts et en déficits sociaux ; les diminuer relève avant tout du choix politique.

Le décideur public peut alors être tenté de prendre le prétexte de l'assainissement des finances publiques pour justifier la réforme de la protection sociale et la suppression de postes de fonctionnaires. Le coût de l'emploi public et de la protection sociale se fait plus pesant en période de faible croissance économique, les revenus fiscaux étant amoindris. Réduire les dépenses sans modifier le niveau de l'impôt permet alors de réduire la dette et de rassurer les investisseurs.

Or, moins de dépenses publiques c'est aussi moins d'Etat et par conséquent moins de professeurs, d'infirmières, de magistrats, de policiers et gendarmes, etc...

Sommes-nous prêts à supporter la charge individuelle de ces missions ?

La rigueur renforce l'idée que l'intérêt individuel prime sur l'intérêt général, et que seules les dépenses du secteur privé sont considérées comme des investissements créant des richesses.

Ainsi, prisonnier de ce mode de pensée, l'agent économique est tenté de considérer les dépenses sociales publiques (éducation, santé, sécurité) comme une charge improductive qu'il faut réduire.

Cette vision biaisée forge progressivement ce sentiment dans le comportement des acteurs économiques européens, renforce leur individualisme et fragilise l'Union européenne.

Les difficultés financières de la Grèce et d'autres pays européens fortement endettés sont la preuve de l'impossible coordination face à des spéculations excessives.

Une politique de rigueur budgétaire commune comme seule réponse aux tensions du marché financier pourrait être fatale à la croissance malgré les garanties financières de l'Union Européenne.

Cette austérité imposée aux membres de la zone euro pourrait faire retomber l'Europe dans la récession obligeant ainsi les investisseurs financiers à exiger de nouvelles garanties financières. Alors dans un tel contexte économique, les autorités européennes ne devraient-elles pas taxer la spéculation plutôt que de parier sur la confiance financière ?

Réhabiliter l'impôt progressif

L'impôt n'est pas ce qu'il est, mais ce que l'Etat en fait. Mais le réduire, qui s'en plaindrait ? La fiscalité est toujours jugée excessive et injuste par les individus. Justifiée en théorie par des raisons économiques, car le poids des prélèvements fiscaux freine le dynamisme du marché, la baisse de l'impôt de 2010 répond davantage à des motifs politiques dans la pratique.

La poursuite de cette diminution est révélatrice d'un choix de société. Elle cimente ainsi petit à petit l'idée que l'impôt est une nuisance qui décourage l'esprit d'entreprendre, freine la création de richesses et pénalise l'emploi.

Et pourtant, un tel désengagement fiscal fait plus de mal que de bien.

Il aggrave le déficit budgétaire et alourdit considérablement la dette publique. Son financement par l'emprunt public accroît l'injustice sociale. Car l'Etat emprunte des capitaux aux ménages les plus aisés à des taux supérieurs à ceux du marché financier, au lieu de percevoir les impôts sur leurs revenus. Les classes moyennes, contribuent alors par l'impôt sur le revenu, au remboursement du capital emprunté aux plus riches. Et faute d'imposition suffisante pour les revenus financiers colossaux, il encourage la cupidité responsable de la crise actuelle.

De plus, une telle diminution suppose la réduction des missions d'intérêt public de l'Etat car nos impôts financent le fonctionnement des services publics indispensables à la vie économique et sociale : santé, éducation, culture, justice, sécurité, transports, routes…

L'impôt est le prix à payer pour utiliser ces services collectifs et réduire les inégalités sociales.

Alors comment, en payant moins d'impôt, peut-on avoir plus de sécurité, plus de santé, plus d'égalité et plus d'éducation ?

Cette course à la baisse des impôts fragilise la place et le rôle des services publics dans notre société et progressivement, elle pourrait les faire disparaître faute de ressources suffisantes pour gérer au mieux l'intérêt public. Mais moins d'impôt c'est moins d'Etat. Les citoyens sont-ils prêts en accepter la charge individuelle?

Le « moins d'impôts » reste une illusion. Et pourtant, malgré ses risques, l'idée de payer moins d'impôt nous réconforte toujours.

La dimension citoyenne de l'impôt sur le revenu se perd car les ménages ordinaires ont le sentiment d'en payer toujours trop pour un retour en contrepartie insuffisant ou peu significatif, voire même invisible.

Aujourd'hui, la charge fiscale est devenue trop lourde car elle est inégalement répartie entre les contribuables et trop souvent détournée par les niches fiscales ou paradis fiscaux.

Or, si l'on veut corriger cette perception qu'ont aujourd'hui les contribuables, et si l'on souhaite maintenir notre modèle social, redonner du

sens à l'intérêt général et réduire les inégalités, il faut réformer notre système fiscal, plutôt que de baisser les impôts, afin de le rendre plus efficace, plus juste et plus transparent. Autrement dit, passer d'une politique budgétaire fondée sur le « moins d'impôts » à une politique budgétaire fondée sur le « mieux d'impôts ».
Ce passage nécessite un élargissement de l'assiette fiscale aux bonus et aux capitaux financiers ne produisant aucune richesse réelle. Cela implique de donner un poids substantiel à l'impôt progressif en réduisant les autres impôts, et de lui attribuer un rôle majeur de gestion et de redistribution afin de valoriser davantage la richesse produite par le travail que celle par le capital. Ce n'est qu'à cette condition qu'il pourra orienter la finance vers l'économie réelle et rétablir un meilleur partage de la valeur ajoutée.
Le rendement d'échelle ainsi réalisé devrait garantir la pérennité de notre modèle social à travers les services publics et modifier nos comportements à l'égard de l'impôt devenu plus juste et plus efficace.
Alors pourquoi ne pas explorer cette voie et s'y engager ?
Il faudra donc beaucoup de courage politique et de solidarité pour supprimer les niches fiscales et les paradis fiscaux, et encore davantage pour réhabiliter cette idée simple que l'impôt progressif n'est pas seulement un coût, mais le prix équitable à payer pour bénéficier des services publics et préserver notre modèle social dans l'intérêt de tous les citoyens. Or un tel courage permettrait que la richesse de chacun fasse aussi la richesse de tous !

Rigueur ou ardeur : le pari de la confiance !

Les déficits ne sont pas ce qu'ils sont, mais ce que l'Etat en fait. Les réduire, qui s'en plaindrait ? Mais est-ce là la garantie d'une croissance riche en emplois ?

Sous la pression des investisseurs financiers, les pays européens se sont lancés dans une surenchère des plans de rigueur afin d'obtenir une notation favorable des Agences spécialisées.
Les détenteurs de capitaux poussent alors les Etats à imposer l'austérité comme préalable à l'octroi de financements utiles à la relance de l'économie.
Mais comment se peut-il, qu'à la veille de la reprise économique, ces investisseurs financiers jadis sauvés de la panique de 2008 par des gouvernements obligés pour cela d'alourdir leur dette publique, se permettent aujourd'hui de les défier de la sorte, en leur imposant autant de sacrifices en si peu de temps ?
Les déficits contrarient la croissance en la privant des financements avantageux. Ils absorbent une partie de l'épargne des agents, qui fait défaut à l'activité économique.
Aujourd'hui, la baisse des déficits semblerait désormais devenue la condition préalable à la croissance. Elle produirait davantage de croissance grâce à la confiance qu'elle procurerait aux investisseurs dans la mesure où trop de déficits impliquent, nécessairement une hausse potentielle des impôts, qui restreint la rentabilité et décourage l'investissement, moteur de la croissance.
Car la confiance d'aujourd'hui détermine l'investissement de demain, et garantit les emplois d'après demain.
Dans ce contexte, la rigueur s'impose inévitablement à court terme, pour renforcer la confiance des financiers et préparer la croissance de demain.
Elle est désormais la seule issue possible, mais n'est pas sans risque pour notre économie, et pour celle de l'Europe.
Parce qu'elle affaiblit la consommation et limite la portée de l'effet multiplicateur des dépenses publiques, elle pourrait casser à court terme l'élan de la croissance, à défaut de débouchés suffisants au sein de l'Europe.
De plus, une telle surenchère de l'austérité impose des sacrifices très souvent inégalitaires entre les agents économiques au risque de mettre en péril leur protection sociale.
Elle profite davantage à l'économie financière qu'à l'économie réelle, et pénalise ainsi l'emploi sur une courte période.
Alors est-ce si urgent de ramener les déficits à 3% du P.I.B d'ici 2013, alors que l'économie sort à peine de la récession ?

Ne serait-il pas plus efficace d'assainir les finances publiques, une fois l'ardeur économique retrouvée ?
Car, en période de croissance, le retour à l'équilibre budgétaire est moins douloureux pour l'ensemble des acteurs économiques et mieux réparti entre eux.
L'Europe s'est engagée très tôt dans une spirale de l'austérité qui pourrait lui être fatale.
L'austérité entraîne une croissance anémique qui contribue à alourdir la dette et oblige à encore plus de rigueur.
En période de faible croissance l'Europe risque d'entrer dans ce cercle vicieux où la rigueur appelle la rigueur.
En réalité, comme l'avait bien compris Keynes, le préalable à une reprise de la croissance est un soutien concerté et collectif à la demande, et une lutte massive contre le chômage par tous les moyens. L'emploi crée de l'activité économique et cimente la confiance. Pourtant l'Europe n'a pas choisi cette voie.
Or, c'est seulement en s'engageant sur une politique commune de croissance de l'emploi que les pays européens remettront les finances publiques en ordre et consolideront la confiance financière, et certainement pas en prenant le risque d'une austérité qui pourrait brider la croissance. La rigueur pourrait ainsi faire plus de mal que de bien.
Alors faut-il vraiment prendre le risque de la rigueur plutôt que celui de l'ardeur pour renouer la confiance entre les différents acteurs de la vie économique ?

Concurrence : vice ou vertu ?

La flambée du prix du pétrole et des produits céréaliers en 2008 fait valser les étiquettes des produits de consommation courante. L'inflation serait-elle de retour ? Cette poussée de fièvre inflationniste se situe autour de 3% en France, niveau jamais atteint depuis 1992, même si l'on est bien loin des taux dépassant les 10% dans les années 80. Cette fièvre pourrait bien vite s'étendre à l'ensemble des produits et aggraver la dégradation du pouvoir d'achat.

Alors faut-il renforcer la concurrence pour la faire baisser ? Est-ce vraiment un bon moyen de faire gagner du pouvoir d'achat aux ménages ?

Doit-on lui attribuer plus de qualité qu'elle n'en mérite ?

La demande des produits céréaliers, qui est bien supérieure à l'offre, n'est cependant pas la seule responsable de la hausse des produits alimentaires. La concurrence entre les grandes enseignes commerciales semblerait insuffisante pour atténuer cette fièvre inflationniste. Dans ce contexte de crise des crédits hypothécaires et d'une croissance en berne, cette hausse des prix exogène sera difficile à enrayer. C'est pourquoi on peut douter des vertus d'une concurrence plus libre et plus intense.

Lorsqu'il y a peu d'offreurs sur un espace commercial, la concurrence est moins vive et les unités commerciales ne sont pas incitées à baisser leur prix. Au contraire, lorsqu'ils sont nombreux, leur compétition s'intensifie et les amène à réduire leur prix pour gagner ou conserver leurs parts de marché. Il en va de leur intérêt. C'est la loi du plus fort qui régit la libre concurrence. Celui qui pourra baisser ses prix par rapport à ses concurrents sera ainsi récompensé par le marché, et l'autre qui ne le pourra pas sera sanctionné. La concurrence profite ainsi aux entreprises les plus fortes qui font gagner du pouvoir d'achat aux consommateurs avec des prix faibles.

Or la loi Raffarin en réglementant l'urbanisme commercial afin de protéger les petits commerces de moins de 300m², a freiné l'essor du nombre de maxi discounts.

Elle a amoindri la compétition entre les vendeurs devenus moins nombreux pour écouler leurs produits que se disputent les acheteurs. Cette réglementation a conduit à moins de concurrence entre les distributeurs et, aujourd'hui, empêche les baisses de prix tant espérées. D'où la nécessité de la supprimer pour restaurer une concurrence plus libre et plus vive capable d'endiguer cette inflation. Mais comment peut-on faire autant d'éloge à une concurrence excessive ? La libre concurrence est gage d'efficacité économique en théorie, mais elle fait plus de mal que de bien en pratique. Une multitude d'unités commerciales et de Hard discounts n'est pas synonyme de concurrence réelle, bien au contraire !

La plupart des enseignes commerciales sont intégrées dans un réseau commercial composé de plusieurs formats : *des hypermarchés, des supermarchés, des supérettes et des hard discounts,* et par ce maillage, occupent des zones entières du territoire commercial local. *(C'est le cas par exemple du réseau Carrefour qui comprenait : les hypers Carrefour, les supermarchés Champion, les supérettes Shopi, les points de vente Huit à Huit et les hard discounts E.D*). Cette atomicité, déguisée de l'offre commerciale, maquille en réalité la baisse des prix entre ces mêmes enseignes à travers leurs assortiments différents, leurs promotions respectives plus fréquentes, et fausse donc les règles de la concurrence car étant de la même maison, elles ne peuvent pas vraiment s'affronter. Ce développement des réseaux des unités commerciales, qui a été le moyen de préserver leur avantage concurrentiel face à une concurrence exacerbée, constitue aujourd'hui des quasi-monopoles.

Apparaît ainsi le « paradoxe de la concurrence » : *la concurrence engendre son contraire.*

Elle conduit finalement à moins de concurrence en éliminant de la compétition les entreprises les plus vulnérables et aggrave ainsi le chômage. Or moins d'emploi, c'est aussi moins de pouvoir d'achat. Elle favorise aussi les mouvements de concentration grâce au développement des réseaux et des fusions entre entreprises et réduit ainsi la concurrence à quelques offreurs qui imposent leurs conditions de prix aux petits producteurs.

Dans cette logique de marché concurrentiel déréglementé, où chacun poursuit son propre intérêt, les distributeurs pourraient être amenés à développer davantage les produits d'importation plutôt que les produits français pour conserver leurs marges en vendant moins cher, ce qui n'est pas sans risque pour l'emploi et la qualité des produits.

De plus, une concurrence accrue incite les entreprises à réduire leurs coûts salariaux, donc à précariser davantage le travail et à modérer encore plus la progression des salaires. Ainsi, le gain marginal obtenu par la baisse des prix est atténué par l'effet négatif sur le niveau de salaire qu'elle induit. Le gain de pouvoir d'achat n'est dans ce cas qu'une illusion. Face à une poussée inflationniste exogène, le renforcement de la concurrence reste un remède impuissant et inapproprié dont les effets secondaires peuvent être dangereux. Car son intensité pourrait désactiver le moteur de la consommation en affaiblissant davantage les salaires, ce qui mettrait en péril la croissance déjà fragilisée et l'emploi encore bien timide. Le retour d'une concurrence plus forte dans une conjoncture économique instable ne ferait-il pas craindre le risque d'une stagflation ?

Pour en savoir plus...

LIVRES	SITES INTERNET
• Bernard MARIS : Antimanuel d'économie tome 1 et tome 2 Ed. Bréal • Jean Pierre DELAS Chap XI et chap XIII Economie contemporaine Ed. Ellipses 2008 • Rémi PERES thèmes d'actualité économiques, politiques et sociaux Ed. Vuibert 2009/2010 • Maurice BASLE Le budget de l'Etat Ed. La découverte • Claude MOUCHOT pour que l'économie retrouve la raison Ed. Economica 2010	www.lemonde.fr www.alternatives-economiques.fr http://www.budget.gouv.fr/ http://lewebpedagogique.com/ http://www.laviedesidees.fr/ http://economiegenerale.blogspot.com/ http://www.economie2000.com/ http://www.telos-eu.com/ http://sites.radiofrance.fr/franceinter/chro/journaldeleconomie/

THEME 4 :

Les principaux déséquilibres économiques : crise - chômage - inflation

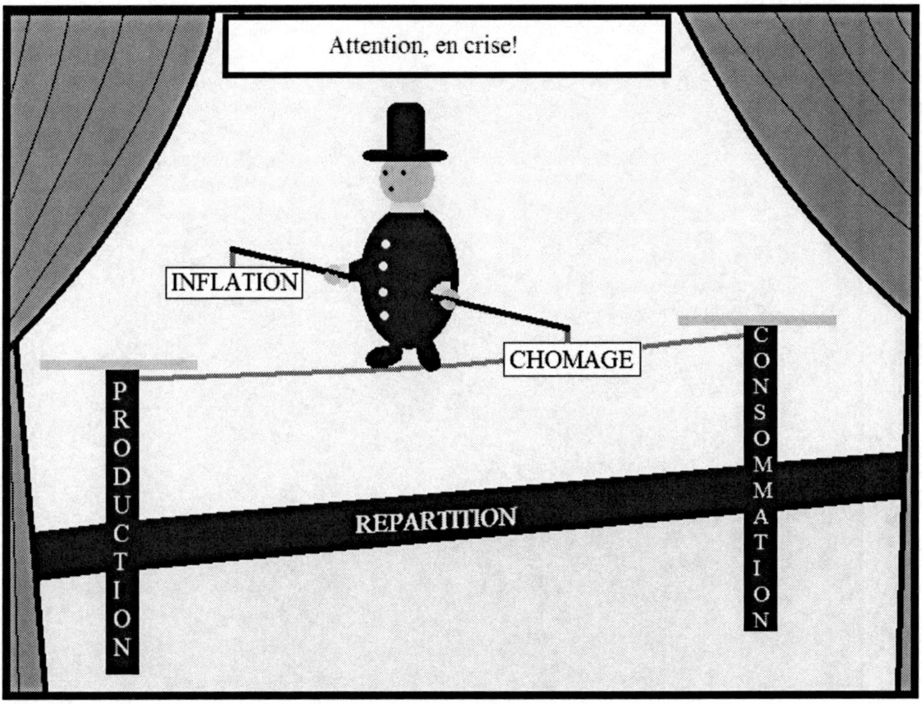

I- La crise de 2008 en trois actes

La crise financière de 2008 que nous avons connue, a été la crise la plus grave d'après-guerre. Les gouvernements étaient inquiets et nous parlaient de « crise des liquidités » et de récession, voire même de risques de déflation.
Des milliards ont été débloqués et injectés dans l'économie pour sauver les banques de la faillite (360Mds d'€ pour l'Europe, et 800Mds de $ pour les USA). L'Etat a pris en charge les dettes du privé.
Mais à partir de 2009, c'est l'économie réelle qui à son tour a été secouée par le séisme financier : crise dans les secteurs automobiles, BTP/Immobilier, chômage en forte hausse, crédit rare et hausse vertigineuse de la dette publique.
Les Etats ont réagi, ils sont tous redevenus interventionnistes à travers les différents plans de relance qu'ils ont mis en œuvre en 2008/2009. Mais sous la pression des investisseurs financiers sont aussi tous redevenus plus « libéraux » avec les plans de rigueur qu'ils ont imposés à partir de fin 2010.

Combien de temps faudra-t-il pour sortir définitivement notre économie de ce cycle dépressif qui est parti de la finance des USA ?

Mais quelles ont été les causes de cette crise ?
Quels en ont été les effets sur notre économie et comment s'en sortir ?

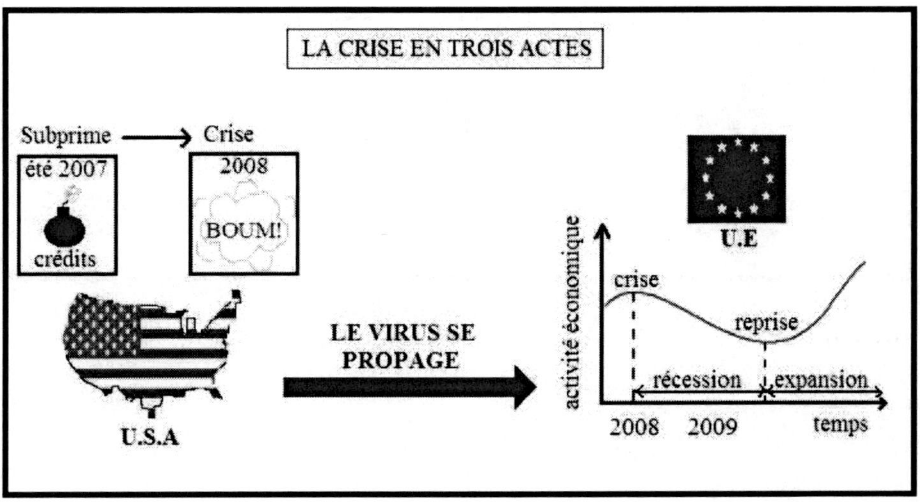

1) Les causes de cette crise

Dans notre imaginaire collectif, le concept de « crise financière » est souvent flou. Si le citoyen pense intuitivement pouvoir en saisir les principaux traits, l'expérience montre que son approche des crises économiques reste souvent scolaire (crise de 1929) ou expérimentale (chocs pétroliers). De fait, parler de crise de liquidités, d'agences de notations ou encore de titrisation, sont autant de termes abscons qui désorientent le citoyen pour qui une crise incomprise n'en devient que plus terrible.

Les causes de la crise financière peuvent pourtant s'appréhender de façon simple. La recherche des causes structurelles de la crise mène à cette idée selon laquelle le système financier international portait en lui les germes de son propre effondrement. La gestion du niveau du crédit par la banque centrale américaine permet de comprendre le basculement conjoncturel d'un état de dynamisme économique à une situation de faillite des marchés financiers (fig.68).

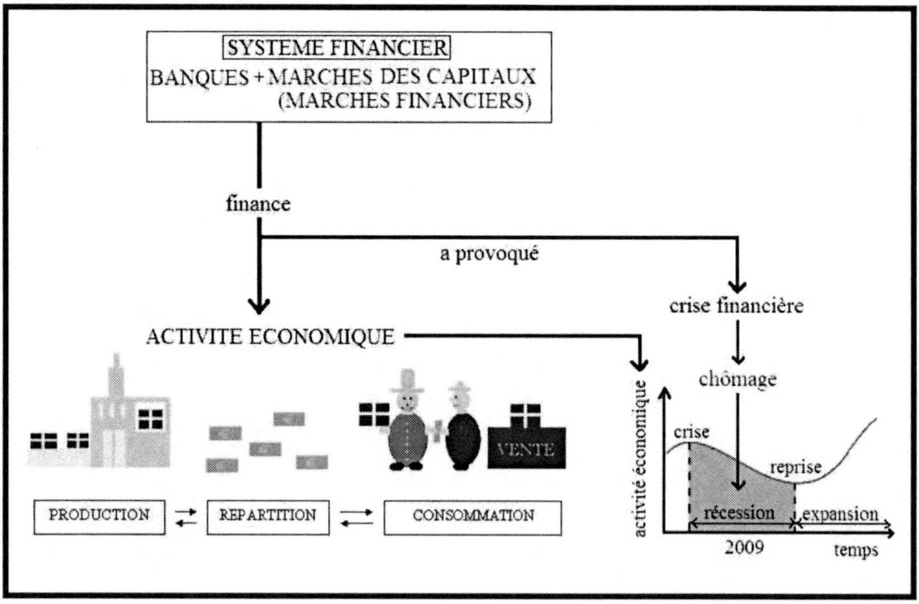

(fig.68)

a) Un marché financier porteur des germes de sa propre crise :

1. Sous-évaluation et transferts des risques ou comment ouvrir les vannes du crédit

Les marchés financiers ne fonctionnent pas selon les règles des marchés classiques.

Sur un marché classique, la régulation se fait par les prix selon la loi de l'offre et de la demande. Si les prix montent, les acheteurs se font plus rares et cette raréfaction incite les offreurs à baisser leurs prix afin de reconquérir leurs clients initiaux. L'ajustement du marché classique des biens et des services se fait donc par le prix, qui y joue le rôle de régulateur. (fig.69)

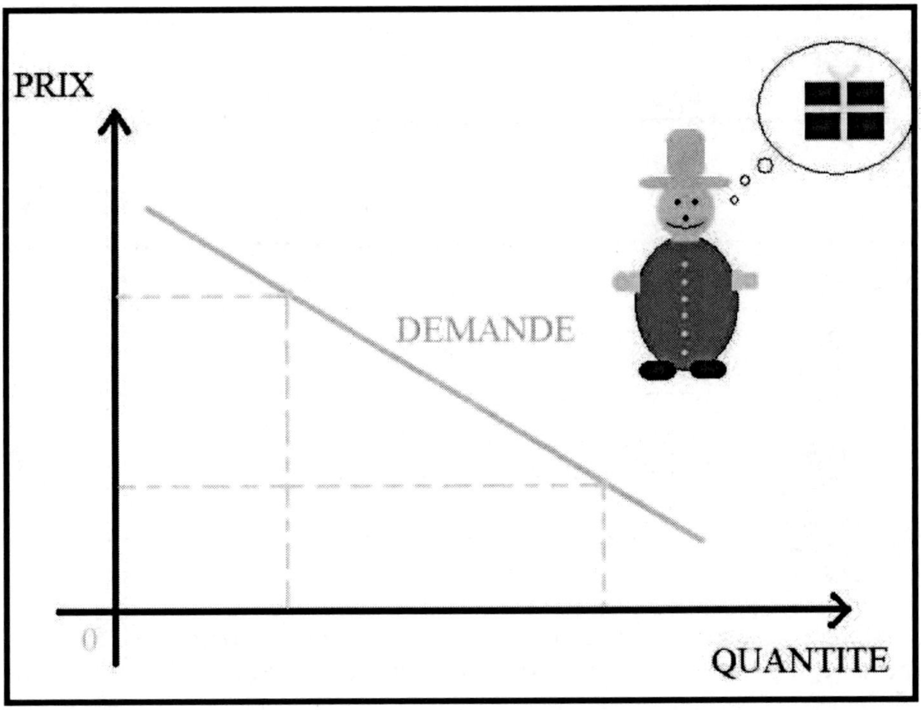

(fig.69)

Sur les marchés financiers, l'agent économique n'achète pas, il place ; ainsi, lorsque le prix d'un titre boursier augmente, sa demande augmente. Plus le prix d'un actif financier augmente, plus il attire d'acquéreurs ; et plus il attire d’acquéreurs, plus sa valeur sera tirée à la hausse. Le marché financier ne s’autorégule pas, sa croissance est théoriquement infinie, toutes choses égales par ailleurs, et si aucune crise ne survient. (fig.70)

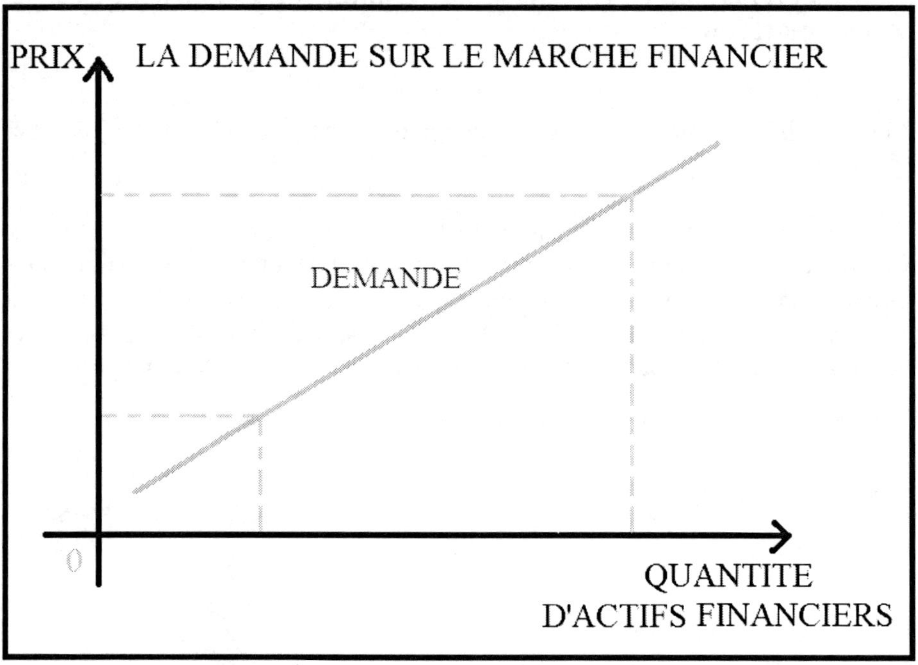

(fig.70)

Plus les prix montent, plus les investisseurs seront incités à acheter (à placer) : ils anticipent la hausse.

En outre, contrairement à un marché classique, un prix trop élevé ne décourage pas le recours au crédit mais l’encourage. Plus les prix d’un actif financier augmentent, plus l’investisseur a intérêt à recourir à l’emprunt pour se le procurer, et plus il emprunte, plus le prix des actifs financiers augmente.
Dans cette logique, les prix ne peuvent pas réguler le marché. Pire, ils sont partie prenante à ce cercle vicieux où la hausse des prix appelle l’augmentation des crédits, et où l’augmentation des crédits appelle la hausse des prix.

C'est donc le crédit qui a été à l'origine de la crise financière de 2008, dans la mesure où l'octroi de crédit a permis l'emballement du système financier.

Dans une phase de croissance économique, les banques ont tout intérêt à prêter massivement. Plus une banque prête, plus elle fait travailler son capital, et plus elle accroît sa rentabilité sur fonds propres. Dans un système où les actionnaires des banques cherchent à maximiser leurs dividendes, les banques sont donc tenues de prêter autant que possible, même si cela implique qu'elles s'endettent elles-mêmes. Prêter massivement implique alors de réduire d'autant le capital en réserve pour garantir les crédits accordés. Aussi existe-t-il une ligne rouge, à savoir un stock de capital minimal immobilisé et en dessous duquel la banque ne peut accorder davantage de prêts.

Or, la gravité de la crise de 2008 tient à ce que cette ligne rouge a été très largement franchie. Les banques ont prêté bien au-delà de ce qu'elles pouvaient garantir afin de rentabiliser au maximum leur capital. En réalité, si le niveau de crédit a pu atteindre de tels sommets, au point de provoquer par la suite une terrible crise de liquidités, c'est grâce au développement de l'ingénierie financière qui a mis en place un système permettant à la fois de diluer et de transférer les risques liés au crédit. Ce système repose sur trois piliers :

Le premier pilier consiste à garantir la dette des acquéreurs d'actifs sur la valeur de marché des actifs en question. En d'autres termes, la valeur du titre financier fait office d'assurance pour le banquier. Si le titre est stable et si sa valeur augmente de façon régulière, le banquier considère alors que c'est là une garantie solide. Dans cette logique, la dette et le risque de celui qui souscrit au crédit paraissent très faibles, puisque la valeur de ses actifs croît bien plus rapidement que le taux d'intérêt de son crédit. Attendu que le banquier prend pour indicateur les valeurs du marché, il est conduit à minimiser un risque pourtant bien réel !

Le second pilier de ce système, plus complexe, fait appel au mécanisme de l'assurance (le marché des produits dérivés). Les banques s'achètent et se vendent entre elles les risques liés aux crédits qu'elles détiennent à l'actif. Une banque A achète ainsi à une banque B une protection contre le risque d'un ou de plusieurs crédits inscrits à son bilan, moyennant des primes de montant variable, versées périodiquement. Le vendeur de protection augmente ses avoirs, et par là même sa capacité à prêter, sans que cela ne lui coûte rien, si, bien entendu, aucun accident de crédit n'a lieu. C'est donc là un mécanisme assurantiel dans sa forme la plus classique ; pour l'assureur, les primes reçues sont purs bénéfices, si aucun accident ne survient.

Le problème d'un tel système tient cependant à ce que l'acheteur de risque n'est pas tenu de mettre en réserve un stock de capital destiné à garantir le prêt qu'il est supposé couvrir. Or, si un des emprunteurs de notre banque A venait à faire défaut, ce serait pourtant la banque B qui devrait acquitter en capital la valeur de son prêt... S'il s'agit d'un ou deux mauvais payeurs ça n'est pas très grave, la banque B trouve des liquidités ; s'il s'agit en revanche de milliers de mauvais payeurs, la banque B est ruinée, et elle entraîne dans sa ruine, la banque A.

Pour la banque A, acheter une protection lui permet de se débarrasser du risque inhérent à son crédit, donc de réduire ses immobilisations de capital, et elle peut ainsi débloquer de nouveaux fonds pour accorder de nouveaux crédits, crédits pour lesquels elle souscrira à une nouvelle protection et ainsi de suite. Pour la banque B, assurer un crédit d'une autre banque s'avère très risqué ; mais si elle parie à court terme sur une forte croissance, des crédits et des prix des actifs financiers, elle a tout intérêt à prendre ce risque.

Ce phénomène du transfert de risque a donc conduit à une véritable explosion du crédit et à une envolée du prix des actifs. Plus grave, il a aussi conduit à une diminution de la couverture en capital des banques...

Le troisième pilier de ce système financier est celui du nouveau mode d'évaluation des risques liés au crédit. Jusqu'aux années 1990, pour accorder un crédit, la banque regardait avec soin le dossier du candidat, ses revenus, ses autres crédits en cours, etc. Désormais, le banquier prend sa décision à partir de modèles mathématiques de risques de crédits qui, certes prennent toujours en compte les revenus de celui qui souscrit au crédit, mais qui y intègrent aussi pléthore d'autres paramètres, parmi lesquels la valeur des actifs financiers. Or, vu que les actifs financiers sont à la hausse, les banques ont tendance à sous-évaluer le risque et à minimiser le stock de capital qu'elles vont conserver au passif pour couvrir le crédit en question. Les banques sont donc incitées à réduire leur montant de capital et à accroître leur volume de crédit

Ce nouveau système qui régit les banques d'affaires est donc particulièrement dangereux dans la mesure où celui qui accorde le crédit n'en supporte plus le risque. En outre, celui qui accorde le crédit n'a aucune raison d'évaluer correctement le risque car non seulement cela coûte cher, mais en outre il sait qu'il va le transférer ! Ce système repose donc sur une logique où le volume de crédit prime sur la qualité des prêts.

Ce même système a été appliqué de façon massive au marché de l'immobilier américain...

2. La question des subprimes

Le subprime désigne un crédit hypothécaire accordé à un emprunteur jugé à risque et gagé sur la valeur de son bien immobilier.

Les banques d'affaires américaines ont massivement racheté des crédits immobiliers pariant sur une augmentation constante du marché immobilier. Ces prêts sont ensuite regroupés en pools, c'est-à-dire en lots de 1000 ou 2000 crédits et convertis en actifs financiers. Regrouper des crédits entre eux était censé permettre, en vertu de la loi des grands nombres, d'obtenir des titres au rendement globalement moins variable que des crédits pris individuellement. C'est ce que l'on appelle la titrisation. Ces titres sont ensuite proposés comme placements à des investisseurs.

Le système des subprimes était en fait une mécanique bien huilée.

En bas de la chaîne, se trouvaient les courtiers qui démarchaient les citoyens américains pour leur proposer des crédits hypothécaires. Le citoyen américain issu des classes populaires, désireux d'accéder à la propriété, souvent peu au fait des subtilités du crédit immobilier, était ainsi confronté jour et nuit à des représentants de commerce qui lui envoyaient des publicités dans sa boite aux lettres, le démarchaient par téléphone et allaient même jusqu'à frapper à sa porte le dimanche pour lui proposer des crédits immobiliers à des taux extrêmement attractifs. S'il souscrivait, son crédit lui était accordé dans l'heure, et il emménageait dans les trois jours ! Face à cela, il lui fallait faire preuve d'une force morale toute particulière, pour ne pas céder.

Les crédits ainsi contractés étaient ensuite revendus aux banques d'affaires moyennant commissions. Ces banques, regroupaient les crédits hypothécaires en pools, et les revendaient sous forme de titres financiers sur les marchés, en prenant une commission. Tout en haut de la chaîne se trouvaient les investisseurs, attirés par des titres au rendement substantiel, sans d'ailleurs jamais se demander pourquoi ces titres qui présentaient le même risque que des obligations, offraient un rendement pourtant supérieur… La titrisation permettait donc aux banques de transférer la créance à un investisseur et d'accorder ainsi de nouveaux crédits…

Un tel système avait donc des allures d'usine à gaz, car tout reposait sur une hausse continue, et du niveau des crédits, et des valeurs des titres ; la hausse du niveau des crédits entraînant la hausse des valeurs des titres et inversement.

b) Le basculement dans la crise

1. Les années 2000-2004 ou la politique expansionniste de la Fed

Au lendemain de la crise asiatique de 1997, les Etats-Unis ont connu une crise boursière d'ampleur moyenne qui a eu pour conséquence de mettre en difficulté les entreprises qui avaient fortement investi au cours des années 1990 dans les Technologies de l'Information et de la Communication (cf. bulle Internet). La Banque Centrale américaine s'était alors engagée dans une politique délibérément expansive pour désendetter ces entreprises. Alan Greenspan a donc maintenu les taux d'intérêt à un niveau historiquement bas, aux environs de 1%.

Le taux d'intérêt étant particulièrement bas, le recours au crédit était facilité et il s'est donc fortement accru, entraînant dans son sillage les actifs financiers. Cette explosion du crédit a ainsi permis une expansion massive du marché de l'immobilier. Dans un système où la valeur des actifs dépend massivement du nombre de crédits accordés et inversement, et où le risque est dilué, les banques ont naturellement accordé des prêts immobiliers de plus en plus risqués ; au pire, pensaient-elles, la valeur du bien immobilier couvrirait le défaut de paiement de l'emprunteur.

L'expansion du crédit a ainsi permis une hausse spectaculaire du marché de l'immobilier aux Etats-Unis, mais aussi en Europe, où les prix ont augmenté de plus de 60% depuis 1998.

Un tel système fonctionnait parfaitement jusqu'à ce que, à partir de mai 2004, la Fed remonte lentement ses taux directeurs.

2. La remontée des taux directeurs comme élément déclencheur de la crise

Le basculement ne s'est pas fait en une journée, et ce, pour plusieurs raisons. D'une part, les taux directeurs sont remontés progressivement, en raison des risques inflationnistes qui pesaient sur l'économie américaine. D'autre part, les pays asiatiques, mais aussi la Chine et les Etats du golfe, ont continué à placer leurs excédents commerciaux aux Etats-Unis. Les marchés américains ne craignaient donc pas la crise de liquidités, et le flux du crédit était toujours approvisionné. L'expansion du crédit a ainsi continué pour un temps.

A partir de 2006, la poursuite d'une politique de hausse des taux d'intérêt révèle les premières failles du système. Les crédits subprime étant accordés à taux variables, cela impliquait de renégocier le taux du contractant au bout de trois ans. Les premiers défauts de paiement se font donc sentir et réduisent d'autant les stocks de liquidités des banques. De plus, les taux d'intérêts étant plus élevés, le crédit se renchérit et cesse progressivement d'augmenter. La baisse du niveau des crédits a alors entraîné une baisse progressive de la valeur des titres financiers et ainsi de suite. Face à ces premiers signes avant-coureurs de 2006, le système s'est engagé dans une logique de fuite en avant comme un malade qui nierait sa propre maladie. La titrisation s'est poursuivie et les agences de notations continuaient à noter les titres adossés aux subprimes comme des titres sûrs pour attirer de nouveaux investisseurs et ce jusqu'au printemps 2007 où il était devenu impossible de nier l'évidence.

Les agences de notation ont alors déclassé les titres, les investisseurs ont cessé d'acheter, les prix des titres financiers ont chuté et tous les acteurs du système ont réalisé à ce moment là qu'ils s'étaient surexposés. Les liquidités viennent à manquer, les premières faillites apparaissent et les banques de second rang s'effondrent une à une comme des dominos.

Les banques plus solides, quant à elles, ont dans un premier temps affiché des pertes record (dernier trimestre 2007 et premier et second trimestre 2008) avant qu'en septembre 2008 elles ne fassent savoir qu'elles n'avaient plus assez de capital pour faire face à tous les défauts de crédit. Le 15 septembre 2008, le « lâchage » et la faillite de Lehman Brothers ont donné le coup d'envoi à la crise financière mondiale que nous avons connue …

2) Les conséquences de la crise financière

a) Les conséquences au niveau mondial

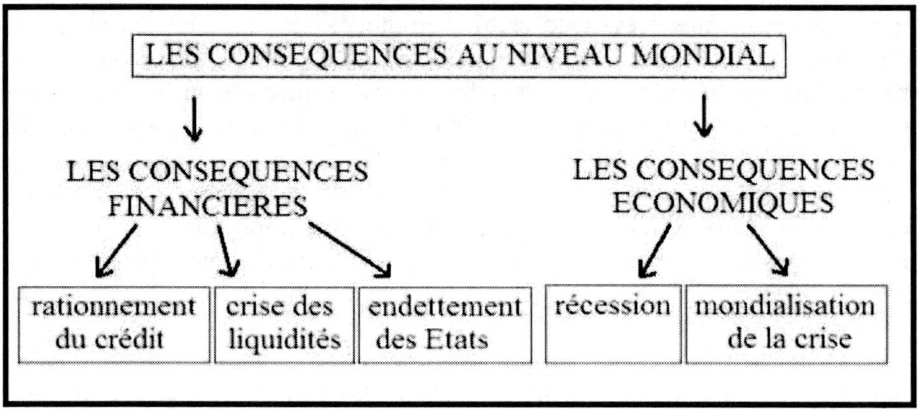

1. Les conséquences financières

Cette crise financière a touché d'abord les banques qui fournissaient à l'économie son oxygène, le CREDIT.
Les banques ne se faisaient plus confiance et n'arrivaient donc plus à se financer entre elles, ce qui a asséché le crédit aux Etats-Unis et dans le monde entier.

- **<u>Rationnement du crédit (« crédit crunch »)</u>**

En effet, les banques se sont endettées massivement en distribuant des crédits, et devaient donc se recapitaliser et en même temps réduire les crédits distribués. Donc, il y avait moins de crédits distribués aux agents économiques et les banquiers étaient devenus plus réticents à prêter, surtout pour des crédits immobiliers. Les jeunes ménages désirant un prêt immobilier étaient les plus touchés et les taux d'intérêt ont eu plutôt tendance à remonter, malgré les baisses des taux de la BCE (taux BCE au 5/12/08 = 2,5 %).
Les PME ont eu des problèmes de financement de leur trésorerie, d'autant plus qu'elles étaient déjà endettées (baisse de l'autofinancement en 2008).

- **<u>Crise des liquidités et restructuration bancaire</u>**

  - **Pour les pays industrialisés**

Dès l'annonce de la faillite de la banque d'investissement Lehman Brothers aux Etats-Unis, on a assisté à toutes les interventions de l'Etat pour éviter l'effondrement du système bancaire mondial et de l'ensemble de l'économie. Il a fallu un mois pour stabiliser la situation malgré les milliers de milliards de dollars déboursés sans que l'on soit sûr que le système soit complètement assaini.
La décision de laisser disparaître la banque Lehman a été le déclencheur des difficultés de toutes les autres banques dans le monde (c'est l'effet domino).

Les banques étaient alors dans un double piège :

- Une incapacité à se financer à court et moyen terme (crise de liquidités).
- Une incapacité à trouver des investisseurs qui avaient perdu confiance

En même temps, la dépréciation de leurs actifs a entraîné des pertes en capital et la chute de leurs cours de bourse, leur existence était donc menacée.
Après la fin de Lehman, des banques britanniques ont à leur tour fait faillite, et ont été nationalisées par l'Etat.

Devant cette situation, le secrétaire américain au Trésor, Henry Paulson lance un PLAN (Plan Paulson) d'urgence (18 septembre 2008) : l'Etat américain a proposé 700 milliards de dollars pour racheter les créances « pourries » détenues par les banques. Le plan prévoyait aussi que l'Etat puisse entrer au capital des banques, que la procédure d'aide des banques soit encadrée démocratiquement et que les rémunérations des dirigeants soient réduites (pas de parachutes dorés). Ce plan, après de longues discussions et des refus de vote, sera finalement accepté et voté début octobre 2008.
En même temps, le gouverneur de la réserve fédérale américaine avait commencé à baisser les taux d'intérêt (ils sont passés de 5,25 % à 1 % actuellement).
Les autres banques centrales des pays développés ont réagi aussi en injectant des milliards de dollars et d'euros dans les banques pour qu'elles puissent se refinancer ; en octobre elles se concertaient pour baisser ensemble leur taux directeur.
En octobre 2008, Paulson a débloqué 250 milliards de dollar pour recapitaliser les banques américaines, d'autres pays comme la Suisse, l'Inde, l'Australie… ont établi des plans d'intervention dans leurs banques : au total 3 000 milliards de dollar pour sauver le système bancaire mondial.

Ce sauvetage des banques a été très coûteux : l'économie américaine était surendettée et l'est toujours et il y aura un alourdissement inquiétant de la dette publique.
En ce qui concerne la situation européenne, la première place financière mondiale est Londres et il était donc vital pour les Britanniques que le système financier mondial retrouve son dynamisme, ce qui a expliqué la rapidité du sauvetage des banques par le gouvernement britannique.

Les banques anglaises ont donc été sauvées de justesse de la faillite et ont été nationalisées, ce qui aurait été impensable à l'époque de Mme Thatcher !!!

La crise a entraîné une restructuration du paysage bancaire européen avec des regroupements : la BNP a repris FORTIS (belge et néerlandaise) et est devenu ainsi le n° 1 européen, mais sans prétendre pour autant dominer la finance mondiale qui va certainement rester influencée par les Etats-Unis.

On pourrait croire, comme le ministre allemand des finances, que les Etats-Unis vont « perdre leur statut de superpuissance financière » ; en fait, les décisions prises aux Etats-Unis vont certainement continuer à influencer celles qui seront prises dans le reste du monde (voir la réunion du G20). Et le dollar reste toujours la monnaie dominante de la finance mondiale, avec un taux de change qui résiste à la crise.

- **Pour les pays émergents**

Ils ont aussi été touchés par la crise financière : les Bourses asiatiques ont connu de gros plongeons et la bulle spéculative de l'immobilier chinois a explosé (prix et ventes en chute libre) ; le dégonflement de la bulle immobilière s'est cumulée au coup de frein sur les exportations et les investissements qui leur sont liés.
Les pays de l'Europe centrale et orientale sont très vulnérables car ils dépendent de capitaux extérieurs pour leur économie : ils risquent le retrait des investisseurs (la Hongrie par exemple et l'Ukraine). Avec l'Islande, ces pays ont conclu des accords de prêts auprès du FMI, ainsi que le Pakistan et la Biélorussie. La Roumanie et la Bulgarie, les derniers rentrés dans l'UE, sont aussi en difficulté (déficits très importants, dette extérieure forte).

- **Le scandale « *MADOFF* »**

C'est une fraude « pyramidale » : les investisseurs d'hier sont rémunérés avec les dépôts de leurs successeurs et non avec les produits de leurs placements, ce qui offrait aux épargnants des intérêts très supérieurs à ceux du marché.
Le responsable de cette arnaque estimée à 37 milliards d'euros (50 milliards de dollars) est l'ex-président du Nasdaq, ex-membre de la SEC gendarme de la Bourse américaine. Les premiers escroqués sont le gratin de la finance et les très grosses fortunes.
Déjà mise en cause pour ne pas avoir anticipé la crise des « subprimes », la SEC est au premier rang des accusés (enquête en cours) ; en attendant, plusieurs banques européennes ont été parmi les victimes de cette escroquerie (BNP, Natixis, Santander).

- **Endettement des Etats**

Où trouver tout cet argent nécessaire au sauvetage bancaire et au soutien de l'économie ?
Réponse : en empruntant sur les marchés financiers, en émettant des bons du Trésor aux Etats-Unis, ou des Obligations assimilables du Trésor (OAT) en France que peuvent acheter les investisseurs du monde entier. En zone euro, 30 % de titres seront lancés en plus en 2009 par rapport à 2008. Les investisseurs se sont rués sur les dettes souveraines ou garanties par les états car il y avait moins de risque de pertes.
Ces titres souverains sont si demandés que leur rendement (taux d'intérêt à payer) s'effondre : les états empruntent pour pas cher (2,5 % à cinq ans en France). Mais le risque est que les états soient obligés de s'endetter encore pour d'autres plans de sauvetage et de relance si l'économie ne redémarre pas dans ce cas, la charge de la dette s'alourdirait avec le risque de faillite de certains états (la Grèce par exemple et d'autres pays de la zone euro). D'où la mise en place des plans de rigueur en Europe à partir de 2010.

2. Les conséquences économiques

La crise financière a fortement accéléré un ralentissement économique qui existait déjà avec le prix du pétrole et des matières premières en forte hausse.

- **Baisse de la croissance mondiale : récession**

La plupart des économies européennes étaient entrées en RECESSION (baisse du PIB) en 2009 ; il y a eu une reprise à la fin de l'année 2010. Les plus pessimistes ne voient pas de retour à la croissance avant la fin de l'année 2013/2014.

La crainte la plus forte : c'est la DEFLATION, mouvement de baisse des prix généralisé, durable qui se transmet aux revenus et à l'investissement, ce qui serait dévastateur de l'avis général des économistes : prévoyant une baisse des prix, les consommateurs diffèrent leurs achats, aggravant ainsi le repli de l'activité économique.
Une telle crainte, renforcée par le poids de la dette publique de certains Etats européens, pourrait mettre en danger l'euro et faire naître un retour du protectionnisme à l'échelle mondiale.

- **Mondialisation de la crise**

Les pays du Sud n'ont pas échappé à la crise qui s'est propagée par plusieurs canaux : les exportations (baisse de la croissance du commerce mondial), la chute du prix des produits de base fragilise les exportateurs de matières premières. Toute l'Afrique et la majorité des pays d'Amérique latine ont leurs revenus extérieurs qui ont diminué fortement.
La Russie, les pays de l'Europe de l'Est ont été touchés par la crise, on l'a vu au niveau financier ; la production a baissé de 9 % en Russie au mois de novembre 2008 et la baisse des cours du pétrole a accentué les difficultés économiques.
Au niveau financier, il y a une plus grande méfiance des investisseurs envers les pays du Sud.
Le Japon a été aussi touché avec une restructuration et des suppressions d'emploi dans l'automobile et dans le secteur hi-fi avec Sony.

b) Les conséquences au niveau national

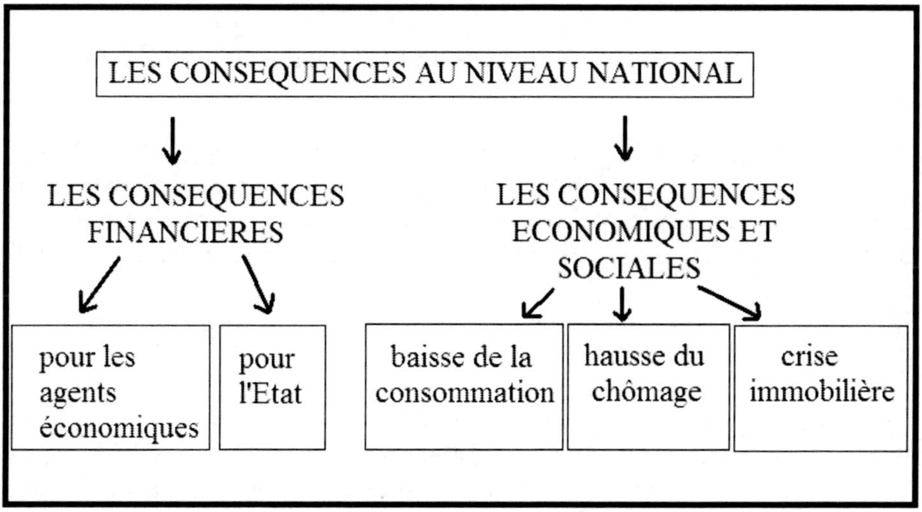

1. Les conséquences financières

- **Pour les agents économiques**

Il s'agit principalement d'une baisse des crédits distribués aux ménages et aux entreprises. Les banques étaient plus frileuses pour accorder leurs crédits et ont augmenté leur taux d'intérêt pour les clients peu sûrs. Ce problème pouvait accentuer les difficultés des PME et TPE.
Une autre conséquence était la chute des cours de la Bourse qui a entraîné une perte d'actifs pour les entreprises en 2008/2009.
La récession a provoqué de nombreuses faillites d'entreprises qui vont provoquer de nouvelles pertes bancaires. On peut donc craindre que la récession se nourrisse d'elle-même : l'insolvabilité des entreprises pourrait déclencher une nouvelle panique bancaire.

- **Pour l'Etat**

La crise a provoqué une augmentation du déficit budgétaire et de la dette publique, puisqu'il faut emprunter pour financer les mesures de relance économique et les aides aux entreprises en difficulté. Le remboursement de la dette était le deuxième poste du budget de l'Etat après l'éducation en 2010. Elle a conduit l'Etat à une politique de rigueur sans précédent en 2011.

2. Les conséquences économiques et sociales

- **Au niveau microéconomique (pour les agents économiques)**

Pour les PME, l'assèchement du crédit a fait courir un risque réel de faillite. Les entreprises de tous les secteurs ont été concernées, malgré le plan français de soutien aux banques; plus des trois quarts des banques avaient déjà durci leurs critères d'attribution de crédit aux entreprises au troisième trimestre 2008.
Les entreprises ont donc renoncé à leurs projets d'investissement et d'embauches.

Les grandes entreprises ont été pénalisées par leur fort niveau d'endettement (chute du taux d'autofinancement à 51 %) dû à l'effet de levier (rentabilité supérieure au taux d'intérêt), ce qui leur a permis ces dernières années de doubler les dividendes versés aux actionnaires.
Avec la récession qui risque de se prolonger à cause des plans de rigueur budgétaire de 2011, la chute des profits menace l'investissement, car les entreprises vont préférer satisfaire leurs actionnaires et différer leur décision d'investir.
Cette situation défavorable des entreprises a eu des répercussions sur l'ensemble de l'économie.

- **Au niveau macroéconomique (global, dans l'ensemble de l'économie)**

- **Hausse du chômage**

En zone euro : +8,6 % en 2009 (+7,4 en 2008) ; Etats-Unis : +7,3 % en 2009 (+5,7 en 20O8).
La baisse de l'activité dans certains secteurs comme l'automobile et le bâtiment a entraîné du chômage partiel, des fermetures d'entreprises et des délocalisations. Les usines Peugeot ne produiront pas pendant un mois (du jamais vu depuis 1912), d'autres tournent au ralenti ; ceci s'est répercuté sur tous les sous-traitants très nombreux dans ces secteurs d'activité (Michelin…).
La dégradation des perspectives d'activité a provoqué aussi une baisse des embauches et les plus touchés restent malheureusement les jeunes.
Cette hausse du chômage a entraîné une baisse des revenus des ménages.

- **Baisse de la consommation et de l'investissement**

La hausse des prix du pétrole, des matières premières et des produits alimentaires au premier semestre 2008 avait déjà entraîné une baisse des revenus et du pouvoir d'achat des ménages ce qui a provoqué systématiquement un ralentissement de la consommation.
Celle-ci représentait en effet 65 à 70 % du PIB, la baisse de la consommation va donc entraîner une stagnation ou une baisse du PIB.
Des ménages travaillant dans le secteur privé ont été touchés par une baisse des revenus (chômage ou chômage partiel) ; d'autres craignaient pour leur emploi.
Cet état d'esprit incitait peu à consommer ; les premiers postes touchés dans le budget familial sont donc les dépenses jugées moins prioritaires : loisirs, tourisme etc...
Les banques aujourd'hui prêtent moins, donc les ménages consomment moins et achètent moins de logements ; les prix immobiliers stagnent, les portefeuilles d'actions chutent (- 45 % en France) si bien que les ménages se sentent aussi moins riches (revenus en baisse), ne sont pas incités à consommer ; et encore ce sont les Américains les plus touchés par ces « effets de richesse » car eux n'ont pas épargné contrairement aux Français ; et le montant de leur retraite par capitalisation a baissé de 20 % depuis 15 mois.
Les entreprises anticipant une baisse de la demande ont annulé leurs projets d'investissements : VEOLIA annonçait un plan de réduction de ses investissements en même temps qu'une hausse de 10 % du dividende versé à ses actionnaires !
Avec le développement durable, il faut espérer que la crise permettra de relancer l'activité dans l'écologie et les économies d'énergie, que ce soit dans le bâtiment ou dans l'automobile. Mais les plans de rigueur de 2011 pourraient tout remettre en question.

- **Crise de l'immobilier**

Autre secteur qui a été touché fortement par la crise : l'IMMOBILIER. La baisse des prix a commencé et certains promoteurs ont été en redressement judiciaire, les acheteurs potentiels préféraient attendre que la baisse s'accentue. Avec la flambée des prix, le nombre d'agences immobilières avait augmenté de + 10 000 agences en 10 ans ; beaucoup d'entre elles sont encore en difficulté.
Le secteur du BTP a été donc frappé par la crise.

On voit donc bien le risque de « cercle vicieux dépressif » dans l'économie mondiale régulée par le marché. L'intervention des Etats était donc indispensable pour soutenir la demande globale par leurs propres dépenses, garantir les crédits et recapitaliser les banques. Comment ?

3) Les solutions à la crise : l'intervention de l'Etat

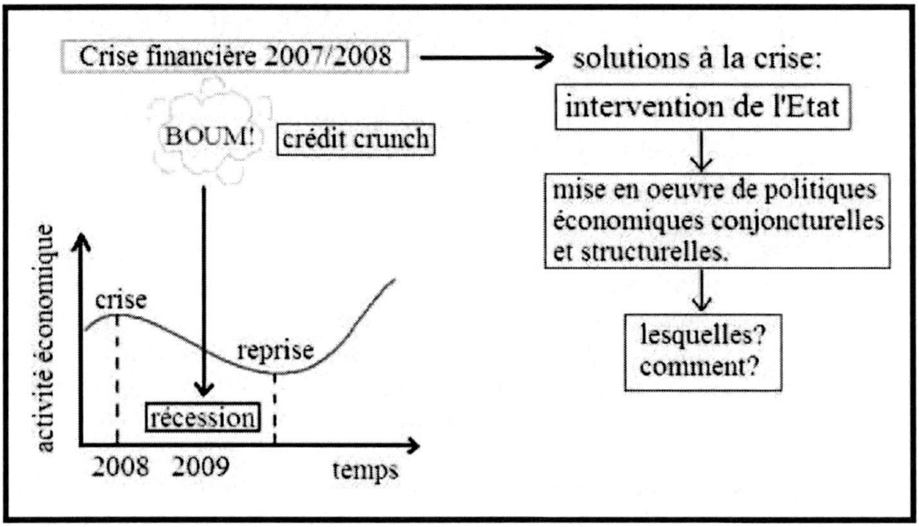

L'Etat est intervenu dans l'urgence à travers ses plans de relance et pourrait intervenir à long terme par la mise en œuvre d'une politique structurelle : la régulation de la finance mondiale. Là, la route sera plus longue à tracer.

a) Mise en œuvre des politiques conjoncturelles

Des politiques économiques conjoncturelles collectives et coordonnées ont été menées dans l'urgence, pour sauver le système bancaire en faillite et pour relancer l'économie afin de la faire sortir au plus vite de la récession en 2009.
L'intervention de l'Etat était devenue indispensable car le marché se trouvait impuissant face à une crise provoquée par lui-même.

1. Les politiques conjoncturelles s'appuient sur une politique budgétaire

Les Etats ont mis en œuvre des politiques de relance budgétaire afin de stopper l'hémorragie bancaire et de soutenir l'activité économique. Divers plans de relance ont été élaborés : plans de relance aux USA 850 Mds dollars, plan de relance européen 200 Mds d'euros, plan de relance en France : 26 Mds d'euros sur deux ans.

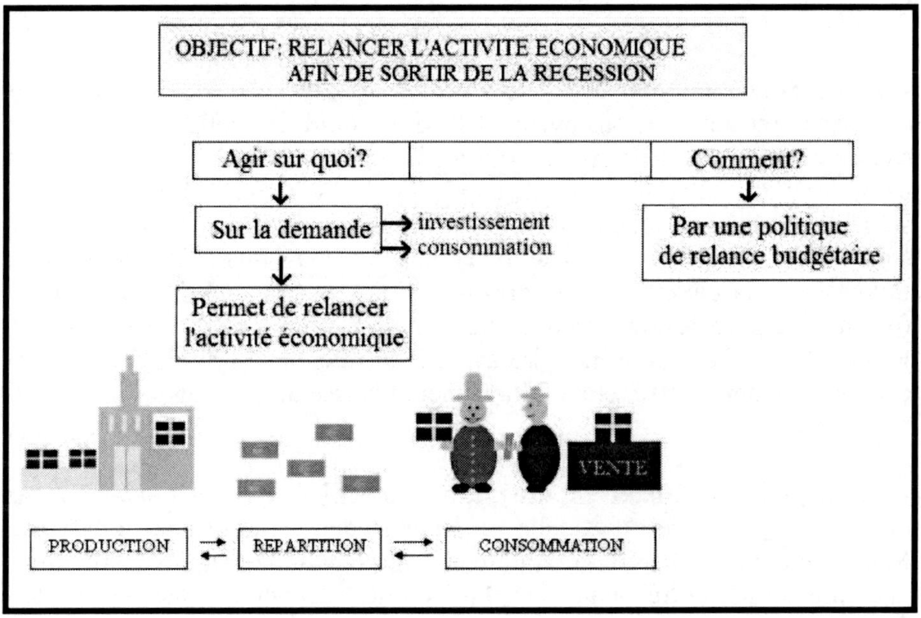

J.M. KEYNES (1883-1946) : économiste britannique de notoriété mondiale, reconnu comme le fondateur de la macroéconomie et du rôle majeur de la demande et de l'intervention de l'Etat. Keynes proposait une augmentation des dépenses publiques pour relancer l'activité économique : augmentation des investissements publics, des revenus sociaux afin de relancer à la fois l'investissement et la consommation qui sont les deux composantes de la demande. Le déficit budgétaire qui en résulte devrait se réduire grâce au retour de la croissance faisant rentrer des recettes fiscales.

- **Une relance budgétaire qui doit respecter 4 principes**

- **Être de grande ampleur et engagée dans tous les pays** (notamment européens) : il faut compter une stimulation d'au moins 1% du PIB. Si c'est moins, la relance n'est pas efficace et creuse les déficits budgétaires et alourdit gravement la dette publique, donc c'est de l'argent et du temps perdus. Ce qui a été le cas pour les plans de relance au niveau européen en 2009.

- **Etre réversible** (une fois que l'économie est sortie de l'ornière) : la croissance retrouvée et pas avant, il faudra réduire les déficits et traiter les causes de la crise financière. Ce qui malheureusement n'a pas été le cas. A peine les plans de relance mis en application, dès 2010, les Etats européens se sont lancés avec précipitation dans une surenchère de plans de rigueur sous la pression des spéculateurs et des marchés financiers inquiets de l'envolée de la dette publique, afin de réduire en trois ans leurs déficits et revenir au critère de convergence fixé à un déficit = 3% du PIB d'ici 2013. Pari très risqué qui pourrait faire avorter ou ralentir la reprise de l'activité économique après 2010, et de fait, freiner la baisse du chômage amorcée à la fin de 2010.

- **Privilégier un impact rapide :** car pour anticiper les anticipations des agents il faut des résultats rapides pour rétablir la confiance. Malheureusement, malgré la rapidité de l'intervention des Etats, le retour de la confiance se fait très lentement. La lisibilité économique reste encore très floue.

- **Agir sur un large champ de l'économie :** l'intervention et la relance doivent toucher tous les secteurs de l'économie, et non seulement les banques, mais surtout l'économie réelle sinon la relance profitera à la sphère financière et aura du mal à refaire démarrer les moteurs de l'économie. Il semblerait que cette intervention de l'Etat se soit massivement orientée vers le secteur bancaire. C'était la priorité, il y avait urgence de sauver les banques sinon toute l'économie courait le risque d'un effondrement catastrophique. Mais le secteur réel n'a pas eu la même faveur, ce qui laisse penser que la régulation de la finance reste encore une utopie. Faut-il attendre vraiment une troisième crise financière encore plus grave pour agir ?

- **Une relance budgétaire qui doit utiliser deux leviers**

- **Accroissement des dépenses publiques à court terme**

- Développement des investissements publics, grands travaux, développement de la recherche et innovation, logements sociaux...Mesures nécessaires pour stimuler les investissements et relancer le rouage de la production.
- Relèvement des minimas sociaux, allocations familiales, chômage...car ces ménages ont une propension moyenne à consommer forte. Mesures qui activent le rouage de la consommation nécessaire pour enclencher celui de la production.

- **Baisses d'impôts ou charges sociales ciblées et TVA**

Pour les PME, les entreprises du BTP et du secteur automobile touchées par la crise (fig.71).
Cependant, malgré la bonne orientation des mesures de relance au profit des PME, les baisses n'ont pas toujours été ciblées, et se sont avérées inefficaces et coûteuses en déficits.
De plus la baisse de la TVA accordée à la restauration a fait perdre des recettes à l'Etat et fait gagner des profits à ces entreprises sans qu'elles créent les emplois escomptés et sans qu'elles augmentent réellement les salaires de leur personnel. Alors que de telles baisses auraient pu permettre aux entreprises bénéficiaires de résorber leurs problèmes de trésorerie et de créer par la suite des richesses et des emplois.

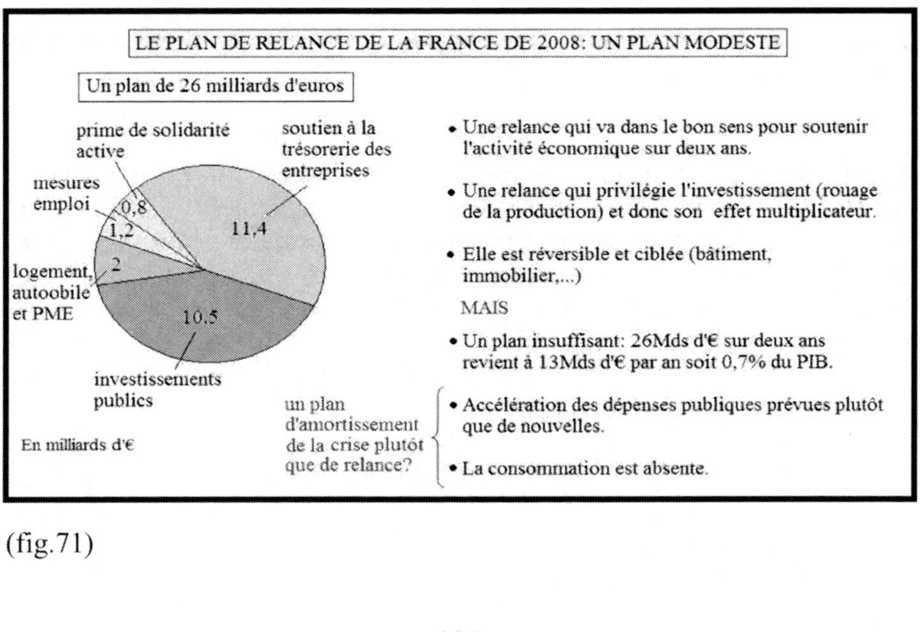

(fig.71)

- **<u>Une relance budgétaire qui doit être coordonnée et commune à l'échelon européen pour être efficace</u>**

Pourquoi ?

Pour faire face à l'ampleur de la crise : « *l'union fait la force* ». Le plan de relance européen s'élevait à 200 milliards d'euros en 2008.

Pour que les politiques de relance profitent à tous les pays membres et non qu'à certains (ce qui n'a pas été le cas en 1981/1982 relance isolée de la France => déficit extérieur, qui a profité à l'Allemagne) et ne se retournent pas contre le pays qui en a pris seul l'initiative.

Une relance commune favorise les échanges européens donc la croissance. Malheureusement il n'y a pas eu ce New Deal européen qui aurait permis de sortir l'Europe de la crise et éviter les plans de rigueur qu'elle connaît.
En effet, il n'y a pas eu réellement de plan européen c'est-à-dire de plan coordonné entre les pays, car leurs situations économiques étaient différentes ainsi que leurs choix sur les modalités de la relance. C'est une relance simultanée qui a été mise en place et non une relance coordonnée.
La concurrence entre les états prime toujours sur la coopération malgré l'ampleur de la crise. Chacun joue toujours encore « *perso* ». L'Europe reste un processus inachevé.

2. Les politiques conjoncturelles s'appuient sur une politique monétaire expansionniste

Lorsqu' un moteur manque de carburant, pour l'économiser, il tourne au ralenti. En économie c'est la même chose. Si les vannes de la finance se ferment, l'économie manque de monnaie pour alimenter ses trois moteurs. Ils tournent au ralenti et le chômage s'aggrave et les salaires stagnent. D'où la nécessité d'ouvrir le robinet du crédit en baissant les taux d'intérêt (fig.72).

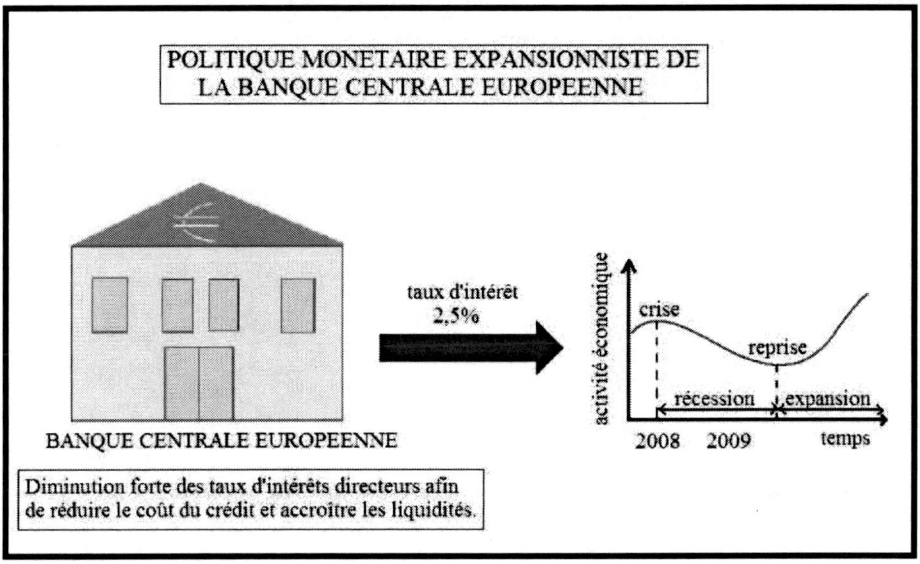

(fig.72)

b) Mise en œuvre des politiques structurelles : réforme du système financier

De l'intention au passage à l'acte il y a un grand pas et il sera long. En effet, une fois que l'on a déréglementé, il devient très difficile de réglementer. Faire marche arrière prend du temps. Mais comment réguler la finance mondiale, comment la contrôler afin d'éviter qu'une autre crise ne survienne à nouveau ?

« Un grain de sable dans les rouages du système financier »

La crise n'était pas conjoncturelle, ni liée simplement à la défaillance d'un système de contrôle, ou à des agences de notation. Ses racines sont systémiques. C'est donc la structure et les mécanismes du système financier qui en ont été la cause.
D'où la nécessité d'une nouvelle régulation financière dans les deux circuits du financement de l'économie : le circuit bancaire et le circuit financier.

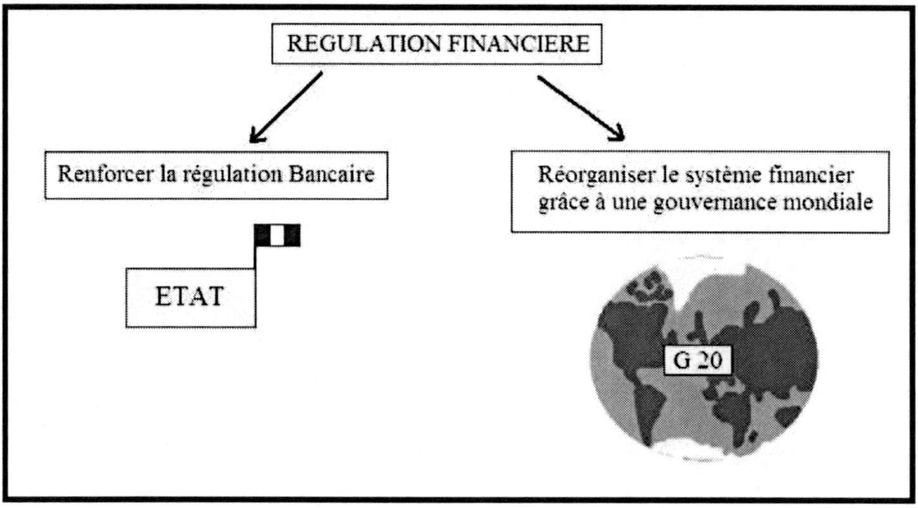

1. Renforcer la régulation bancaire

- <u>**Mieux réglementer les banques : comment ?**</u>

  - **Imposer aux banques de :**

- Détenir obligatoirement un montant de capital propre garantissant les crédits. C'est-à-dire obliger les banques à constituer des provisions pour risques.

- Augmenter le ratio « Cooke », ratio de solvabilité international (les fonds détenus par les banques doivent être = à 8%des risques).

- Ne pas avoir de titres hors bilan.

- **Renforcer le pouvoir de la Banque centrale**

Permettre aux banques centrales de refuser le refinancement des banques ayant des titres à caractère spéculatif ou le rendre dissuasif.

- **<u>Réformer le statut des agences de notation</u>**

- Création d'agences indépendantes nommées par une organisation institutionnelle.
- Imposer une harmonisation des critères d'évaluation des risques.

- **<u>Étendre la règlementation bancaire pour supprimer ces trous noirs</u>**

Aux marchés dérivés, aux « hedge funds » qui échappent aux règles (notamment sur le marché de gré à gré).

- **<u>Contrôler la rémunération des acteurs financiers</u>**

Les Traders par exemple, afin de réduire la spirale spéculative ou les montages financiers.

2. Réorganiser le système financier : grâce à une gouvernance mondiale (fig.73).

« *Entre le fort et le faible, c'est la liberté qui opprime et la loi qui libère* » !

Il devient indispensable de créer une gouvernance mondiale de la finance afin de remettre la finance au service de l'économie. La loi du marché guidée essentiellement par la cupidité des investisseurs ne se soucie pas de l'intérêt de tous les agents économiques. Elle ne prend en compte que l'intérêt individuel à court terme. Désormais, il faut que l'économie retrouve la raison. La financiarisation de l'entreprise a financiarisé l'économie. L'absence de gouvernance mondiale de la finance a conduit à la déraison financière. Mais les Etats tireront-ils les leçons de cette crise ? Auront-ils le courage politique de dépasser leurs propres intérêts pour satisfaire ceux de tous ?

RENFORCER LA GOUVERNANCE MONDIALE

- Réguler les flux financiers à court terme par la mise en place d'une taxe mondiale sur la spéculation (taxe Tobin).
- Faire reculer les paradis fiscaux voire les supprimer: selon l'OCDE la moitié des investissements directs transite par des paradis fiscaux (5000 à 11500 Mds de $), 2/3 des hedge funds y sont installés.

- Renforcer ou rénover le F.M.I en s'appuyant sur les principes des accords de Bretton Woods.
- Concevoir une nouvelle architecture avec plus de moyens financiers et de nouvelles attributions.

La démocratie l'emportera-t-elle sur le marché?

(fig.73)

CONCLUSION

Le libéralisme économique, cette doctrine qui affirme, malgré les effets désastreux de la crise financière, la nécessité de laisser aux individus de décider eux-mêmes de leurs actions en fonction de leur propre intérêt, a permis le développement des économies. Mais s'étant abandonné à lui-même sans régulation de l'Etat, a engendré dans sa dynamique, aveuglée par la cupidité de certains agents économiques, la crise que nous avons connue avec l'explosion des dettes publiques des Etats. Dès lors, si l'on veut éviter qu'un tel libéralisme provoque de nouveau une telle violence, il faut que face à lui se présente une autre force, non pas celle de la « main invisible », mais celle du pouvoir Politique capable d'encadrer le marché. Seule celle-ci est en mesure de rendre l'économie humaniste et de limiter ainsi ses dérives. Cette force politique démocratique a-t-elle la force pour combattre le chômage ?

II- Le chômage

« Perdre son emploi, c'est perdre son existence sociale »

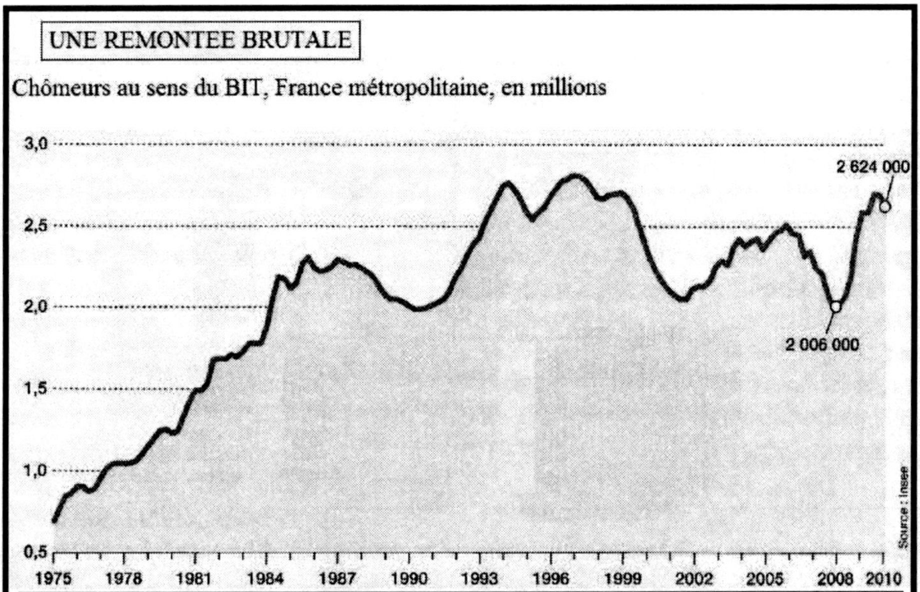

Taux de chômage en France (de 2000 à 2010)

2000 = 8.5%, 2001= 8.5%, 2002= 8.3%, 2003= 9%, 2004= 9.2%, 2005= 9.4%, 2006= 9%, 2007= 8.5%, 2008= 7.7%, 2009= 9.8%, 2010= 9.5%

taux de chômage = nombre de chômeurs en pourcentage de la population active.

On peut se poser quatre questions essentielles :

- Qu'est-ce que le chômage ?
- Quelles sont ses caractéristiques ?
- Comment l'expliquer ?
- Quels en sont les remèdes ?

1) Définition et caractéristiques du chômage

a) Définition du chômage (fig.74)

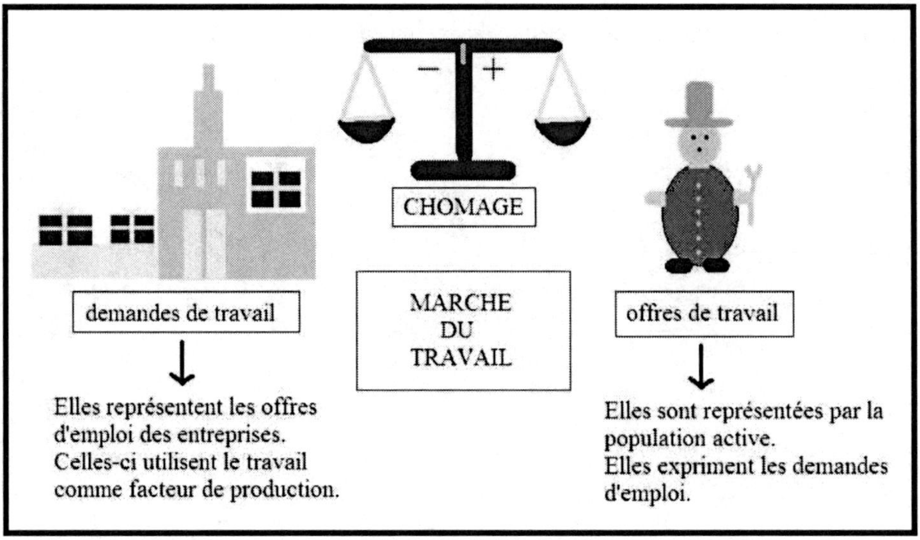

(fig.74)

Les entreprises demandent du travail (facteur de production) c'est-à-dire l'achètent selon un prix : le salaire. Elles expriment leurs demandes à travers leurs offres d'emploi.
Les salariés offrent leur travail aux entreprises c'est-à-dire leur vendent selon un prix : le salaire. Ils expriment leurs offres à travers leurs demandes d'emploi.

Le travail est un facteur de production qui se transforme en emploi. Et c'est l'emploi qui va permettre au salarié d'exercer son travail pour le compte de l'entreprise, c'est donc lui qui lie le salarié à l'entreprise. C'est pourquoi les salariés demandent des emplois pour pouvoir offrir (vendre) leur travail et les entreprises offrent des emplois pour les faire travailler et donc produire.

1. Définition du chômage

Le chômage résulte d'un déséquilibre entre les demandes de travail et les offres de travail sur le marché du travail, dans lequel le volume des offres de travail est supérieur au volume des demandes de travail. Donc, lorsque la quantité de travail offerte est trop forte par rapport à la quantité de travail demandée, il y a chômage car, dans ce cas, une partie de la population active (salariés) ne trouve pas d'emploi. Les emplois offerts pas les entreprises exprimant leurs demandes de travail sont insuffisants pour absorber les offres de travail émanant de la population active, ce qui provoque du chômage.

2. Définition du chômeur

- <u>**Selon Pôle emploi**</u>

Sont définis comme chômeurs des personnes sans emploi effectuant des actes pour en rechercher un et étant inscrits à pôle emploi. Un chômeur non inscrit à pôle emploi n'est pas comptabilisé comme chômeur. Ces demandeurs d'emploi inscrits font partie de la catégorie **A**. C'est elle qui est publiée dans les chiffres du chômage. Ces chiffres sont sujets à caution car dépendent beaucoup des règles d'inscription et de radiation fixées par pôle emploi. De plus, la catégorie A ne prend pas en compte les autres catégories de chômeurs qui sont par exemple en formation, ou en contrat aidé.

Nouvelles catégories		
A	Tenus de faire des actes de recherche d'emploi	Sans emploi
B		Activité réduite courte
C		Activité réduite longue
D	Non tenus à recherche d'emploi	Sans emploi (par ex. en formation)
E		En emploi (par ex. en contrat aidé)
A-E	Ensemble des inscrits	

- **<u>Selon le B.I.T. (Bureau International du Travail)</u>**

Seules sont comptabilisées comme chômeurs les personnes qui ont recherché activement un emploi dans le mois précédent l'enquête, qui n'ont pas travaillé, ne serait-ce qu'une heure, au cours de la semaine de l'enquête et qui sont disponibles pour travailler dans les deux semaines.

b) Les caractéristiques du chômage en France

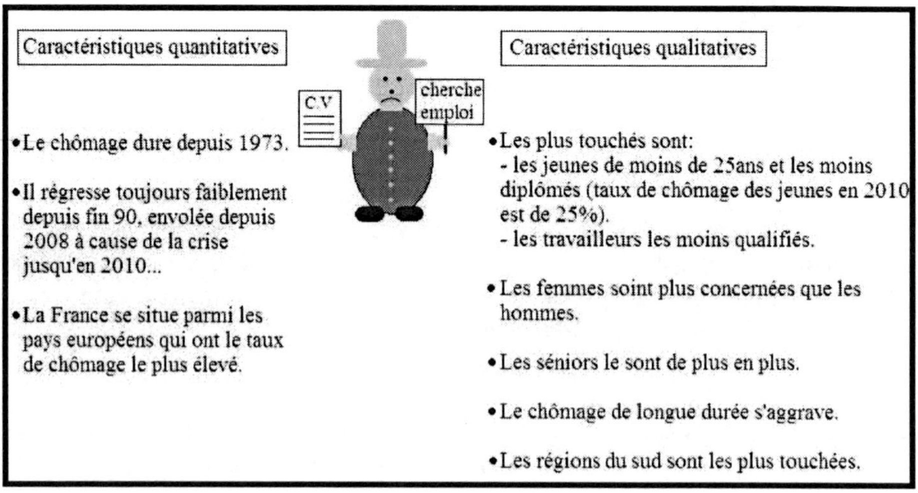

(fig.75)

2) Les explications du chômage

Deux grands courants théoriques s'affrontent sur les causes du chômage. Pour le courant libéral, les causes du chômage sont structurelles et donc liées à certaines rigidités qui empêchent le fonctionnement du marché du travail ; pour l'analyse Keynésienne les causes sont davantage conjoncturelles liées à une insuffisance de la demande. La réalité économique nous montre que le chômage a pour origine les deux causes simultanées, ce qui d'ailleurs complique la prescription d'un traitement efficace.

a) Les explications théoriques du chômage : le débat sur les causes

« Le travail est une marchandise et celui qui l'exerce est un emploi et non une personne »

Voilà l'idée centrale de la théorie libérale.

1. L'analyse libérale du chômage

Les salaires sont rigides à la baisse, l'emploi alors devient la variable d'ajustement entre les offres et les demandes de travail. Le chômage résulterait de cette rigidité qui empêcherait le bon fonctionnement du marché du travail. Comment ?

Les libéraux considèrent le travail comme une marchandise ordinaire, son marché est régulé par le prix ici le ***salaire.*** Le marché du travail fonctionne comme le marché des biens et services. La flexibilité du salaire permet d'ajuster les offres et les demandes. Lorsqu'il y a un excédent de travail, la baisse du salaire permet de le résorber car il devient rentable pour l'entreprise d'embaucher. S'il y a du chômage, c'est parce que les salaires sont trop élevés. Théoriquement pour revenir à une situation de plein emploi, il faut laisser fonctionner librement le marché.

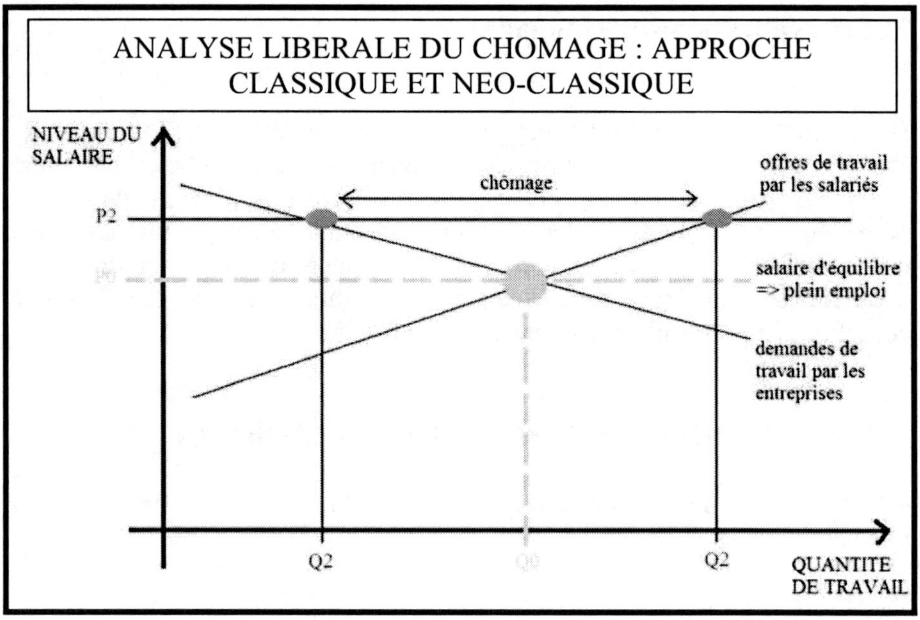

(fig.76)

Le chômage s'explique par le coût du travail trop élevé qui donc freine les embauches des entrepreneurs (le travail coûte plus qu'il ne rapporte, il est supérieur à la productivité du travail).
Ce coût dépend du salaire, des cotisations sociales, des prélèvements obligatoires (impôts+cotisations sociales).
Mais aussi par un manque de flexibilité du marché du travail (rigidités qui empêchent un bon fonctionnement du marché du travail) : SMIC, protection sociale de l'emploi, les conventions collectives, les syndicats, sont quelques exemples de rigidités.

Si le chômage perdure c'est à cause des rigidités qui affectent le marché du travail :

- Le niveau du SMIC (Salaire Minimum Interprofessionnel de Croissance) empêche la flexibilité des salaires permettant d'ajuster les offres et les demandes de travail, de plus il freine l'embauche de salariés peu qualifiés.
- Les conventions collectives ne permettent pas aux rémunérations de baisser suffisamment.

- Des charges sociales trop élevées renchérissent le coût du travail et donc freinent les embauches.
- Des prélèvements obligatoires de plus en plus lourds alourdissent le coût du travail et donc encouragent les délocalisations ou favorisent la substitution du capital au travail (remplacement de l'homme par la machine).

Pour les libéraux, les remèdes au chômage passent donc par la flexibilité du travail, des rémunérations, la déréglementation sociale, la baisse des prélèvements obligatoires et l'assouplissement du droit du travail beaucoup trop protecteur pour le salarié. Des mesures qui ciblent l'offre (production) plutôt que la demande.

2. L'analyse Keynésienne du chômage

J.M. KEYNES (1883-1946) : évoquait le rôle majeur de la demande et de l'intervention de l'Etat pour déterminer le niveau de l'emploi. Il proposait une augmentation des dépenses publiques pour relancer l'activité économique et réduire le chômage (le chômage est lié à une insuffisance de la demande. C'est la demande qui en déterminant le niveau de la production détermine celui de l'emploi), contrairement aux libéraux pour lesquels le niveau de l'emploi dépend de l'offre.

Cette analyse explique le chômage dans le fonctionnement de l'activité économique (rouage de la production, rouage de la répartition et rouage de la consommation). La demande est la clé de contact ou encore la batterie qui fait démarrer les moteurs de l'activité économique. Lorsque la batterie est à plat, les moteurs ne peuvent pas démarrer. Si seulement un seul d'entre eux fonctionne, dans ce cas l'activité économique tourne au ralenti, et le niveau de l'emploi est faible, ce qui fait augmenter le chômage.
Selon les Keynésiens le chômage est dû à une insuffisance de la demande globale.

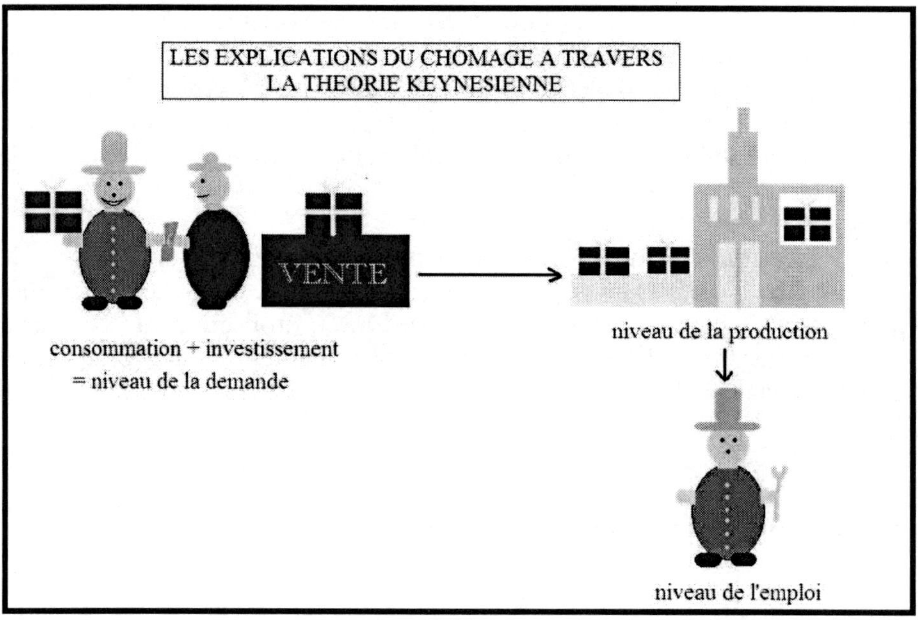

(Fig.77)

niveau de la demande = niveau de la production

Le niveau de la demande, qui est composé de la consommation et des investissements privés et publics, détermine le niveau de la production (PIB) et ensuite celui de l'emploi.
Si la demande est faible, les entrepreneurs vont moins produire et donc moins créer d'emplois, ce qui contribuera à accroître le chômage.
Dans cette optique, pour lutter durablement contre le chômage, les gouvernements doivent stimuler ou soutenir la demande en augmentant les dépenses publiques au risque de provoquer un déficit budgétaire et un alourdissement de la dette publique. De tels déficits devraient se résorber grâce à la création d'emplois qui va générer de l'activité et faire entrer des recettes fiscales permettant de financer le déficit budgétaire et de réduire la dette publique.

b) Les autres explications du chômage

1. Le facteur démographique

Il influence le volume de travail (quantités de travail) nécessaire pour produire. Lorsque le volume du travail augmente et que la croissance est faible, il en résulte un volume d'emplois insuffisant pour absorber les arrivées massives sur le marché du travail. Ce fût le cas de la France dans les années 70, les arrivées sur le marché du travail étaient plus fortes que les emplois créés. Le rythme de progression de la population active croissait plus vite que celui de la création d'emplois. La tendance devrait démographiquement s'inverser à partir de 2010, une fois passée la grande vague d'arrivée des générations du baby boom.
La pyramide des âges est ici fort utile pour comprendre ce phénomène démographique qui explique une partie du chômage. Mais aussi qui permet de mesurer l'enjeu de la réforme de la retraite de 2010 reculant l'âge de départ à la retraite à 62 ans et à 67ans pour assurer son développement durable.
Dans cette approche du chômage, le partage du travail devient un des moyens pour lutter contre le chômage en période de croissance faible.

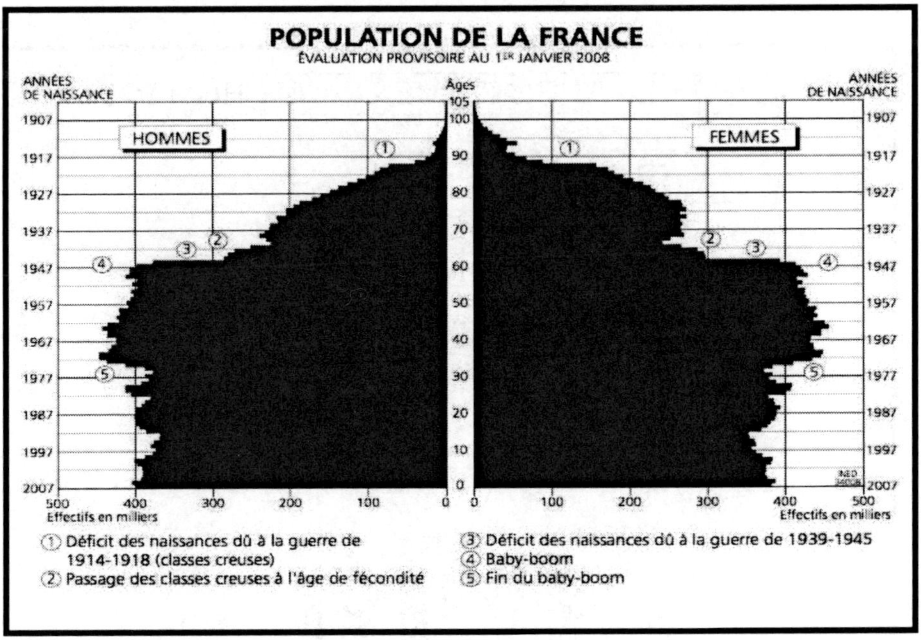

2. La mondialisation de l'économie

La globalisation de l'économie qui s'est accéléré depuis les années 90, a renforcé la concurrence internationale et encouragé les délocalisations des entreprises dans des pays à bas salaires. Ces délocalisations ont supprimé des emplois dans las pays développés dans les secteurs à forte main d'œuvre peu qualifiée : textile, habillement, centres d'appels….

De plus, dans ce contexte mondialisé, la course effrénée aux gains de productivité pousse les entreprises à développer les nouvelles technologies, à innover, ce qui à court terme détruit des emplois (cf. les gains de productivité dans le thème 1). Les investissements directs à l'étranger ont accéléré la désindustrialisation dans certains pays (cas de la France par exemple).

3) Les remèdes au chômage

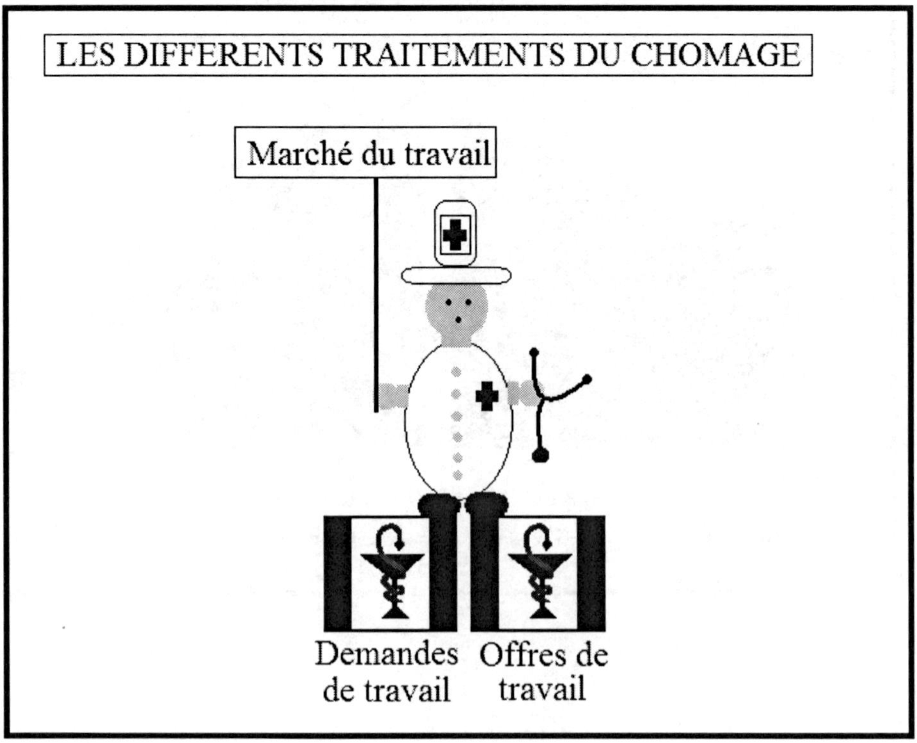

Les politiques de lutte contre le chômage s'articulent autour de deux grands traitements visant à agir sur les demandes de travail et sur les offres de travail.

a) Le traitement social

Traitement social (ou politique passive de lutte contre le chômage) est centré sur les chômeurs. Il vise à agir sur les offres de travail. Comment ?

1. En indemnisant les chômeurs

L'indemnisation des chômeurs a été créée en 1958. Ce traitement permet d'assister socialement et temporairement le chômeur dans ses démarches de recherche d'un emploi.
Elle permet de rendre plus supportable le chômage et protège le chômeur de l'exclusion sociale, car perdre son emploi c'est perdre son identité sociale.
Les chômeurs bénéficient de plusieurs aides :

- Une allocation chômage qui est versée en fonction de la cotisation effectuée.
- Une allocation issue de la solidarité nationale qui est à la charge de l'Etat, versée aux chômeurs ayant épuisés leurs droits, ou pour ceux qui n'ont pas cotisé (les jeunes).

2. En réduisant les offres de travail

L'objectif ici est de réduire les offres de travail. Comment ?

- Prolongation des études, des formations afin de retarder les entrées dans la vie active.
- Aide de retour aux immigrés.
- Usage des préretraites dans les plans sociaux.
- Baisse de l'âge de la retraite (loi de 1982 abaissant l'âge de la retraite à 60 ans).
- Réduction de la durée hebdomadaire de travail (35h) qui a permis à l'aide de la croissance de créer deux millions d'emplois entre 1996-2006 et d'améliorer la compétitivité grâce à l'annualisation de la durée de travail et la modération salariale.

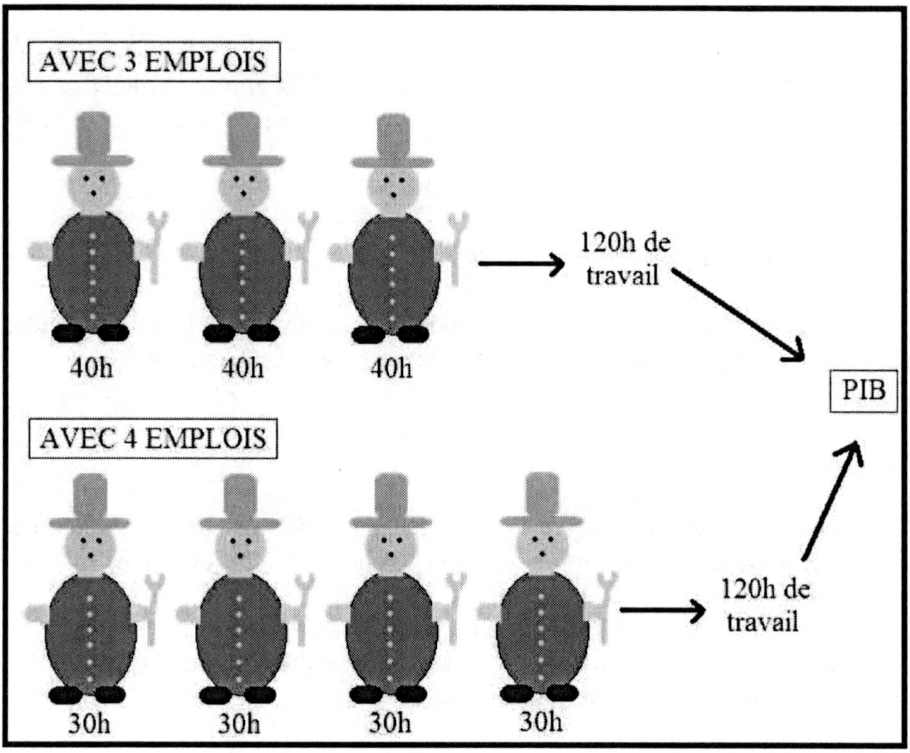

Ces mesures du partage du travail ont permis de créer des emplois dans les grandes entreprises qui ont pu maintenir le même niveau de salaire grâce à leurs gains de productivité. Néanmoins, elles ont freiné les emplois dans les petites et moyennes entreprises, pour qui la baisse de la durée du travail a alourdi les coûts. La réalité économique nous incite à nuancer l'efficacité du partage du travail ; car pour partager le travail, il faut pouvoir accepter de partager le salaire. La RTT pose ainsi le problème de la répartition des revenus entre le capital et le travail. En effet, baisser le temps de travail sans diminution du salaire c'est réduire les profits ou dividendes.
La corrélation est négative entre le taux de chômage et le taux de l'emploi. Ce n'est pas en évinçant de l'emploi certains actifs que l'on permet à ceux qui entrent sur le marché du travail de trouver un emploi. La transition n'est pas mécanique. Le nombre de chômeurs augmente en parallèle et non en contradiction avec celui des sorties d'activité. De même, la corrélation est positive entre la population active et celui de l'emploi. Ce qui signifie que les départs à la retraite des générations du baby boom ne ramènent pas automatiquement le plein emploi. Le maintien des emplois des « séniors » n'est pas antinomique avec l'emploi des jeunes à conditions que l'emploi des « séniors » change de nature. Le maintien des actifs en activité plus

longtemps peut générer de l'activité économique, qui à son tour, facilitera la création d'emplois à long terme. Cependant, il faut toutefois souligner qu'à court terme ce prolongement va pénaliser l'emploi des nouveaux arrivants sur le marché du travail, le temps que le volume de l'emploi s'ajuste entre ceux qui arrivent et ceux qui partent.
C'est l'emploi qui crée l'emploi à long terme et s'adapte à la démographie.

b) Le traitement économique

Politique active qui vise à agir sur les demandes de travail et donc sur les créations d'emplois par des mesures structurelles et conjoncturelles.

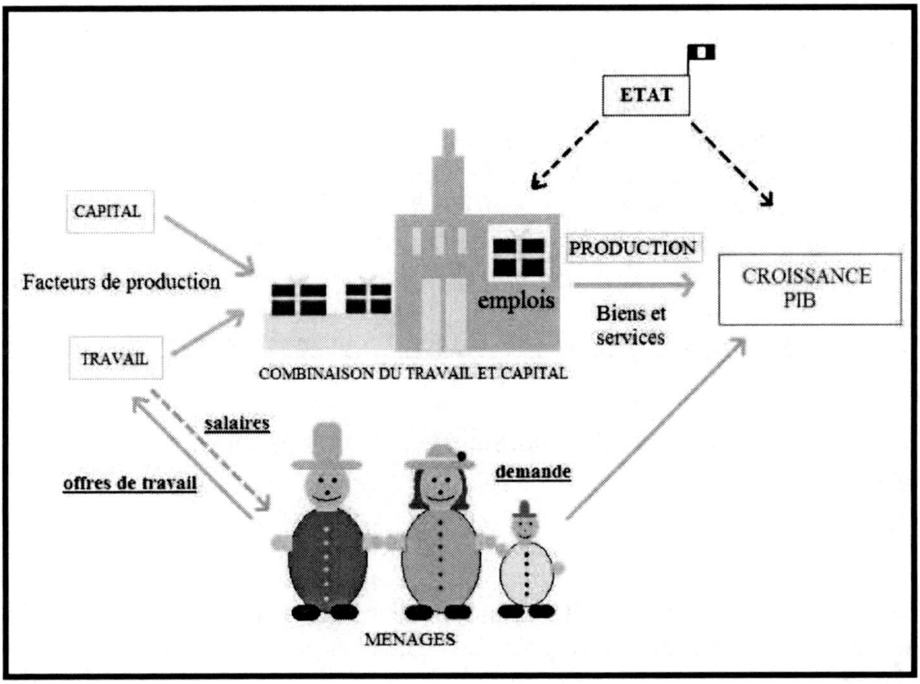

(Fig.78)

Pour combattre le chômage, diverses voies sont possibles.

1. Soutenir et rendre la croissance plus forte et plus riche en emplois

C'est la relation entre la croissance et le taux de chômage, démontrée par Arthur Mélin OKUN (1928-1980) dite « loi d'Okun » : il y a une relation linéaire entre le taux de croissance du PIB et le taux de chômage. Il existe une élasticité entre les deux. En dessous d'un certain seuil de croissance, le

chômage augmente et en dessus il diminue. Okun établit ainsi qu'au dessus de 3% de croissance le chômage diminue de 0.5 point.
La croissance crée donc de l'emploi, car pour produire il faut utiliser des facteurs de production (fig.78) et notamment du travail qui se traduit par de l'emploi.
Si l'entreprise veut produire plus, elle va accroître le volume des facteurs de production. Si elle choisit d'augmenter le facteur travail, elle va donc créer de l'emploi. De cette décision va résulter une distribution de revenus qui vont alimenter le rouage de la consommation et donc activer la demande globale qui, à son tour, va stimuler la production (PIB). La croissance entre ainsi dans une spirale de l'emploi.
Finalement c'est la décision de l'entrepreneur qui va déterminer le niveau de l'emploi car c'est lui qui décide ou non de créer des emplois en fonction du niveau de la demande.
Alors comment stimuler les demandes de travail, c'est-à-dire les offres d'emplois des entreprises ? Deux politiques conjoncturelles sont mises en œuvre. La première vise à agir sur le niveau de la demande afin d'inciter les entreprises à produire plus et créer des emplois.
La deuxième vise à agir sur la décision de l'entrepreneur afin de l'inciter à embaucher, c'est-à-dire à enrichir le contenu en emplois de la croissance.

- **Stimuler la demande pour doper la croissance et augmenter les emplois**

Les politiques conjoncturelles utilisent deux leviers principaux pour stimuler la demande :

- **La baisse des taux d'intérêt**

Il s'agit d'amplifier l'activité économique en facilitant l'endettement des entreprises et des ménages pour les inciter à investir et à consommer davantage.
La baisse des taux d'intérêt décidée par les banques centrales va rendre le recours au crédit très avantageux et va contribuer à augmenter la demande.
Cette politique de soutien à la croissance a été pratiquée avec un certain succès depuis une vingtaine d'années dans les pays anglo-saxons et plus particulièrement aux USA, avec les risques que nous avons connus lors de la crise de 2008. En effet, si cet endettement est utilisé en consommation de produits importés ou à des investissements immobiliers spéculatifs ou encore à des spéculations financières, il ne génère pas de la croissance ni d'emploi.

- **La politique budgétaire**

Comme nous l'avons évoqué dans le thème 3, elle est l'instrument de la politique économique de l'Etat. Il l'utilise pour agir sur le niveau de la demande et indirectement par ce biais sur le niveau de la croissance et de l'emploi. Pour lutter contre le chômage conjoncturel, l'Etat recherche donc à relancer l'activité économique par la demande en augmentant les dépenses publiques car celles-ci par leur effet multiplicateur active la croissance. Ou, en diminuant les impôts recherche à encourager l'investissement. Une telle politique se heurte à la contrainte des déficits budgétaires qu'elle occasionne et à la dette publique qu'elle alourdit. Sous la pression des investisseurs financiers ayant moins confiance, l'Etat est contraint de réduire les déficits ce qui limite l'efficacité de cette politique de lutte contre le chômage. De plus, une telle politique économique de lutte contre le chômage ne peut se conduire unilatéralement dans une économie mondialisée car elle se heurterait rapidement à la contrainte extérieure, c'est-à-dire favoriserait les importations, et donc aggraverait le déficit du commerce extérieur (balance commerciale : exportations < importations => déficit). Or, c'est par une politique coordonnée de l'emploi au niveau européen que l'on pourra réduire le chômage. Nous sommes ici devant un choix politique de l'ensemble des Etats de l'Union Européenne.

- **<u>Modifier le partage de la valeur ajoutée</u>**

Le partage de la valeur ajoutée influence le niveau de l'emploi. En le rendant plus favorable aux salariés et à l'entrepreneur, et forcément moins favorable aux actionnaires, il peut favoriser l'emploi.

En distribuant plus aux salariés on peut créer plus d'emplois soit en partageant le travail, soit en dopant la consommation. Dans les deux cas il y a un surplus de demande qui génère de l'activité et donc facilite la création d'emplois.

En outre, une part plus forte à l'entrepreneur lui permet de disposer de capacités d'autofinancement nécessaires pour financer et pour réaliser ses investissements.

Cependant, le partage de la valeur ajoutée dépend des rapports de force entre les parties prenantes ayant contribué à la création de cette valeur.

Ce rapport de force, est actuellement concentré entre les actionnaires dans les grandes entreprises. Cherchant la rentabilité à court terme des investissements, ils réduisent ainsi la croissance et le niveau de l'emploi qui en résulte.

- **Abaisser le coût du travail pour enrichir la croissance en emplois**

C'est une mesure qui a pour objectif d'enrichir le contenu en emplois la croissance.
Le coût du travail (salaire+charges sociales) est déterminant pour que l'entrepreneur puisse créer de l'emploi. On vise ici la composante classique (libérale) du chômage. Il s'agit donc d'augmenter le poids du facteur travail dans la production de l'entreprise. Il faut orienter le choix de l'entrepreneur dans la combinaison des facteurs de production vers plus de travail que de capital. Ce choix va dépendre du coût du travail. Si le coût baisse, l'employeur sera incité à embaucher car c'est rentable, sinon il ne crée pas d'emploi.
Alors faut-il gagner moins pour qu'il y ait plus d'emplois ? C'est tout le problème du partage de l'emploi/salaire. Dans cette solution libérale au chômage, la baisse des salaires permet de créer de l'emploi.
Cependant, ce qui est un coût pour l'entreprise est un revenu pour le salarié. Or, une baisse du coût du travail entraîne une diminution de la demande et à terme moins de croissance et d'emploi. De plus, une telle baisse creuse les inégalités sociales entre les agents économiques car elle diminue les ressources de la protection sociale.
Le développement des travailleurs pauvres, (c'est-à-dire des gens titulaires d'un contrat de travail à durée indéterminée ne pouvant plus se loger voire se nourrir correctement avec le fruit de leur travail) est un exemple des effets sociaux de cette baisse.
L'Allemagne a pratiqué cette politique ces dernières années, c'est d'ailleurs une des raisons de la compétitivité de leurs exportations. Certes l'emploi a fortement progressé, mais au prix d'une poussée du taux de pauvreté dans l'emploi et des inégalités de salaires (exemple de la Grande Bretagne).
La baisse du coût du travail permet de développer l'emploi, mais implique une société fortement inégalitaire.

2. Flexibiliser le marché du travail

« *Débaucher plus rapidement pour embaucher plus facilement* »

On retrouve dans cette piste, l'analyse libérale du chômage qui présente le marché comme la solution universelle.
Depuis les années 80, on nous explique que le chômage en France provient des rigidités excessives du marché du travail. C'est un marché beaucoup trop réglementé. Les patrons ont peur d'embaucher parce qu'il est trop difficile

de licencier. Il faut donner plus de liberté d'embaucher et de licencier aux entreprises, et elles embaucheront plus facilement sachant qu'elles pourront plus facilement débaucher en fonction du niveau de leur activité. L'emploi devient la variable d'ajustement qui se déshumanise, car la personne qui l'occupe n'est pas prise en considération, elle est considérée comme un facteur de production et non comme un sujet. La flexibilité dépersonnalise ainsi l'emploi et fragilise la protection du salarié.
De nombreuses réformes ont été menées pour déréglementer le marché du travail : développement des contrats à durées déterminées, des intérimaires, des contrats précaires, de la rupture négociée du contrat de travail et du contrat nouvelle embauche.
Une telle flexibilité, cherchant à déréglementer la relation de travail, a un impact très faible sur l'emploi mais surtout le précarise davantage, donc affaiblit fortement le niveau de la demande et, de fait, maintient une croissance molle, pauvre en emploi, qui ne profite qu'à certains acteurs économiques.

Or l'emploi doit pouvoir s'adapter aux fluctuations de la croissance tout en préservant la protection du salarié grâce à la flexsécurité.
C'est une solution qui permettrait de concilier à la fois la flexibilité du travail avec une sécurité professionnelle du salarié. La flexsécurité à la française reste donc à inventer pour être généralisée au monde du travail.
La croissance, finalement, n'est pas toujours une solution suffisante pour atteindre le plein emploi, mais reste tout de même nécessaire car sans croissance il n'y a pas d'emploi.

D'autres pistes à long terme peuvent être envisagées pour réduire le chômage.

3. D'autres pistes à explorer

La croissance actuelle, qu'elle soit intensive ou extensive, malgré l'appui des Pouvoirs Publics, ne parvient pas à créer suffisamment d'emplois permettant la baisse du chômage. Il semble envisageable de développer d'autres formes de production permettant de créer des emplois.
La croissance verte est une piste car elle permettrait, à travers de nouvelles productions préservant l'environnement, de créer des emplois. De plus, elle contribuerait à la relocalisation de notre industrie, évitant ainsi les délocalisations. Ce nouveau gisement d'activités respectant les ressources naturelles pourrait être une source de nouveaux emplois permettant de satisfaire de nouveaux besoins, et progressivement ferait naître un changement dans nos modes de consommation. Elle pourrait être ainsi le

levier d'une décroissance c'est-à-dire une croissance qualitative et non une réduction de la croissance comme c'est trop souvent sous-entendu.
La voie de l'écologie est une piste pour réduire le chômage. Elle pourrait être enrichie par celle des services grâce aux emplois de proximité, aides à la personne et aux emplois sociaux. Les services seront la logistique sociale et économique de la croissance de demain et les emplois d'après demain.

CONCLUSION

Le niveau et la structure du chômage sont liés au niveau de l'activité économique et à ses formes d'organisation. L'emploi constitue l'enjeu économique et social de la décennie d'après la crise de 2008. L'existence d'un chômage massif et persistant met en cause la cohésion de notre société. Il est un signe d'échec qui appelle une transformation de notre modèle de croissance productiviste et de régulation de notre économie. Les politiques de lutte contre le chômage n'ont jamais réussi à l'éradiquer définitivement. La question posée est de savoir si le droit à l'emploi est concrètement et réellement reconnu comme une priorité absolue dans la définition des politiques économiques et sociales.
Le chômage en France et en Europe reste le problème numéro 1. Diverses mesures ont été prises mais elles sont restées limitées car le chômage n'a pratiquement jamais réellement baissé depuis 1973 en France. Alors on peut se poser la question : pourquoi n'a-t-il jamais été une réelle priorité économique des pays européens contrairement à l'inflation ? Ferait-il moins de mal que l'inflation à notre économie ?
Mais qu'est-ce que l'inflation ? Ses risques sont-ils plus menaçants pour notre économie que le chômage ?

III- L'inflation

L'inflation a été pendant de nombreuses années au centre des préoccupations des politiques économiques. Elle a été combattue ces vingt dernières années et la désinflation (ralentissement de la hausse des prix) s'est amorcée dès 1983 en France, et depuis poursuit son cheminement avec les critères de convergence définis à Maastricht, contraignant les pays européens à davantage de rigueur en matière de prix. Suite à la crise financière de 2008, certains économistes redoutent la déflation, c'est-à-dire une baisse des prix accompagnée par une baisse des salaires et d'une contraction des investissements, de la demande et de l'emploi.

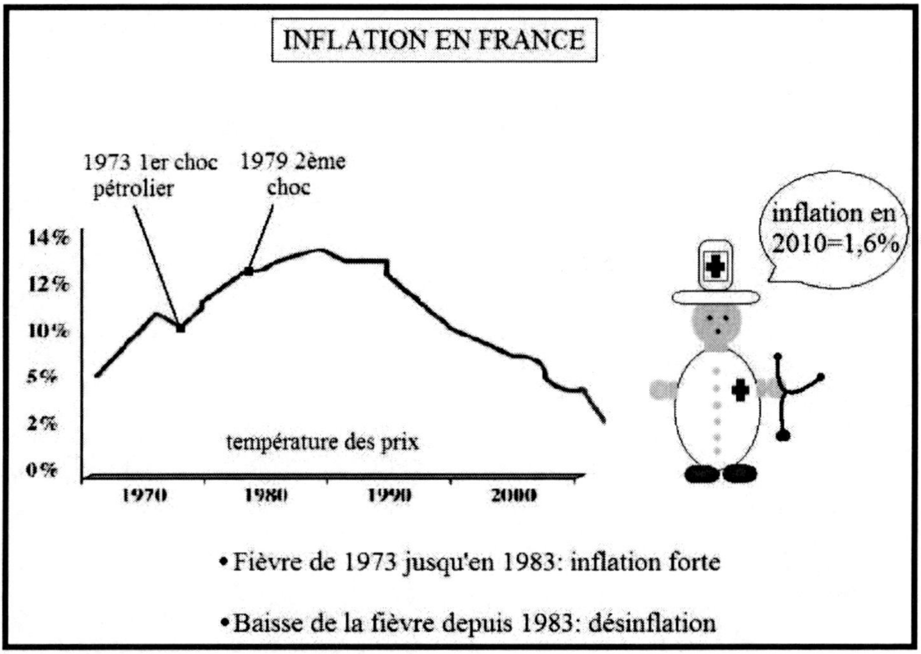

Mais quelle est donc cette maladie : l'inflation ?
Quelles en sont les causes ?
Et quels en sont les effets ?

1) Définition et mesure de l'inflation

a) Définition de l'inflation

L'inflation désigne une hausse durable et généralisée des prix. Elle peut être définie comme un déséquilibre économique sur le marché des biens et services qui se caractérise par une hausse continue du niveau général des prix.

Cette définition est large parce que les types d'inflation sont nombreux et que le phénomène ne peut s'appréhender qu'à travers le symptôme commun de la hausse des prix.
C'est la nature du déséquilibre qui permet de comprendre les causes de cette maladie des prix et donc de trouver les remèdes appropriés.

b) La mesure de l'inflation

Mais comment mesurer cette hausse des prix ? (fig.79)

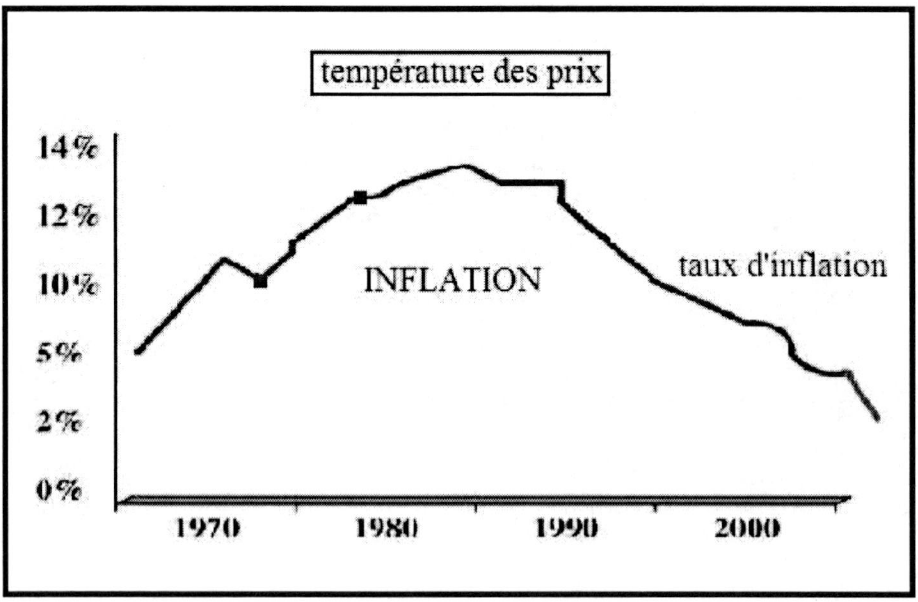

(fig.79)

1. L'indice des prix à la consommation :

L'inflation est mesurée en France par l'indice des prix à la consommation défini par l'INSEE. L'INSEE procède mensuellement aux différents relevés de prix à partir d'un certain nombre de produits représentatifs de la consommation des ménages.
Il se décline en 12 fonctions de consommation et comporte 303 postes de dépense. Chaque poste de dépense est pondéré d'un coefficient appelé coefficient budgétaire qui représente la part d'un poste dans la dépense totale.
L'objectif de cette pondération est de ne pas accorder le même poids à toutes les augmentations de prix de biens et services. Plus un produit occupe une place importante dans le budget du ménage (comme le logement ou encore l'alimentation), plus l'incidence d'une hausse des prix sera forte sur le pouvoir d'achat.
Cet indice est un indicateur conjoncturel qui permet d'évaluer l'efficacité des politiques anti-inflationnistes et joue un rôle essentiel dans les négociations salariales afin de préserver et de revaloriser le pouvoir d'achat des ménages.

2. Le calcul de l'inflation

A partir de l'indice des prix, l'inflation se calcule en taux : le taux d'inflation c'est à dire le taux de variation de l'indice des prix à la consommation d'une période donnée par rapport à une autre.
Si l'indice est de 150 pour l'année 1, et de 152 pour l'année 2, le taux d'inflation de l'année 2 est de 152-150 / 150 x 100 = 1.33%

Le calcul en moyenne compare la moyenne annuelle de l'indice qui correspond à la moyenne arithmétique simple des douze indices de l'année.
Le calcul en glissement compare l'indice des prix des mois de décembre des deux années.

2) Les causes de l'inflation

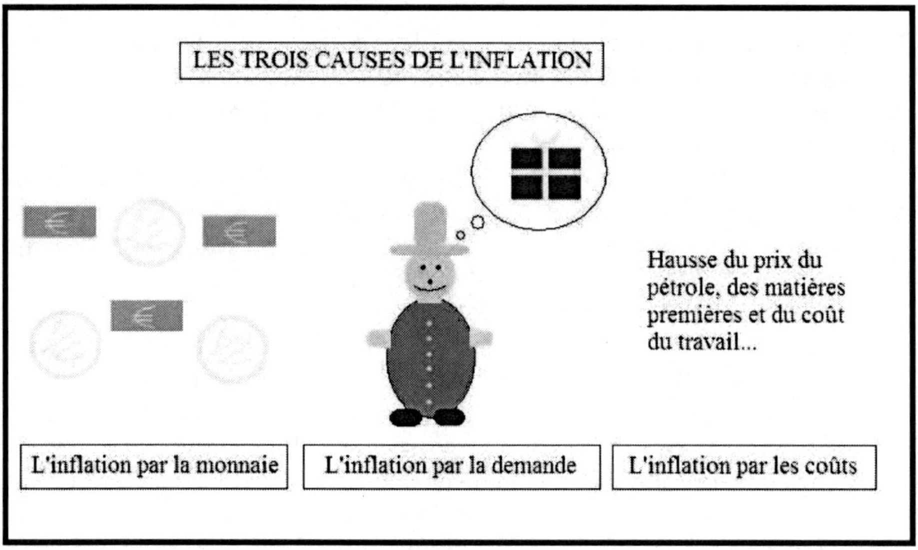

On peut distinguer deux grandes explications théoriques de l'inflation : pour les monétaristes (Milton Friedman), l'inflation est un phénomène monétaire, pour d'autres économistes l'inflation trouve son origine dans l'économie réelle à travers le niveau de la demande et des coûts de production.

a) L'inflation par la monnaie

Pour les monétaristes, il existe une relation entre la quantité de monnaie en circulation et la hausse des prix. Cette relation est résumée par l'équation de Irving Fischer (1907) M.V. = P.T. où M = masse monétaire, V = vitesse de circulation de la monnaie, P = prix, T = transactions. Ainsi, ils démontrent que si la Masse monétaire augmente alors que V et T restent stables, les prix augmentent.

L'inflation est le résultat d'une création monétaire excessive due à trop de crédits accordés aux agents économiques par rapport à la croissance de la production qui en résulte. Lorsque la MM (masse monétaire) devient supérieure au PIB, il y a un déséquilibre entre les flux monétaires et flux réels, ce qui provoque une hausse de la demande par rapport à l'offre et se traduit par une hausse des prix (fig.80).

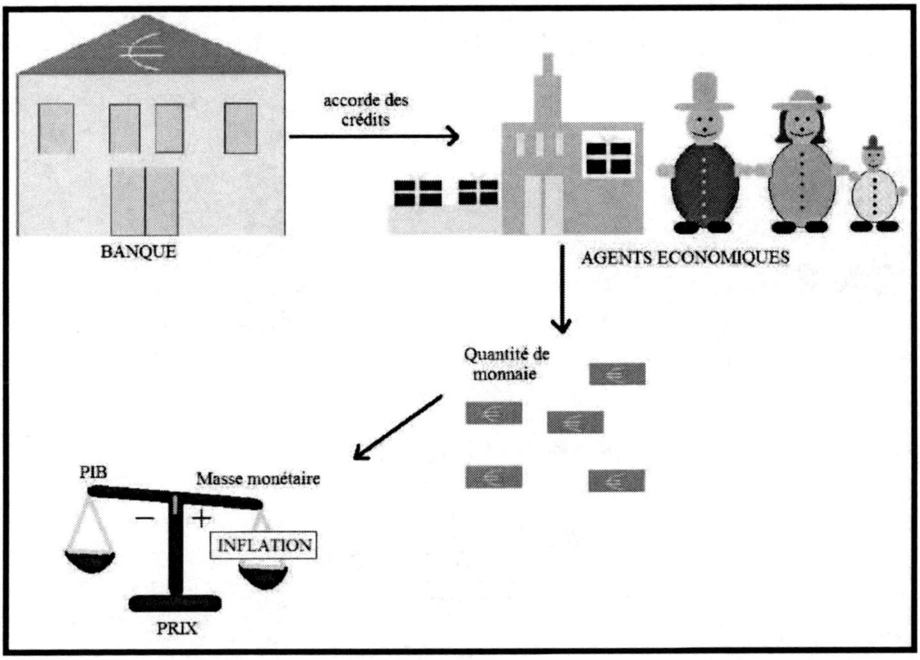

(fig.80)

Dans cette optique, pour lutter contre l'inflation, il faut donc restreindre la quantité de monnaie en circulation en limitant l'octroi de crédit grâce à une hausse des taux d'intérêt.

Cependant, une telle politique qui a été la politique monétaire menée par la Banque Centrale Européenne conduit à freiner l'investissement des entreprises à cause du coût du crédit et donc affaiblit la croissance économique et pénalise l'emploi.

b) L'inflation par la demande

L'inflation par la demande trouve son origine dans un accroissement de la demande à laquelle l'offre ne peut répondre. Il y a un déséquilibre sur le marché des biens et services qui se traduit par une hausse des prix. On retrouve ici la loi de l'offre et de la demande. Les biens demandés sont donc rares et deviennent plus chers (fig.81).

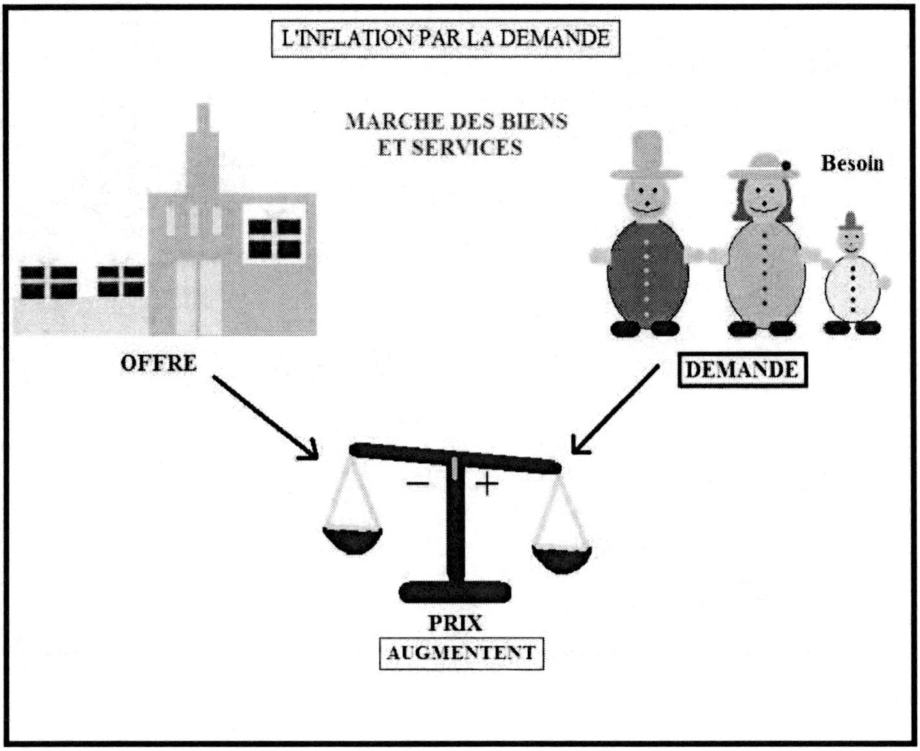

(fig.81)

Les entreprises, ne pouvant satisfaire toutes les commandes des agents économiques, vont augmenter leurs prix. Cette hausse de la demande peut résulter d'une augmentation excessive de la consommation des ménages, des investissements privés ou publics. La faiblesse de la production (offre) peut provenir des délais de production trop longs ou encore de l'insuffisance des capacités de production des entreprises.
Pour freiner l'inflation par la demande il faut donc réduire la demande par des politiques de rigueur salariale et budgétaire ou encore par une politique monétaire restrictive (hausse des taux d'intérêt).

c) L'inflation par les coûts

Elle s'observe lorsque les hausses des prix des matières premières (pétrole, céréales, cuivre…), des salaires (en 1981 en France) ou des autres coûts sont répercutées sur les prix de vente des produits.

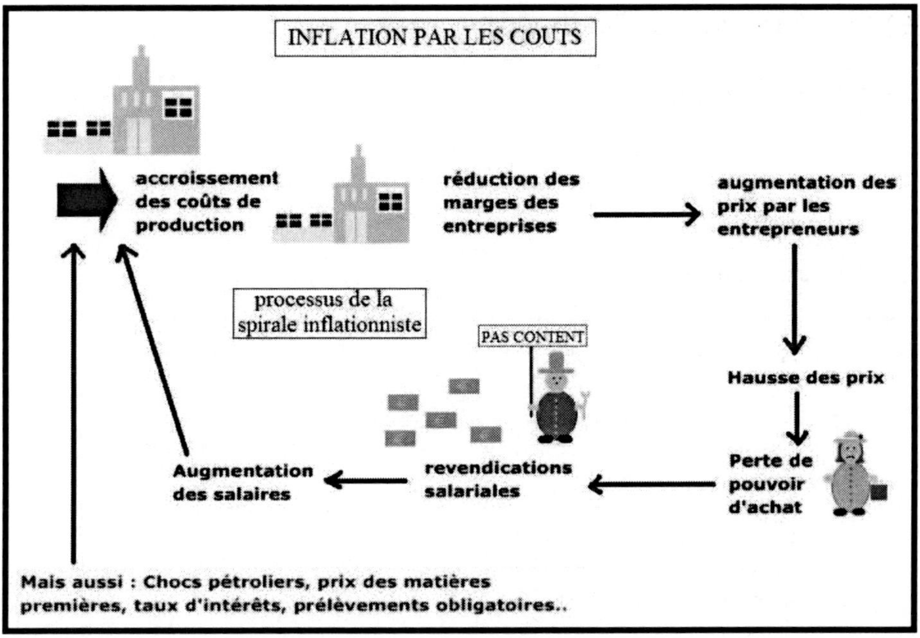

(fig.82)

Ce processus inflationniste trouve sa source dans le fait que les entreprises répercutent sur leurs prix de vente la hausse de leurs coûts de production, et débouche sur un phénomène de spirale inflationniste. L'inflation par les coûts a tendance ainsi à s'auto-entretenir (cas de la France jusqu'en 1982).
En France, cette spirale fût cassée grâce à la politique désinflationniste de 1982 désindexant les salaires sur les prix. Cette désindexation a aussi modifié le partage de la valeur ajoutée entre les salaires et les profits, la rendant plus favorable aux profits depuis la fin des années 80.

A ces trois causes de l'inflation se rajoute une autre cause, celle de la structure des marchés. En effet, les structures monopolistiques ou oligopolistiques (secteur bancaire, des assurances, automobiles, la grande distribution organisée en réseau intégré…) contribuent à fausser la concurrence et empêchent la baisse des prix.
L'inflation peut avoir deux origines : une origine externe qui caractérise l'inflation importée liée à une hausse du prix du pétrole et des matières premières, et une origine interne liée à la formation des prix et des coûts de production dans notre économie.

3) Les conséquences de l'inflation

a) A l'égard des ménages

Les effets négatifs	Les effets positifs
➢ Accroît les inégalités de revenus ➢ Diminution du pouvoir d'achat donc freine la demande => risque de stagflation ➢ Pénalise les épargnants si l'épargne n'est pas indexée, les intérêts réels deviennent faibles. ➢ Dévalorisation du patrimoine financier.	➢ Rend l'endettement moins coûteux ➢ Avantage les ménages pouvant indexer leurs revenus sur l'inflation

b) A l'égard des entreprises

Les effets négatifs	Les effets positifs
➢ Perte de compétitivité donc baisse des parts de marché => moins de production et moins d'emplois. ➢ Fausse le calcul économique de l'entrepreneur.	➢ Rend l'endettement moins coûteux, et effet de levier sur la rentabilité des capitaux propres. ➢ Accroissement des profits à court terme grâce aux marges plus

c) A l'égard de l'économie nationale

Les effets négatifs	Les effets positifs
➢ Perte de compétitivité donc baisse des parts de marché => moins de croissance et moins d'emploi. ➢ Encourage les délocalisations ➢ Déficit de la balance commerciale car moins d'exportations. ➢ Dépréciation de la monnaie.	➢ Rend l'endettement moins coûteux de l'Etat (réduit le montant de la dette publique)

Globalement, l'inflation comporte plus d'inconvénients que d'avantages. Elle est toujours une crainte économique qui reste vaillante pour les Etats. Cependant, un peu d'inflation accompagnée d'une hausse des salaires, permettrait de rajouter de l'huile dans les trois rouages de l'activité, notamment dans celui de la consommation. Ce moteur principal pourrait dans ce cas stimuler davantage la croissance et l'emploi à condition que la Banque Centrale Européenne n'augmente pas systématiquement les taux d'intérêt.

CONCLUSION

La lutte contre l'inflation a été une priorité des économies car elle menace la croissance économique et les échanges extérieurs, donc la richesse nationale. Elle accentue les inégalités des revenus. Elle est aussi un des critères de convergence de l'euro et oblige les états européens à surveiller en permanence le niveau des prix.

Aujourd'hui, l'économie nationale dépend de plus en plus de l'économie internationale voire mondiale ce qui conduit les Etats à améliorer leur compétitivité.

Les relations économiques ne se font pas seulement entre les agents économiques, mais entre les pays. Ces relations ont plus ou moins globalisé l'économie.

Mais qu'est-ce que l'économie mondiale ? Comment sont organisées ces relations économiques entre les pays ? Nous aborderons ces questions dans le deuxième tome : ***les relations économiques entre les pays***.

Réflexion et Débat :

Chômage : un mal utile ?

« Le malheur économique des uns fait le bonheur économique des autres » !

Notre économie semble sortie de la récession en 2010. La crise financière est désormais derrière nous. Mais ne nous réjouissons pas trop vite, car le chômage pourrait bien ternir cet optimisme économique.
En effet, la dégradation du marché du travail, inquiétante par sa brutalité et son ampleur risque de s'accélérer durant toute l'année 2011 si rien n'est fait pour la freiner. Le nombre de chômeurs devrait dépasser le seuil des quatre millions. Voilà le signe que le chômage reste toujours le point noir de notre économie.

Mais qui s'en soucie vraiment ? Cela fait maintenant plus de trente ans qu'il dure, et aujourd'hui il menace des pans entiers de la population active. Tous les salariés ne sont pas frappés de la même façon : les jeunes, les moins qualifiés, les femmes et certains « séniors » sont de loin les plus exposés.
Le chômage a connu quelques timides baisses entre 2000/2002 et 2006/2007, mais en fin d'année 2010 il a atteint la barre des 10% de la population active à cause des taux de croissance éphémères.
En l'espace d'un an, le nombre de chômeurs a augmenté de 19.7%, une dégradation d'autant plus inquiétante si l'on en juge par la configuration de la pyramide des âges. Une telle perspective démographique était pourtant porteuse d'une amélioration de l'emploi à partir de 2010. Cependant, l'allongement de la durée des cotisations des retraites et de l'âge de départ à la retraite, le recours aux heures supplémentaires défiscalisées et le non remplacement d'un fonctionnaire sur deux partants à la retraite, assombrissent à court terme cet horizon démographique en réduisant les embauches.

Alors pourquoi une telle impuissance à faire reculer cette maladie économique et sociale ? Serait-elle devenue incurable, comme sembleraient l'indiquer les chiffres depuis plusieurs années ? Le chômage est en train de se banaliser et devient dorénavant un mal économique qu'il faudra s'habituer à supporter en période de croissance.

Aujourd'hui, à défaut de traitements économiques coordonnés et efficaces, les Pouvoirs Publics ne prescrivent plus qu'un traitement social pour l'atténuer, qui malheureusement trouve rapidement ses limites devant la gravité de la maladie. En réalité, ce mal qui n'épargne aucun salarié, qui

entretient toujours la crainte de l'exclusion sociale et du désespoir, n'est toujours pas devenu une réelle priorité des politiques européennes. Pourquoi ? Ferait-il moins de dégâts sur notre économie que la crise financière ? Ou ferait-il plus de bien que de mal à certains acteurs de la vie économique ?
Nous voilà au cœur du débat. En effet, un niveau élevé de chômage fragilise le monde du travail et le pouvoir syndical. Il décourage toute revendication salariale par crainte de menacer l'emploi. Les entreprises profitent de cette situation car toute modération salariale représente des gains de compétitivité supplémentaires pour affronter la concurrence internationale. De fait, le chômage permet de maintenir un partage de la valeur ajoutée plus favorable aux actionnaires qu'aux salariés accroissant ainsi leurs profits. Qui s'en plaindrait, si davantage de profits créent davantage d'emplois ? Or ces profits d'aujourd'hui à défaut de consommation supplémentaire « ne font pas les investissements de demain et les emplois d'après demain ». Bien au contraire ils se détournent trop souvent de l'économie réelle pour alimenter les bulles spéculatives.

Le chômage entretiendrait donc le chômage en freinant la progression du pouvoir d'achat. Alors y a-t-il vraiment urgence à mettre fin à une spirale qui favorise la segmentation du marché du travail en nourrissant la dualité entre les contrats précaires et les contrats à durée indéterminée ?
Les uns supportent les besoins de flexibilité des entreprises tandis que les autres bénéficient d'une certaine sécurité professionnelle. Cette division fait le jeu des entreprises car elle met les salariés en concurrence déloyale et leur fait supporter un sentiment d'injustice qui les oblige à accepter la précarité pour renouer avec le plein emploi. Ainsi, au nom d'une certaine éthique sociale, l'unification des contrats de travail devient nécessaire. Unification qui passe par la fusion de leurs durées, plus de flexibilité et moins de protection afin de maintenir des emplois ou d'en créer dans un environnement de plus en plus concurrentiel. Faudrait-il alors accepter moins de protection sociale pour plus d'emploi ?
Dans cette situation sociale convalescente, aggravée par la crise, le chômage sert d'alibi pour justifier les réductions du coût du travail et les déréglementations sociales. Un niveau de chômage quasi-permanent déséquilibre les rapports sociaux entre l'entreprise et les syndicats. Et à défaut de véritable partie prenante sociale dans l'entreprise, la loi remplace petit à petit la négociation collective pour promouvoir le progrès social.

Le chômage est bien le signe que le travail est toujours considéré par les entreprises comme une marchandise et non comme une ressource humaine. Or tant que les entreprises auront cette approche comptable rien ne changera. En effet tant que les entreprises n'auront pas intégré le travail comme une

richesse et non uniquement comme un coût dans leur culture ou modèle de management, il sera toujours plus difficile pour les gouvernements de réduire véritablement le chômage.
Toutes les mesures financières et fiscales incitatives à la création d'emplois prises en faveur des entreprises n'ont jamais permis d'accroître durablement les offres d'emplois. Elles ont le plus souvent débouché sur la création d'emplois précaires.
Le chômage deviendrait-il désormais une variable sociale d'ajustement utile pour certains acteurs économiques ? Ce qui justifierait la faible mobilisation pour l'éradiquer !

Emploi : jeunesse en détresse !

D'ordinaires plus touchés par le chômage que les autres actifs, les jeunes sont les premières victimes d'une crise économique dont la virulence ne fait qu'accentuer le caractère alarmant de leur situation.
Le nombre de demandeurs d'emploi chez les jeunes de moins de 25 ans a augmenté, le taux de chômage est de 23%, une dégradation d'autant plus inquiétante si l'on en juge par la configuration de la pyramide des âges.

Une telle perspective démographique était pourtant porteuse d'espoir d'une amélioration très nette de leur emploi à partir de 2009. Cependant la violence de la crise, a assombri cet horizon optimiste et a renforcé la crainte des jeunes envers l'avenir. Faute d'emplois libérés et insuffisamment créés, le chômage des jeunes pourrait s'aggraver et leurs emplois se précariser davantage.

Les jeunes, derniers entrés dans la vie active sont les premiers à en sortir en période de récession, la plupart d'entre eux occupant des emplois temporaires.
Leur entrée sur le marché du travail implique de franchir le sas de la précarité : intérim, contrats à durée déterminée, petits boulots, emplois aidés, stages sous payés, avant de pouvoir prétendre à un emploi stable et durable.
Or à la moindre baisse d'activité économique, ces emplois sont les premiers supprimés par les entreprises. Pour les plus jeunes d'entre eux, souvent sortis de l'école sans diplôme, la voie de l'insertion professionnelle est devenue désormais celle de la précarité. Elle limite la réalisation de leur projet et fragilise leur parcours professionnel. Faute de perspectives, elle les empêche de s'investir pleinement dans la vie de l'entreprise.
Les firmes ne les appréhendent ainsi plus sous l'angle d'une ressource humaine, mais plutôt d'un coût salarial que la précarité permet de minimiser.
Le manque d'expérience ou de connaissance du métier de la part des jeunes salariés représente un risque que les employeurs n'osent plus assumer dans un environnement concurrentiel de plus en plus fort, leur préférant des salariés immédiatement productifs. Dans de telles conditions, les jeunes ne peuvent pas acquérir une première expérience professionnelle leur permettant de construire leur avenir. Or tant que les entreprises auront cette approche comptable rien ne changera.
Pour les plus qualifiés d'entre eux, si le diplôme reste encore une garantie d'employabilité, la situation dégradée de l'emploi rallonge sensiblement la durée de passage de l'université à l'emploi, alourdit considérablement le coût de leurs études et accentue leur dépendance.

Pour ces derniers, l'espoir d'une reprise économique, ne leur garantit pas nécessairement une meilleure employabilité, attendu qu'en période de reprise, les entreprises préfèrent le plus souvent, recourir d'abord aux heures supplémentaires défiscalisées, avant d'embaucher.

Les jeunes restent ainsi sans emploi, et exclus des minima sociaux, se trouvent confrontés à la pauvreté, alors qu'ils sont les ressorts de la croissance de demain et les sources de financement des retraites.
Paradoxalement, nombre de secteurs, tels l'agriculture, l'hôtellerie-restauration, ou encore le bâtiment, jugés trop pénibles, mal payés et peu valorisants, ne trouvent pas de jeunes. Un tel paradoxe révèle une mauvaise adéquation entre formation et emploi qui pourrait se corriger par un rapprochement de l'école et de l'entreprise. Une meilleure synergie entre les deux permettrait une mutualisation des compétences directement profitables aux jeunes. Ce qui revaloriserait les filières professionnalisantes aujourd'hui désertées. Elles pourraient ainsi attirer des jeunes dans ces métiers leur ouvrant enfin de véritables trajectoires professionnelles.

En outre, un tel dispositif ne sera efficace que s'il parvient à concilier formation initiale et formation professionnelle grâce à un partenariat entre le système éducatif public et les entreprises. Cette alternance devrait être prise en charge par l'école publique et non par des organismes privés, afin de protéger la formation contre les risques de la précarité et être assortie d'un engagement d'embauche des entreprises bénéficiant des aides fiscales. Certaines entreprises se sont engagées sur cette voie, mais elles sont encore trop rares aujourd'hui !
C'est un changement radical de mentalité qui est nécessaire pour refonder la politique de l'emploi des jeunes. Il passe par des mesures institutionnelles et fiscales visant à récompenser les entreprises privées ou publiques s'engageant en période de croissance à embaucher des jeunes, et sanctionner celles qui refuseraient de le faire.
Ce n'est qu'à cette condition que les jeunes trouveront des emplois, et que les entreprises leur feront désormais réellement confiance !

Faut-il craindre le retour de l'inflation ?

La flambée du prix du pétrole, des céréales et du lait dans une conjoncture secouée par la crise financière des crédits hypothécaires, fait valser les étiquettes des produits de consommation courante. Dans ce contexte, l'inflation aurait pu bien resurgir.

Cette poussée de fièvre inflationniste reste encore contenue, mais elle pourrait bien vite s'étendre à l'ensemble des produits. Alors faut-il craindre un retour de l'inflation ? Si oui, quels pourraient en être les risques ?

Il n'y a pas lieu de s'inquiéter tant que la hausse généralisée et durable des prix n'enclenche pas les trois rouages suivants.
La hausse actuelle des prix est plutôt liée au rouage de la demande à l'égard de certains produits. La poussée des prix des matières premières et des produits agricoles, s'explique par un niveau de demande bien supérieur à l'offre, et provoque selon les mécanismes du marché un ajustement des prix à la hausse. Ce rouage ne porte, pour le moment que sur le quart de l'ensemble du panier de produits pris en compte par l'INSEE pour calculer l'indice des prix.

Cette fièvre inflationniste reste faible, car les deux autres rouages de l'inflation ne sont pas activés. Celui de la quantité de monnaie en circulation semble être bien contrôlé par la Banque Centrale Européenne grâce à ses taux d'intérêt élevés.
Quant au troisième, celui de la progression des salaires, il est au point mort. Il est donc peu probable qu'il amplifie, par son mécanisme, la fameuse spirale hausse des salaires-hausse des prix qui provoque l'inflation par les coûts.
Alors pourquoi s'inquiéter d'un retour de l'inflation ?
Il y a pourtant, quelques craintes à avoir. La première raison est que cette petite fièvre s'est déclenchée à un mauvais moment. L'état de santé de notre économie est encore fébrile : une croissance du *PIB qui a du mal à dépasser les 2%, un déficit du commerce extérieur qui s'aggrave de plus en plus, un taux de chômage qui peine à descendre en dessous de la barre des 9%, un pouvoir d'achat toujours en berne et une dette publique qui dépasse les 78% du PIB.*
Elle arrive en outre au moment où la crise financière oblige désormais l'Etat a appliqué une politique de rigueur. Ce qui va freiner les investissements et la consommation donc ralentir l'activité économique globale.

De plus, elle vient aggraver la dégradation du pouvoir d'achat des ménages. En effet, le pouvoir d'achat étant déjà très peu progressif, la moindre hausse des prix, aussi mesurée soit-elle, amplifie encore plus la douleur. Les victimes sont les ménages aux revenus moyens, les fonctionnaires, les retraités dont les pensions sont revalorisées avec du retard, et les salariés d'entreprises exposées à la concurrence étrangère ou à une forte élasticité de la demande par rapport aux prix. Certains ménages sont donc obligés de réduire leurs dépenses alimentaires pour pouvoir finir leur fin de mois, d'autres puisent dans leur épargne pour maintenir leur niveau de vie. C'est une petite fièvre, certes, qui malheureusement dans ce contexte, accentue davantage les inégalités sociales et développe un sentiment réel d'injustice par rapport aux profits records de certains entrepreneurs du CAC40.

Mais le risque majeur, c'est que cette situation pourrait brider le moteur de la consommation qui jusqu'à présent, est le seul à tirer la croissance.
La crainte de l'inflation renforce la vigilance monétaire de la Banque Centrale Européenne afin d'éviter tout dérapage des prix et des anticipations inflationnistes. Elle continue de maintenir des taux d'intérêt élevés malgré un euro fort et une récession économique annoncée.

Ce regain d'inflation empêche toute distribution supplémentaire de pouvoir d'achat de peur de généraliser la hausse des prix et d'activer le troisième rouage de l'inflation. La lutte contre l'inflation redeviendrait ainsi la priorité économique au détriment de la croissance et de l'emploi.

Mais doit-on accepter moins de croissance et d'emploi pour faire baisser la fièvre inflationniste, ou au contraire, avoir un peu d'inflation pour moins de chômage et plus de croissance ?

Faudrait-il craindre davantage l'inflation que le chômage... ?

Pour en savoir plus ...

LIVRES	SITES INTERNET
• La crise, Michel Aglietta Ed. Michalon 2008. • La crise et après, Jacques Attali Ed. Fayard 2008. • Sorties de crise, P. Artus et O. Pastrè, Ed. Perrin 2009. • La finance mène-t-elle le monde ? Marie paule Virard Ed. Larousse 2008. • L'économie en 30 questions Alternatives économiques 2010. • Le chômage est-il une fatalité ? J.M. Albertini Ed. PUF. • Le chômage, Jérôme Gautié Ed. La découverte coll. Repères. • Les decennies aveugles. Emploi et croissance (1970-2010), Philippe Askenazy Ed. Seuil 2010. • Inflation et désinflation, Pierre Bezbakh Ed. La découverte coll. Repères, nouvelle édition.	http://www.telos-eu.com/ http://www.france-inflation.com/calculateur_inflation.php www.insee.fr http://www.laviedesidees.fr/ http://lewebpedagogique.com http://www.alternatives-economiques.fr/ http://www.dailymotion.com/video/x3mram_l-inflation-pour-les-nuls-par-la-bc_school

Glossaire

Administrations : personnes morales publiques dont l'activité est orientée vers la fourniture de services publics non marchands ou de biens collectifs (Etat, organismes sociaux, éducation nationale, police, hôpitaux…).

Appréciation monétaire : une monnaie s'apprécie lorsqu'elle est plus demandée qu'offerte sur le marché des changes. Elle prend de la valeur, sa parité s'accroît.

Besoin : Exigence, manque, ou sensation de privation née de la nature ou de la vie sociale, qu'il faut faire disparaître donc qu'il faut satisfaire.

Biens économiques *:* biens (produits matériels) ou services (biens immatériels) produits par des agents économiques à partir d'autres biens (par exemple les vêtements, automobiles, ordinateur, téléphone,…sont des biens fabriqués à partir d'autres biens) pour être vendus sur le marché. Choses utiles, disponibles et rares car limitées.

Biens libres ou naturels *:* biens disponibles gratuitement et sans production (mer, eau, l'air, le soleil…). Ils appartiennent à tous. Ils sont en quantité illimitée.

Budget de l'Etat : loi des finances votée chaque année par le Parlement (Assemblée Nationale + Sénat) en automne, qui prévoit et autorise pour une année civile n+1 les dépenses et les recettes de l'Etat. Il représente donc la traduction chiffrée des objectifs économiques et sociaux de l'Etat.

Capital : Le capital est l'élément du Passif du bilan, c'est une ressource qui permet de constituer l'Actif du bilan. On considère de ce point de vue le capital sous sa forme financière. Il représente aussi sous sa forme économique un facteur de production qualifié de capital fixe (machines, usines, outillage…).

Capital technique : est l'ensemble de biens (matériels, outillage, machines) qui participent à la fabrication d'autres biens, et qui vont servir plusieurs fois au cours de l'activité productive.

Chômage : déséquilibre entre les demandes de travail et les offres de travail sur le marché du travail, dans lequel le volume des offres de travail est supérieur au volume des demandes de travail.

Chômeurs : personnes sans emploi effectuant des actes pour en rechercher.

Concurrence : structure d'un marché caractérisée par une confrontation libre entre les offreurs et les demandeurs.

Consommation : acte économique qui détruit les richesses produites pour satisfaire les besoins, et qui va indiquer aux entreprises ce qu'elles doivent produire. Les besoins satisfaits vont disparaître le temps nécessaire de se renouveler pour s'exprimer de nouveau sur le marché et déclencher une nouvelle production.

Consommation finale : elle est réalisée par les ménages, et elle est détruite lors de l'acte de la consommation pour satisfaire leurs besoins.

Consommation intermédiaire : elle est réalisée par les entreprises qui consomment des biens ou services pour produire d'autres biens (matières premières).

Crise : Point de retournement du cycle de l'activité économique, la production stagne, le chômage augmente.

Croissance économique : augmentation régulière et soutenue de la production pendant une ou plusieurs périodes. C'est donc un phénomène quantitatif et de longue durée que l'on peut mesurer par le PIB.

Croissance extensive : augmentation de la production liée à forte utilisation quantitative des facteurs de production.

Croissance intensive : augmentation de la production grâce au progrès technique permettant d'utiliser peu de facteurs de production.

Décloisonnement : déspécialisation des opérateurs financiers (banques de dépôts et d'affaires), et la fin de la séparation des trois marchés (monétaire, financier, change) pour en faire un marché global et mondial.

Dépenses publiques : dépenses de l'Etat.

Dépréciation monétaire : une monnaie se déprécie lorsqu'elle est plus offerte que demandée sur le marché des changes. Elle perd de sa valeur, son cours ou parité diminue.

Dépression : phase caractérisée par une baisse de la production, de la demande et des revenus avec une hausse du chômage.

Déréglementation financière : suppression de la réglementation financière qui limitait la liberté des transactions financières (encadrement du crédit ou des taux administrés/bonifiés qui favorisaient certaines activités), suppression du contrôle des changes.

Désintermédiation financière : marque la fin de l'intermédiation bancaire. Désormais c'est le marché financier qui prévaut.

Développement durable : c'est un modèle de développement qui prend en compte le patrimoine naturel de l'humanité. Il tient compte des contraintes de l'environnement (*réduction des gaspillages des ressources naturelles, réduction des produits chimiques, préservation de la planète*). Développement qui répond à nos besoins sans compromettre ceux des générations futures.

Efficacité : réalisation d'un objectif. Comparaison des résultats par rapport aux objectifs.

Efficience : résultats obtenus avec peu de moyens.

Elasticité : indicateur de sensibilité mesurant la variation d'une variable sur une autre variable. Par exemple l'élasticité de la demande par rapport au prix mesure la sensibilité de la variation de la demande par rapport à la variation des prix. Si celle-ci est très sensible on dit que la demande est élastique, dans le cas contraire on dit qu'elle est inélastique.

Empreinte écologique : mesure la pression qu'exerce l'homme sur la nature, elle évalue la surface productive nécessaire à une population pour répondre à ses besoins et absorber ses déchets.

Entreprise : organisation dirigée, structurée qui met en œuvre différents moyens humains et matériels pour transformer et produire des biens et services en vue d'être vendus sur un marché afin de réaliser des profits.

Epargne : partie du revenu non affectée à la consommation.

Expansion : accroissement de la production généralement de l'emploi et des revenus, des prix.

Externalité : est une situation par laquelle un agent économique occasionne par son action un impact sur un tiers, un milieu, sur la société ou l'environnement sans qu'il y ait compensation financière. Elle peut être positive ou négative.

Facteurs de production : moyens de production comme le travail, le capital et les ressources naturelles permettant de produire les biens et services.

Finance directe : financement de l'activité économique se faisant directement sur le marché financier.

Gains de productivité : ils représentent une augmentation de la productivité d'une année par rapport à l'autre.

Inflation : hausse durable et généralisée des prix. Elle peut être définie comme un déséquilibre économique sur le marché des biens et services qui se caractérise par une hausse continue du niveau général des prix.

Investissement : est un acte économique, c'est-à-dire une dépense effectuée par les entreprises, les ménages ou l'Etat, qui consiste à affecter des ressources financières à l'achat de capital technique afin d'accroître la production et d'en retirer un profit.

Intermédiation financière : finance indirecte. Financement de l'activité économique par l'intermédiaire des banques.

Investissements privés : investissements réalisés par les entreprises et ménages.

Investissements publics : investissements effectués par l'Etat, les collectivités locales ou les administrations publiques.

Marché : lieu où se rencontrent des offres et des demandes (de biens ou services, de travail, de capitaux et de devises) et, sur lequel se fixe le niveau des prix.

Marché du travail : lieu où se rencontrent les offres de travail et les demandes de travail. Celles-ci s'ajustent à un certain niveau de salaire.

Marché financier ou de capitaux : lieu où s'échangent les capitaux et où se rencontrent les offreurs et demandeurs de capitaux pour déterminer librement le niveau des taux d'intérêt.

Marché des biens et services : lieu où se rencontrent des offres et des demandes de biens ou services et où se fixent librement les prix en fonction de cette rencontre.

Marché des changes : lieu où s'échangent toutes les devises et où se déterminent librement en fonction de l'offre et la demande le cours du change des devises entre elles.

Marchés des droits à polluer : quotas de permis d'émission de CO2 négociables sur le marché du carbone. Ce qui revient à fixer une quantité de pollution mise sur le marché.

Marché primaire : est le marché financier du « neuf », celui des émissions de titres. Il met en relation ceux qui ont des capacités de financement et ceux qui ont des besoins de financement.

Marché secondaire : est le marché financier de « l'occasion », celui de l'échange (achat/vente) de titres déjà existants ou déjà émis. Ce marché est représenté par la Bourse. C'est sur ce marché que s'effectue la cotation des titres donc l'évaluation des titres. Il permet de transformer les titres en monnaie.

Ménages : ensemble de personnes vivant sous le même toit.

Masse monétaire : est l'ensemble de toutes les formes de la monnaie mis à la disposition de tous les agents économiques, donc c'est l'ensemble des moyens de paiement disponibles mis en circulation dans un pays

Monnaie : est un moyen de paiement dont disposent les agents économiques pour régler les transactions. C'est un bien d'échange accepté par tous les agents économiques d'un pays. C'est un actif liquide.

Motivation : est une force qui pousse à agir ou ne pas agir.

Produit National Brut : un indicateur économique qui ne retient ou ne compte que la production nationale. Il repose donc sur le critère de nationalité.

Produit Intérieur Brut : indicateur économique (agrégat) qui permet d'évaluer l'ensemble des biens et services produits sur le territoire national quelque soit la nationalité des producteurs résidents en France. Il se calcule en faisant la somme des valeurs ajoutées de tous les agents économiques résidant en France.

PIB en valeur : PIB mesuré en euros courants (avec l'inflation), ce qui signifie que le PIB augmente à cause d'une hausse des prix alors que la richesse réelle n'a pas augmenté (PIB = quantité produite **x** prix).

PIB en volume : PIB mesuré en euros constants (sans l'inflation), il mesure la richesse réelle car on efface la hausse des prix en faisant PIB en valeur / Indice des prix. Il est le plus représentatif de la richesse créée.

Politique économique : ensemble des décisions ou mesures prises par les pouvoirs publics (Gouvernement) pour orienter, influencer l'activité économique en vue d'atteindre certains objectifs.
Politique conjoncturelle : politique ayant pour objet de corriger les déséquilibres macroéconomiques (globaux) qui peuvent apparaître à court terme.

Politique de relance : politique consistant à relancer l'activité économique par l'augmentation des dépenses publiques ou de la consommation.

Politique de rigueur : politique se donnant pour objectif de réduire les dépenses publiques afin de diminuer le déficit budgétaire et la dette publique.

Politique structurelle : politique économique au long terme visant à modifier durablement la structure ou l'organisation de l'économie d'un pays.

Population active : ensemble des actifs occupés et des chômeurs.

Prélèvements obligatoires : ensembles des impôts (directs et indirects) et des cotisations sociales prélevés par l'Etat ou organismes sociaux.

Prestations sociales : revenus sociaux versés aux ménages. Elles prennent deux formes : les prestations d'assistance et les prestations d'assurance.

Productivité : est un indicateur qui mesure l'efficacité des facteurs de production en comparant la production par rapport aux facteurs de production (travail et capital) utilisés.

Productivité globale : production / facteurs de production utilisés (travail et capital).

Productivité du capital : production/quantité de capital utilisée.

Productivité du travail : production/quantité de travail utilisée.

Profit : est le résultat positif de l'activité de l'entreprise. Il peut être rapproché du bénéfice. Il correspond donc à la différence entre les produits (ventes, recettes diverses...) et les charges. Il est l'élément moteur de l'activité de l'entrepreneur. Il est la rémunération de la prise de risque de l'entrepreneur qui innove et donc engage l'avenir de son entreprise.

Progrès technique : ensemble des innovations, des nouvelles avancées scientifiques, des nouveaux procédés de fabrication... assurant la pérennité de la croissance en repoussant toujours plus loin le problème de la rareté.

Rareté : caractéristique des biens économiques limités qu'il faut produire afin de satisfaire des besoins illimités.

Récession : ralentissement de l'activité économique sur une courte période qui n'entraîne pas la baisse des revenus.

Redistribution : correspond à l'ensemble des opérations qui modifient la répartition primaire de revenus. Elle est effectuée par l'Etat qui prélève des ressources à certains agents économiques pour les distribuer et les répartir à d'autres.

Régulation de l'économie : réglage de l'activité économique pour atteindre l'équilibre économique. C'est l'ensemble des mécanismes qui stabilisent les trois rouages de l'économie par rapport à quatre indicateurs : taux de croissance, commerce extérieur, taux de chômage et taux d'inflation.

Reste du monde : agent économique fictif qui retrace toutes les opérations des agents économiques avec l'étranger.

Revenu *:* contrepartie monétaire de l'utilisation des facteurs de production (travail ou capital) répartie entre les agents économiques ayant produit. C'est la rémunération du travail ou du capital qui ont été utilisés pour produire les biens ou les services afin de répondre à nos besoins.

Revenu disponible : revenu primaire – prélèvements obligatoires + prestations sociales.

Revenu primaire : revenu versé en contrepartie de la production (revenu du travail et revenu du capital).

Salaire : prix du facteur travail, résulte à la fois d'une négociation individuelle directe entre l'employeur et le salarié, et d'une négociation collective indirecte à deux niveaux : au niveau de la branche professionnelle ou secteur professionnel entre les syndicats et l'employeur fixant les grilles de salaires à travers les conventions collectives, et au niveau du marché du travail sur lequel s'effectue une négociation générale entre les offreurs et les demandeurs de travail.

Services publics : sont des services d'intérêt général qui contribuent à la cohésion sociale et à la qualité de vie des citoyens. Ils recherchent à satisfaire l'intérêt général et sont sous le contrôle de l'Etat, car lui seul est garant de l'intérêt général.

Taux d'activité = effectif de la population active en âge de travailler / population totale x 100.

Taux de croissance : PIB (année n) – PIB (année n-1) / PIB (année n-1) x 100

Taux d'investissement = FBCF (Formation Brute de Capital Fixe) / PIB *100

Taux d'inflation : taux de variation de l'indice des prix à la consommation d'une période donnée par rapport à une autre.

Travail : le travail est un facteur de production permettant de produire des biens et services, source de création de valeur et de richesses. Activité productive rémunérée.

Subprimes : crédits hypothécaires.

Substitution du capital au travail : remplacement de l'homme par la machine.

Utilité : c'est la satisfaction que procure le bien

Valeur ajoutée : Elle représente la valeur que l'entreprise ajoute aux biens qu'elle transforme en produits finis destinés à être vendus sur le marché. C'est la richesse créée par l'entreprise grâce à toutes ses parties prenantes intervenant directement ou indirectement dans le processus de production.

Marché et Organisations
L'Harmattan

Cahiers d'économie et de gestion thématiques dont le but est de promouvoir la recherche originale sur les relations de plus en plus étroites qui se tissent entre le marché et les organisations. Les acteurs économiques de taille, de puissance et de pouvoir différents dont les intérêts peuvent être convergents, complémentaires ou, le plus souvent, antagoniques, ont tendance à organiser les marchés. La raison du marché, pourtant, est la référence stratégique pour l'entreprise ainsi que pour les institutions publiques de décision économique.

Direction : Sophie Boutillier (économie), Marc-Hubert Depret (économie), Blandine Laperche (économie), Céline Merlin-Brogniart (économie), Dimitri Uzunidis (économie, directeur de publication), David Dumont (gestion)

Numéros parus :

N°1 : Artisanat. La modernité réinventée, 2006

N°2 : La petite entreprise, elle a tout d'une grande. De l'accompagnement aux choix stratégiques, 2006

N°3 : Tourisme et Innovation. La force créative des loisirs, 2007

N°4 : Le travail. Formes récentes et nouvelles questions, 2007

N°5 : Les universités et l'innovation. L'enseignement et la recherche dans l'économie des connaissances, 2007

N°6 : Entrepreneuriat et accompagnement. Outils, actions et paradigmes nouveaux, 2008

N°7 : Développement durable des territoires. Economie sociale, environnement et innovations, 2008

N°8 : Développement durable et responsabilité sociale des acteurs, 2009

N°9 : Gouvernance : exercices de pouvoir, 2009

N°10 : Le travail collaboratif. Une innovation générique, 2009

N°11 : Economie sociale et solidaire. Nouvelles trajectoires d'innovations, 2010

N°12 : Relations à la marque et marques de la relation. Regards croisés sur le management relationnel de la marque, 2010

N°13 : Les contrats au service de la recherche ?, 2011

http://riifr.univ-littoral.fr/?page_id=40

contact : Dimitri Uzunidis, uzunidis@univ-littoral.fr

Collection « L'esprit économique »

fondée par Sophie Boutillier et Dimitri Uzunidis en 1996
dirigée par Sophie Boutillier, Blandine Laperche, Dimitri Uzunidis

Dernières parutions

► ***Série Economie et Innovation***
C. GALLOUJ, *Les agences privées de l'emploi. Conseil, intérim et outplacement*, 2007.
D. LANGLET., *L'industrie dans la tourmente de la finance,* 2008.
C. FAURIE., *Conduire le changement. Transformer les organisations sans bouleverser les hommes*, 2008.
M. ROCCA, *Le management de la performance du travail. Bonheur des règles et tyrannie des valeurs*, 2009.
P. BOUVIER-PATRON, *Entreprise et innovation. Vers l'inter-organisation innovante responsable*, 2011.
L. LAMAIRE, *In-novations. Âmes de l'entreprise, expression du monde*, 2010.
F. AMOSSE, *TIC et organisation du travail : révolution managériale ?*, 2011.
S. BOUTILLIER, *L'artisanat et la dynamique de réseaux*, 2011.
► ***Série Le Monde en Questions***
S. MADAULE, *L'aide publique au développement. L'abécédaire de la réforme*, 2008.
D. K. NGUYEN, *Libéralisation financière et marchés émergents*, 2008.
M. RICHEVAUX, D. C. TOP, *La protection des droits des travailleurs dans l'Union Européenne*, 2008.
O. GARANINA, *La Russie dans l'économie mondiale*, 2009.
M. CHIGUIER, *La crise de 2008 : pour qui sonne le glas ? Grande transhumance du capitalisme*, 2010.
P. BURNIER DA SILVEIRA, *Le contrôle des concentrations économiques. L'expérience européenne et l'avenir du Mercosul*, 2010.
P. SARTON DU JONCHAY, *Capital, crédit et monnaie dans la mondialisation. Économie de vérité*, 2011.
J. BAUMGARTEN, *L'économie mondiale à bout de souffle*, 2011.
► ***Série Krisis***
M. WOLF, *Et si Marx avait raison ?,* T 1 &2, 2010.
J. G. HÜLSMANN, *L'éthique de la production de monnaie*, 2010.
G. BUBLEX, *Marx vérifié par l'expérience*, 2010.
P. GUGUENHEIM, *Regard écologique et social sur l'économie*, 2011.
A. DULOT, P. SPIESER, L'économie entre savoir et illusion. Critique de la raison économique, 2011.
D. DE CALLATAY, *Le pouvoir de la gratuité. L'échange, le don, la grâce*, 2011.
► **Série *Clichés***
S. BOUTILLIER, D. UZUNIDIS (dir.), *La Russie européenne. Du passé composé au futur antérieur*, 2008.
R. VOLPI, *La négociation. Pain, paix, liberté*, 2009.
► ***Série Cours Principaux***
A. MASSIERA, *De la croissance économique au développement durable*, 2010.
P. MASSE, *Histoire économique et sociale du monde (tome 1). De l'origine de l'Humanité au XXe siècle. Economie générale et société. Evolution des théories économiques*, 2011.
P. MASSE, *Histoire économique et sociale du monde (tome 2). De l'origine de l'Humanité au XXe siècle. Evolution des activités économiques et financières*, 2011.
P. MASSÉ, *Histoire économique et sociale du monde. de l'origine de l'humanité au XXe siècle* (2 tomes), 2011.
► ***Série L'économie formelle***
D. LANGLET, *L'économie en ruine. La finance et la fin d'une histoire*, 2010.
M. DECAILLOT, *L'économie équitable*, 2010.
C. PEICUTI, *Crédit, déstabilisation et crises*, 2010.
P. GLEMAIN (dir.), *Les territoires des finances solidaires. une analyse régionale en Bretagne et dans les pays de la Loire*, 2010.
R. GAUCHER, *Psychologie de l'argent et économie. Abolirons-nous la pauvreté dans les pays riches ?*, 2011.
J. HUERTA DE SOTO, *Monnaie, crédit bancaire et cycles économiques*, 2011.

L'HARMATTAN, ITALIA
Via Degli Artisti 15; 10124 Torino

L'HARMATTAN HONGRIE
Könyvesbolt ; Kossuth L. u. 14-16
1053 Budapest

L'HARMATTAN BURKINA FASO
Rue 15.167 Route du Pô Patte d'oie
12 BP 226 Ouagadougou 12
(00226) 76 59 79 86

ESPACE L'HARMATTAN KINSHASA
Faculté des Sciences sociales,
politiques et administratives
BP243, KIN XI
Université de Kinshasa

L'HARMATTAN CONGO
67, av. E. P. Lumumba
Bât. – Congo Pharmacie (Bib. Nat.)
BP2874 Brazzaville
harmattan.congo@yahoo.fr

L'HARMATTAN GUINÉE
Almamya Rue KA 028, en face du restaurant Le Cèdre
OKB agency BP 3470 Conakry
(00224) 60 20 85 08
harmattanguinee@yahoo.fr

L'HARMATTAN CÔTE D'IVOIRE
M. Etien N'dah Ahmon
Résidence Karl / cité des arts
Abidjan-Cocody 03 BP 1588 Abidjan 03
(00225) 05 77 87 31

L'HARMATTAN MAURITANIE
Espace El Kettab du livre francophone
N° 472 avenue du Palais des Congrès
BP 316 Nouakchott
(00222) 63 25 980

L'HARMATTAN CAMEROUN
BP 11486
Face à la SNI, immeuble Don Bosco
Yaoundé
(00237) 99 76 61 66
harmattancam@yahoo.fr

L'HARMATTAN SÉNÉGAL
« Villa Rose », rue de Diourbel X G, Point E
BP 45034 Dakar FANN
(00221) 33 825 98 58 / 77 242 25 08
senharmattan@gmail.com

Achevé d'imprimer par Corlet Numérique - 14110 Condé-Sur-Noireau
N° d'imprimeur : 82296 - Dépôt légal : octobre 2011 - *Imprimé en France*